余映潮

语文教学设计技法80讲

余映潮 著

南方传媒
广东人民出版社
广州·

图书在版编目（CIP）数据

余映潮语文教学设计技法80讲 / 余映潮著. —广州：广东人民出版社，2014.3（2024.4重印）

ISBN 978-7-218-09310-9

Ⅰ.①余… Ⅱ.①余… Ⅲ.中学语文课—教学研究 Ⅳ.①G633.302

中国版本图书馆CIP数据核字(2014)第005273号

YUYINGCHAO YUWEN JIAOXUE SHEJI JIFA BASHIJIANG
余映潮语文教学设计技法80讲
余映潮 著　　　　　　　　　　　　　　　版权所有　翻印必究

出 版 人：肖风华

责任编辑：张竹媛　李　希
封面设计：张力平
责任技编：吴彦斌
特约编辑：李佳凤

出版发行：广东人民出版社
地　　址：广州市越秀区大沙头四马路10号（邮政编码：510199）
电　　话：（020）85716809（总编室）
传　　真：（020）83289585
网　　址：https://www.gdpph.com
印　　刷：珠海市豪迈实业有限公司
开　　本：889毫米×1194毫米　1/16
印　　张：20　字　数：297千
版　　次：2014年3月第1版
印　　次：2025年4月第19次印刷
定　　价：45.00元

如发现印装质量问题，影响阅读，请与出版社（020-85716849）联系调换。
售书热线：（020）87716172

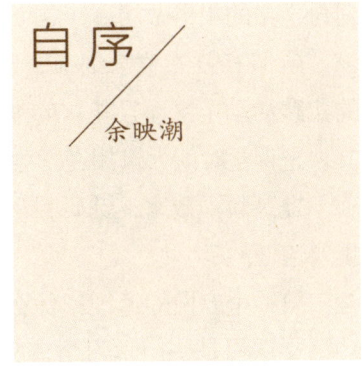

自序 / 余映潮

本书呈现给各位同仁的,是我于2003年到2012年用10年的时间写成的80篇短文,从2004年起到2012年止,在《语文教学通讯》"初中刊"的《名师讲坛》栏目连载了9年。这是我用连载文章的方式形成的第三部作品,还有两部分别是《中学语文教例品评100篇》和《余映潮阅读教学艺术50讲》。

这80篇短文的写作,建立在对课堂教学进行充分实践的基础之上,我力求用最丰富的教学实例来诠释教学细节的设计艺术,书中用于例说的实例,基本上出自我的实践。

我研究中小学课堂教学艺术并认真努力地坚持实践的目的很简单,就是探求简明、实用、高效、雅致的课堂教学细节设计,祈盼课堂教学的设计艺术走进每一位普通语文教师的课堂,祈盼我们的学生能够在灵动的有训练力度的课堂实践活动中逐步提升自己的语文素养。

我觉得,研究高效的阅读教学,研究课堂教学的效率,应该非常注意在"教学细节"的设计上做文章。

要挑选、运用最好的教学方法与形式,剔除、淘汰差的教学方法与形式。要特别批判那些大量侵占学生课余时间、用大量低层次的烦琐作业来对付学生的粗俗做法。

所谓有效的教学细节,从学生的学习来看,是语言学习与能力训练的实践活动丰富而且扎实的细节;从教师的教学设计来看,是充分利用课文、把课堂时间大量用在学生的实践活动上的细节。

提高教学效率,钻研教学细节的优美设计,需要我们懂得两个方面的重要道理。

第一个方面的道理:什么是语文课程、什么是教学策略?即课标所说"语文课程是一门学习语言文字运用的综合性、实践性课程""应该让学生多读多写,日积月累,在大量的语文实践中体会、把握运用语文的规律"。

第二个方面的道理:什么是"教学"对"教师素养"的要求?即课标所说"应认真钻研教材,正确理解、把握教材内容,创造性地使用教材;积极开发、合理利用课程资源,灵活运用多种教学策略和现代教育技术,努力探索网络环境下新的教学方式;精心设计和组织教学活动,重视启发式、讨论式教学,启迪学生智慧,提高语文教学质量"。

提高教学效率,钻研教学细节的优美设计,需要我们提高两个方面的重要技能。一是研读教材的技能。能高质量地提炼、整合教材中的教育教学资源,以形成知识教育丰富、能力训练扎实的课堂教学方案。二是设计活动的技能。能设计生动、丰富、有一定力度的课堂训练活动,让学生在真正的课堂实践活动中学习语言、积累知识、提升能力。

下面的一些设计,就能体现上述"重要道理"和"重要技能"的内涵。

如"朗读体味"的教学细节

为什么说"朗读"是实用有效的阅读训练形式?这是因为,朗读教学一定是重文本的,一定非常关注课文内容的诵读品析,在这里决然看不到淡化文本、脱离文本的做法。朗读教学也一定是重生本的,因为要"朗读",教师一定需要着力突出学生的阅读感受、阅读品味、阅读欣赏等语文实践活动。

在我的教学中,常常将"朗读"与"体味"合二而一,往往不是单纯的朗读而是将朗读与分析、朗读与体味结合起来。

这样,朗读就能够在训练语感与训练阅读能力方面起更加重要的作用,有些训练效果是单纯的朗读训练永远不可能达到的。

如《记承天寺夜游》的朗读。

记承天寺夜游
苏 轼

元丰六年十月十二日夜,解衣欲睡,月色入户,欣然起行。念无与为乐者,遂至承天寺寻张怀民。怀民亦未寝,相与步于中庭。庭下如积水空明,水中藻、荇交横,盖竹柏影也。何夜无月?何处无竹柏?但少闲人如吾两人者耳。

朗读体味训练设计

训练一:用停顿或者角色演读的方式,将课文读成两个层次、三个层次、四个层次。

训练二:课文中除了"欣然起行"需要读出高兴的心情以外,还有一个字也要读得快乐一点,体味一下,应该读好哪一个字。

训练三:体味文意,用朗读的方式,表现出文中作者的情感波澜。

训练一意在让学生对课文内容进行概括,认识文中不同的表达方式,并体会课文的层次结构。训练二将学生深深带到课文里面,起着品词论句的作用。训练三则让学生感受、体味文中起伏的情感波澜,带动对全文情感的体味与分析。

这样的朗读体味训练很讲究朗读"角度"的设计,在对学生的阅读欣赏能力的训练上能够表现出很大的力度,这种力度远非那种对学生"读得文从字顺""读出情感来"或者"选你自己喜欢的地方读"的指导所能及。

其实，朗读教学还有更为高远的创新境界，如将朗读作为一种训练的课型来设计、将朗读作为一种欣赏过程来设计、将朗读作为一种教材处理的手法来设计、将朗读作为一种信息提取的活动来设计等等。

如"要点概括"的教学细节

从文章阅读看，文意概括能力、语言品析能力、表达作用欣赏能力是最为重要的三种能力。

"要点概括"训练的是学生整体把握文意的能力、要点概括的能力、情节分析的能力、抽象提炼的能力等等。在日常教学中，我们常常利用这种训练来指导学生对文章或文段进行整体概括，对文章的要点进行概括，对文章的写法进行概括，对文章的层意、段意进行概括，对文中人物形象进行概括，对文中某种表达规律进行概括，等等。

如果长期坚持对学生进行概括能力训练且角度丰富，将会形成一个人终身受用的概括能力与提炼能力。

概括能力的训练角度丰富多彩，如内容概括、思路概析、要点归纳、情节提炼、信息提取、图形概说、规律发现、特点抽象、材料综述，仅此就能感受到这种训练的重大作用。

日常教学中的概括能力训练，一要讲究角度的丰富，二要讲究让学生动笔去写，三要讲究对语言的表达形式提出要求。

如笔者教学《泥人张》时对学生的概括能力的训练设计

请同学们对课文进行概说——

1. 从"内容"的角度来概说
2. 从"情节"的角度来概说
3. 从"人物"的角度来概说
4. 从"主题"的角度来概说

活动方式：请自选一个角度，用百字以内的文字，进行课文概说。

教师示例：

从"内容"的角度来概说

一个雨天,天庆馆里,面对海张五的取笑,泥人张捏出了"一脸狂气"的海张五头像进行"回报"。第二天,泥人张使法大批"贱卖海张五"泥像。三天后,海张五将泥像连同泥模全部买走。

这里的概括训练,角度丰富,且提出了写的要求,进行了语言表达的示例,全班同学人人思考、人人动笔,可谓高效阅读训练。

概括能力的训练,需要教师进行"方法"的指导,需要对学生进行比较理性的概括达标训练,如提取主句法、浓缩文意法、大意归纳法、分层归纳法、图表简介法、综合提炼法等思考与表达的方式,都是可以渗透于日常阅读教学之中的。

如"文思分析"的教学细节

文章思路分析,文章结构分析,文章顺序分析,文章层次分析,文章情节分析,这五个方面的分析能力是一个人终身受用的基本的阅读分析能力。

细化一点说,分析文章的层次、结构与思路,分析文段的结构与层次,区别文章的横式结构或竖式结构,能准确地辨识文章的总分总、总分、分总式等基本模式,能用抓住语言标志的方法概括文意或层意,判断不同文体文章的写作顺序等,都是最基本的阅读分析能力。

在阅读上,不论学生与成人,没有一个人能够绕开它们。

可以说,文思分析的能力,在一个人的阅读能力系统里占有不可忽视的比重。

中学语文阅读教学,必须非常关注对学生独立地进行文思分析的能力的培养与训练。

此种训练,同样需要教师规范而细致的指导。

下面请见笔者的一次训练设计:

蚊子和狮子

蚊子飞到狮子面前,对他说:"我不怕你,你并不比我强。要说不是这样,你到底有什么力量呢?是用爪子抓,牙齿咬吗?女人同男人打架,也会这么干。我比你强得多。你要是愿意,我们来较量较量吧!"蚊子吹着喇叭冲过去,专咬狮子鼻子周围没有毛的地方。狮子气得用爪子把自己的脸都抓破了。

蚊子战胜了狮子,又吹着喇叭、唱着凯歌飞走,却被蜘蛛网粘住了。蚊子将要被吃掉时,叹息说,自己同最强大的动物都较量过,不料被这小小的蜘蛛消灭了。

课堂活动一:情节分析

师:学习情节分析是为了了解故事内容、把握情节发展、明确思路层次。

情节分析的方法:用"情节一""情节二"……带动起对故事情节的概括。

学生进行分析活动,然后交流:

《蚊子与狮子》情节分析之一:

情节一:蚊子打败了狮子(蚊胜雄狮)

情节二:蚊子落入蜘蛛网(蚊落蛛网)

《蚊子与狮子》情节分析之二:

情节一:蚊子向狮子挑战

情节二:蚊子与狮子战斗

情节三:蚊子胜后的悲剧

情节四:蚊子死前的叹息

……

只要时间允许,几乎每一课都可以进行此方面的训练。如果训练到学生能够很快地判断结构比较简明的文章的思路或层次结构,那么学生就有了扎实的分析文思的"背景能力"。——语文教师之所以能够独立地进行文思分析，就是因为已经具备了这方面的"背景能力"。

如"语言品味"的教学细节

语言教学，语文阅读教学内容的重中之重。

语言教学也是语文阅读教学最基本的内容。其教学研究的内容丰富多彩，有关字词句篇、听说读写的每一项内容中都大有文章可做。从学习语言的一般过程来讲，认知、感受、理解、积累、运用、品析、赏鉴、创造这一系列的环节中，每个环节内都包含着对教学内容、教学方法、教学艺术手法的研究。

语言品味能力，是人最需要的阅读品析能力之一。

在课堂教学中培养训练学生的语言品味能力，是语文教学天经地义的职责。

所谓语言品味，就是品析欣赏文章中的语言表达，品味的角度就是：为什么好，好在哪里，有什么样的表达作用，有什么样的表达效果。

或者说，语言品味，就是字词品味，句子品析，文段品读；就是品味词义，揣摩句义，品析重要句段；就是在具体的语境中品析词义，在具体的语境中体会句义，品味词与句的表达作用，说明词、句、段的表达作用和表达效果。

下面我们来看对《故乡》的一处描写片段的语言品味：

我问问他的景况。他只是摇头。

"非常难。第六个孩子也会帮忙了，却总是吃不够……又不太平……什么地方都要钱，没有定规……收成又坏。种出东西来，挑去卖，总要捐几回钱，折了本；不去卖，又只能烂掉……"

他只是摇头；脸上虽然刻着许多皱纹，却全然不动，仿佛石像一般。他大约只是觉得苦，却又形容不出，沉默了片时，便拿起烟管来默默的吸烟了。

话题：品析这段文字的语言表现力

师生交流的内容有：

"非常难"三个字显得很沉重，表现了闰土在痛苦之中挣扎。

"他只是摇头"说了两次，表现了闰土有苦说不出，表现了闰土对现实生活的不满。

"第六个孩子也会帮忙了"，表现闰土"多子"，表现大家都在辛劳，劳动力不少。他以为孩子越多，生活就应该越好。

"总是吃不够……"，表现出无论如何努力，艰难的现状是无法改变的；省略号表示闰土心中有倒不尽的苦水。

"不太平……"，这一句表现了社会不安定，战乱频繁，给百姓带来了深重的灾难。

"什么地方都要钱，没有定规……"，说明大小军阀、土豪劣绅都向农民伸手，表现苛捐杂税多如牛毛、数不胜数，农民不堪其苦。

"收成又坏"写出了除了人祸，还有天灾。

从"种出东西来，挑去卖，总要捐几回钱，折了本；不去卖，又只能烂掉……"这一句可见当时关卡之多，种田人没有生路，苦海无边。

文中的省略号表现了闰土语不成句，显示出他的生活濒临绝境，揭示了他内心的困苦不堪。

这里对闰土进行了外貌、语言、动作、神情的综合描写，深刻地表现了中年闰土的苦难。

………

这里的品读，深深地进入了课文，深深地进入了人物。

从这个教学片段来看，语言品味训练比较好的方法是"选点品读"，集中目力，集中精力，品读课文中写得最好的地方、最美的地方、最起表达作用的地方。在课堂上，教师要少做那些要求学生"选你自己最喜欢的地方说一说"的事儿，这是一种貌似尊重学生其实不求甚解的随意的品读方式。

如"美点欣赏"的教学细节

美点欣赏，妙点揣摩，妙要列举，指的都是品味、探求文章的美妙之处。

"美点欣赏"式阅读教学，是品位高雅的阅读欣赏活动——在教师的指导之下，请同学们研读、品味、探求、欣赏课文中写得恰切生动形象、给人强烈的美感、给人有力的感染、给人生动的启迪的好语言、好笔法、好画面、好形式等等内容。

下面请读课文《登高》：

登高

杜甫

风急天高猿啸哀，渚清沙白鸟飞回。
无边落木萧萧下，不尽长江滚滚来。
万里悲秋常作客，百年多病独登台。
艰难苦恨繁霜鬓，潦倒新停浊酒杯。

我们再来看教学中对这首诗的首联"风急天高猿啸哀，渚清沙白鸟飞回"进行的美点欣赏：

画面欣赏：首联对起，写登高所见，一连出现六个特写镜头，十四个字勾勒出一幅登高远眺的秋江山水图，动静相映，声色并茂，气韵生动。

字词品味：句中用字遣词极其贴切。深秋九月，潭寒涧肃，沙洲小渚，孤零冷落，所以说"清"；风霜高洁，水落沙出，所以说"白"；因为台高，故愈觉其风大，所以说"急"；风大则水鸟低飞盘旋，所以说"回"。

写景角度分析：出句从感觉、视觉、听觉诸方面着笔：长天高远，秋风凛冽，峡猿悲啼；对句从视觉角度写：小洲清冷，沙滩灰白，上面点缀着逆风而飞的鸟群。

表达手法欣赏：全联字字精当，无一虚设。不仅上下两句对，而且还有句中自对，如上句"天"对"风"、"高"对"急"，下句"沙"对

"渚"、"白"对"清",读来富有节奏感。

景情关系阐释:画面是惨淡的,它映照出诗人心中的凄凉。特别是"猿啸哀"和"鸟飞回"这两个细节,跟诗人素有的伤时感情联系起来看,简直就是包括诗人在内的千万个流离失所者的写照。

表达作用分析:那滚滚的长江,萧萧的落木,盘旋的飞鸟,冷清的小渚,也无一不起着渲染环境气氛、烘托诗人情绪的作用,更何况眼前这片凄凉肃杀的景色。

美点欣赏式的阅读训练,承载着内容丰厚的训练内容。凡词句欣赏、章法品析、手法探究、表达作用与表达效果评析等教学内容,都可以运用此法对学生进行阅读训练。

这是审美的教学,是作品欣赏式的教学,它既可以运用于文学作品,也可以运用于一般社科文章。在教学中有机地适当地运用这种品读课文的方法,可以逐步培养学生的审美能力、艺术趣味和欣赏个性,提高学生学习语文的基本素质。

…… ……

本书各篇文章的排列,按原来写作成文的顺序进行,没有刻意地进行分类与整合。这也增加了阅读本书的趣味性。我们可以分篇选读,也可以横向联读,即从字词教学、句子教学、段落教学、朗读教学、读写结合等不同的角度将若干篇有内在联系的短文"联"起来读,以提炼出更多的细节性的教学例证。

本书的内容,只是语文教学美丽大海中的一滴水;它的出版,也只是供同仁参考、批评。希望越来越多的语文教师成为优秀的课堂教学能手,希望越来越多的学生能够享受到优质高效的语文教育。

2013年8月24日 于武汉映日斋

CONTENTS 目录

01. 理性思考，诗意策划　/1
02. 整体勾勒，匀称安排　/5
03. 开课揭题，直入情境　/8
04. 挈领而顿，百毛皆顺　/11
05. 淡化提问，活动依然　/14
06. 指导朗读，灵动多姿　/18
07. 习点精粹，氛围浓郁　/21
08. 寓读于说，生动热烈　/24
09. 创新活动，话语纷纭　/27
10. 设置话题，讨论交流　/30
11. 提炼教材，启发创新　/34
12. 精巧命名，点示规律　/38
13. 自然迁移，润物无声　/41
14. 快捷切入，省力省时　/44
15. 语言学用，句段读写　/47
16. 捕捉要言，提取信息　/50
17. 含英咀华，课文集美　/53
18. 切分板块，理清思路　/56
19. 围绕线索，牵动品读　/59
20. 联读扩展，拓宽视野　/62

21. 穿插引进，巧用资源　/66
22. 情境生动，情趣盎然　/70
23. 整体反复，多角理解　/73
24. 把握文意，选点突破　/76
25. 读法示例，化解难点　/80
26. 训练检索，整合提炼　/83
27. 巧妙导入，自然得体　/87
28. 生动收束，余味犹存　/91
29. 适时打住，过渡小结　/95
30. 灵活评点，敏捷机智　/99
31. 诗意表达，平等对话　/103
32. 简洁讲析，精美细腻　/107
33. 侧面入手，正面解读　/110
34. 变直为曲，柳暗花明　/114
35. 预做铺垫，顺利推进　/118
36. 以读带析，一石双鸟　/122
37. 生动演读，激动心灵　/125
38. 顺势引申，丰满内容　/130
39. 读品结合，读说交替　/134
40. 角度奇妙，兴味盎然　/138

41. 积累字词，夯实基础　/142
42. 智能练习，助学助读　/146
43. 词语品析，咀嚼回味　/150
44. 句子品读，各有创意　/154
45. 精段阅读，注重效益　/158
46. 美点寻踪，品位高雅　/162
47. 课中设比，反复研读　/165
48. 双篇比读，见解深刻　/169
49. 变形阅读，别有情趣　/173
50. 变体阅读，带来新意　/177
51. 精选资料，助教助学　/181
52. 简说人物，形成氛围　/185
53. 概说课文，训练能力　/189
54. 课中之最，引人入胜　/194
55. 设计蓝本，集体演读　/198
56. 认字识词，手法多样　/204
57. 句段评点，清新雅致　/208
58. 巧挪文句，牵动品析　/212
59. 利用课题，设计活动　/216
60. 课文作文，七彩笔端　/220
61. 展开想象，生动描述　/224
62. 给词写话，趣读课文　/228
63. 句式学用，求美务实　/232
64. 段落教学，练读练写　/236
65. 微型写作，点染课堂　/240
66. 精彩画面，读写抓手　/245
67. 替换一处，牵动全篇　/249
68. 作文范本，别样风景　/253
69. 文中选文，妙趣天成　/257
70. 串写课文，摇曳生姿　/261
71. 扣住一词，带动全篇　/265
72. 以句带篇，品读欣赏　/269
73. 微型话题，各抒己见　/273
74. 美选美用，增加文气　/278
75. 短文巧教，精致高效　/282
76. 长文短教，妙在选点　/286
77. 活动设计，创意生动　/290
78. 得体得法，避免俗套　/294
79. 单元复习，突出要点　/298
80. 一文多用，一课多案　/302

理性思考
诗意策划

在研读教材方面,我的体会是8个字:表里求索,左右勾连。

在教学设计方面,我的做法是8个字:化静为动,尺水兴波。

为了达到"化静为动,尺水兴波"的教学境界,在设计一篇课文的阅读教学或一节阅读课的教学的时候,我们可争取做到这样8个字:理性思考,诗意策划。

理性思考与诗意策划是教学设计中第一步要做的工作,就像写文章的"意在笔先"一样。

所谓"理性思考",指的是对"教学设计"本身进行比较严整细密的思考。理性思考比较深刻的课,从教学理念上看,能成功地组织起学生的语文实践活动;从教学过程来看,其步骤、层次科学而又严谨,生动而又自然;从其外在的形态来看,表现出一种建筑之美;从其内在的结构来看,表现出一种或彼此承接,或起承转合,或拾级而上,或渐入佳境的层次之美;从其活动的细节来看,则表现出一种圆润、自然、细腻和富有文气之美。

如果用简洁的语言来概括"理性思考"对教师的要求,那就是,阅读教学设计应追求:

1. 深化课文研读；2. 优化教材处理；3. 强化课型创新；4. 简化教学思路；5. 细化课中活动；6. 美化教学手段。

这"深化、优化、强化、简化、细化、美化"等"六化"中每一"化"都可以说是教学设计理性思考的一个侧面，有了这种理性的思考，相对于我们所习惯的教学设计过程来讲，无疑是教学艺术上的提升。因为从操作的层面来看，我们往往是从感性的、经验的、重复的常用套路出发来进行教学安排，个人虽然各异而教学过程却大致一样，于是长久地大面积地表现着一种通俗的感性操作方式。

所谓"诗意"，在这里可以理解为教学过程比较生动美好，比较有文气和比较雅致；所谓"诗意策划"，就是指充分地考虑与设计阅读教学过程中层次的美、活动的美和细节的美，就是指教师在阅读教学的某一细节、某一步骤方面所酝酿的具有文趣、具有情味、具有美感、具有诗意的教学情境。

语文课堂阅读教学中的诗意，主要是针对学生的课堂实践活动而言。语文教育应该让学生在教学的美感中生活，让学生在一种高雅的语文环境中生活，这不仅仅只是有利于提高学生的文化品位与审美情趣，更重要的是一种美好情趣的培养、一种健康性格的养成。

理性思考与诗意策划，在教学设计的过程中其实是统一的、同步的。比如前面所说的"简化教学思路、细化课中活动、美化教学手段"等内容，就既是理性的，同时又是诗意的。所以说，一节层次比较高的课，从整体的布局上，应该让人们看到它表现出了一定理性特征；从教学情景中，应该让人们感受到它运用了一定的诗意手法。

如短文《孙权劝学》的教学：

孙权劝学

初，权谓吕蒙曰："卿今当涂掌事，不可不学！"蒙辞以军中多务。权曰："孤岂欲卿治经为博士邪！但当涉猎，见往事耳。卿言多务，孰若孤？孤常读书，自以为大有所益。"蒙乃始就学。及鲁肃过寻阳，与蒙论议，大惊曰："卿今者才略，非复吴下阿蒙！"蒙曰："士别三日，即更刮目相待，大兄何见事之晚乎！"肃遂拜蒙母，结友而别。

创意说明：本课的教学创意是，积累字词，赏析课文。根据课文内容用三个教学板块来整合教学的内容，用巧妙的手法让学生充分地有序地活动起来，既增加学生的知识积累，又训练学生的品析能力。

活动设计一：用情景朗读的方法知晓课文

活动内容：请同学们读课文，读顺课文语句，读清课文的层次，读出人物的语气。这次活动的目的在于进行集体训练，让所有的学生都"动"起来，从整体上对课文进行文意把握，对人物进行多角度理解。

活动设计二：用分类辨析的方法理解字词

活动内容：请同学们读课文，用对比辨析的方法理解课文字词。这次活动的目的在于让学生实践一种学习方法，自主地积累课文中的语言材料。如：

一组语气词：

孤岂欲卿治经为博士邪！　　（邪：表示反问语气，可译为"吗"。）

但当涉猎，见往事耳。　　　（耳：表示限止语气，可译为"罢了"。）

大兄何见事之晚乎！　　　　（乎：表示感叹语气，可译为"啊"。）

一组单音节实词：

卿今当涂掌事，不可不学！　（涂：途，道；当涂：当权）

孤岂欲卿治经为博士邪！　　（治：研究。）

蒙乃始就学。　　　　　　　（就：从事，开始进行。）

肃遂拜蒙母，结友而别。　　（拜：拜见，叩拜。）

一组双音节短语：

卿言多务，孰若孤？　　　　（孰若：哪个比得上。）

孤常读书，自以为大有所益。（以为：认为。）

卿今者才略，非复吴下阿蒙！（今者：今天。）

卿今者才略，非复吴下阿蒙！（非复：不再是。）

一组四字短语：

大有所益：有很大的益处。

吴下阿蒙：人没有学问的意思。

刮目相待：另眼相看，用新的眼光来看待人或事物。也作"刮目相看"。

士别三日：与有志之人分别几日。

活动设计三：用美点赏析的方法品析故事

活动内容：请同学们从品析、欣赏、发现、感受等方面入手，就课文内容说一句欣赏的话。这次活动的目的在于让同学们对课文进行美点赏析。

话题：《孙权劝学》的表达之美

教师举例：《孙权劝学》的表达之美是：顺序而叙，自然成章。

学生们独立思考，对课文进行自由品析，表达、阐释自己的见解：

层次清晰，相互映衬

剪辑镜头，以简驭繁

语气生动，句式优美

平实开头，高妙结尾

…… ……

这样，整节课以"学生活动"为主线，通过"课文朗读—字词辨析—美点赏析"这三次实践活动来理解品评课文，思路简明，手法生动，教学内容丰满扎实；这样的三个教学板块实际上达到了这样的教学目的：

1. 朗读，整体理解课文；

2. 寻读，自主积累字词；

3. 细读，充分赏析故事。

02 整体勾勒 匀称安排

这是具体准备教学方案时的操作方式,其结果是产生一个较为规范的"教学蓝图"。

整体勾勒,指的是在整体思考的基础上简洁地、提纲式地描画出某篇课文或者某一节课的教学步骤、教学角度及教学内容。其要求是"合理"。

匀称安排,指的是在通盘考虑的基础上根据每一步骤的教学内容规划一下所用的时间,力求各个主要步骤的时间大致相当。其要求是"恰当"。

如《故乡》第二节课(这节课的任务是完成对课文中"这来的便是闰土……可以听他自己去拣择"这一部分的精细的品读)——精读品析课教学过程构想:

简洁导入,切入到所要教学的部分。

步骤一:理解课文——请同学们多角度概说课文内容(10分钟左右)

步骤二:揣摩妙点——请同学们多层次品味美点妙要(16分钟左右)

步骤三:品评人物——请同学们多侧面述说人物性格(14分钟左右)

简明小结:我们学习的实际上是一种阅读方法——小说阅读三步法:

理解内容，揣摩妙点，评说人物。

上述设想就是课文阅读教学的一个纲。从明处看，它表现出了教学过程结构匀称、建架沉稳、眉目清晰、任务明确的特点；从隐处看，它表现出了教师对课文揣摩玩味、精心提炼、化课文为教学方案的手法；既从明处看又从隐处看，它立体地表现出了教学理念的更新、教学活动的充分、教学内容的丰厚，并特别地表现出教学角度的新巧。可以说，凡是像这样进行了整体结构思考和教学步骤优化的课，没有上得不顺畅、不理想的。

根据上述例子，有两个问题需要强调。

第一，"整体勾勒"时要充分地琢磨教学的"角度"。一般地说，几乎所有的教学方案都有一个事先的构思，所以"整体勾勒"好像不是一个需要探究的问题。但恰恰是在这个最普通的事情上，却缺乏非常重要的研究——我们很少对课文内容进行整合，很少从这种整合中提炼出优美实在的教学角度，由此而形成的弱点就是有整体的考虑而没有恰切新颖的角度，于是我们的课就大量地按解析课题、分析结构、讲读文段、归纳主旨的平面思路进行。

第二，"匀称安排"时要反复地考虑时间的"切分"。从教学实际来看，时间的切分也好像不是一个需要讨论的问题。但实际上教师的习惯是在教学设计中基本上不大考虑各个教学步骤的时间安排，即使是很高层次的大赛中也有不少的课中存在那种"不歇气"的大"板块"。这就表现出我们在教学设计中往往不考虑"课"的"节奏"，往往不考虑"课"在时间安排上所需要的比较匀称的"节律"之美。

在备课时要将"整体勾勒，匀称安排"做得比较好，除了课文的理解、研读、提炼之外，还要在"构思"上下一点"苦心孤诣"的功夫，要用设想的方法、实践的方法、比较的方法来形成、修正、完善我们的教学构想。

如，笔者在教学《夏天也是好天气》时，策划过与运用过这样一些方案：

方案一：

告诉大家——读妙文　提醒自己——寻雅词

评说课文——品奇字　表现生活——学美句

方案二：

对夏天说话——理解　对自己说话——积累

对课文说话——品析　对大家说话——创造

方案三：

朗读，说理解的话　选读，说积累的话

品读，说发现的话　演读，说创造的话

以上三个方案都是四个步骤，都表现出一种顺承而下、层层推进的逻辑顺序，都表现出语言形式上的排比之美，时间的切分大致相当。它们着眼于学生的语言实践活动，着眼于学生自主合作的学习，步步为营，有序延展，形成了课文清晰明朗的教学过程。

但它们又各有个性。方案一突出的是活动方式与学习内容，方案二突出的是课型设计（说读课）与活动目的，方案三突出地用"双线"的形式强调了学生的活动，同时暗含着课型的特点。总的来看，方案三要胜出一筹，而它的来到也正是"反复酝酿""颇费思量"的结果。

03 开课揭题 直入情境

一课开始,需要导入。进入课程改革以来,在"导入"的设计上,有一种毛病叫"缓入"。

所谓"缓入",就是教师用放录像、听录音、讲故事、做漫谈、猜谜语等方式由远及近地缓缓地将学生引向课文。这样的方式耗时一般在5分钟以内,个别"侃"得厉害一点的则超过了5分钟。这好像有一点"开发资源"的味道,但对于以分秒来计算的极为宝贵的课堂学习时间来说,则多少有一点浪费。

所以笔者对自己有这样的"警语":如果你精心设计的导语只是引发了学生的赞叹,那你只成功了一半。

那么另一半的成功在哪里?在于非常迅速地引导学生进入课文的语境、进入课文的情境,即"开课揭题,直入情境"。它一方面给学生争取到更多的品读课文积累语言的时间,一方面给教师提供了诗意设计艺术思考的机会,同时让"课始"这个环节显得简洁、洗练,语文的情味浓郁。

下面是笔者的教学实例。

例一,《律诗二首》的导入:

师:今天我们要学两首古诗,同学们能不能用艺术的、优美的语句将

"我们要学习诗歌"这个意思表达出来?

生：诗歌在我们面前，让我们朗读品析诗歌，让诗歌进入我们的情感世界，我们能够认识诗人、领会诗意……

师：大家说的意思可以这样表达：今天，我们与诗人相遇。

师：我们今天的学习活动就是：1. 与诗人相遇；2. 和诗人同行；3. 对诗人说话。

例二，《夏天也是好天气》的导入：

师：请同学们一起说，我们今天要学的课文是——（学生大声齐说课题：夏天也是好天气。）

师：如果有人说夏天不好，那么你读这个标题时，哪个字要读重一点?

生：（齐说）"好"字。

师：一起试一遍。（学生齐读课题，重读"好"字。）

师：如果人们说春天、秋天都是好天气，而你要说夏天也是好天气，那么读这个标题时，应将哪个字的音读得长一点?

生：（齐说）"也"字。

师：请试读一次。（学生齐读课题，将"也"字读得长一点。）

师：再来读一次，将上面两次读的体会结合起来。（学生齐读课题，"也"字拖长，"好"字读重。）

师：下面，就让我们来感受——"夏天也是好天气"吧。

例三，《故乡》的导入：

师：课文练习一中有这样的话："这篇小说实际上写了两个故乡，一是记忆中的故乡，一是现实目睹的故乡。"我们能不能用课文中的内容来替代这段文字中的"故乡"呢?

师：这篇小说实际上写了两种生活。

生：一种是记忆中的生活，一种是现实目睹的生活。

师：小说实际上写了两种情感。

生：一种是记忆中的情感，一种是现实感受中的情感。

师：小说实际上写了两种交往。

生：一种是记忆中的交往，一种是现实感受中的交往。

师：小说实际上写了两个杨二嫂。

生：一是记忆中的杨二嫂，一是现实目睹的杨二嫂。

师：小说实际上写了两个闰土。

生：一是记忆中的闰土，一是现实目睹的闰土。

师：好，我们今天就来品读课文中写"现实目睹的闰土"这一部分。

例四，《狼》的导入：

师：学习文言字词，方法之一是联想成语法。学用这种方法，可以让我们加深理解、扩大积累。如"狼"字，大家就可说说有关狼的成语。

生：狼狈为奸，狼吞虎咽，狼子野心，引狼入室，狼心狗肺，如狼似虎。

师：你们看，都是贬义词。现在请同学们读一读《狼》，看看课文写了什么样的故事、什么样的狼、什么样的屠夫。

从细节上看，上述导入有着如下的意味：

1. 引导巧妙，手法生动；
2. 语境美妙，气氛活跃；
3. 师生互动，指向明确；
4. 时间极短，内容丰厚。

它们都表现出了"开课揭题，直入情境"的特点，并且给了我们这样的启迪：语文课开始的第一秒钟就应该是在学习语文。

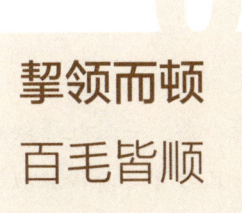

挈领而顿
百毛皆顺

艺术地设计"主问题",是进行课文整体阅读教学的一个重要手法。设计到位的"主问题",能够轻便有力地牵动对全篇文章的整体感知、整体理解和整体赏析。形象地说,这就是所谓"挈领而顿,百毛皆顺"。

所谓"主问题",就是课文阅读教学中能从课文整体的角度或学生的整体参与性上引发思考、讨论、理解、品味、欣赏的重要的提问。

"主问题"的重要教改意义是克服课堂上的"碎问""串问",将长久以来教师那种"追问"式的教学局面改变为学生研讨式的教学情景。

然而不仅如此,由于每个"主问题"都要牵动有一定时间长度的讨论,于是教师的讲析就可以转化成对学生讨论的评点、与学生的对话以及对活动结果的精彩小结。

然而还不仅如此,如果一节课中分层次地出现几次"主问题",那么就必然能形成几个教学的板块,使课堂教学结构发生深刻的变化。

从下面的例子,可以看到"主问题"的这种力量。

课文:人教版课标教材《珍珠鸟》

问题:请同学们速读课文,根据课文内容说说作者写了一只什么样的小鸟。

目的：在"初读感知"阶段引导同学们整体感知课文的重点内容。

活动形式：同学们自由阅读课文，相互交流看法，进行课堂举例式发言：

课文中写了——一只出生在鸟笼中的小鸟，一只肥肥的好像一个蓬松球儿的小鸟，一只红嘴红脚的小鸟，一只有银灰色眼睑和灰蓝色羽毛的小鸟，一只后背有着珍珠似的圆圆的白点的小鸟，一只有笛儿般又细又亮叫声的小鸟，一只稚嫩可爱的小鸟，一只神气十足的小鸟，一只敢靠近"我"的小鸟，一只活泼好动的小鸟，一只娇憨可爱的小鸟，一只贪玩而又听话的小鸟，一只对人很信任的小鸟，一只调皮可爱的小鸟，一只让"爸爸妈妈"牵挂的小鸟，一只并不怕人的小鸟，一只像孩子一样依偎着人的小鸟，作者非常疼爱的一只小鸟，作者生怕惊扰了的一只小鸟，让作者有了深切感悟的一只小鸟……

活动效果：课文内容全部读到，活泼可爱的小鸟栩栩如生地出现在同学们面前，教学过程由此进入"朗读体验"的阶段。

在日常教学中，可从如下方面来探究"主问题"的设计。

第一，"主问题"的运用方式。

1. 在课文教学的初读阶段，可用"主问题"牵动对全篇课文的深刻理解，从而提高学生品读课文的质量，凝聚学生的阅读注意，加深学生思考的层次。

2. 在课文教学的进行阶段，可用"主问题"形成课堂教学的重要活动板块，形成明晰的课堂教学思路，形成学生呈主体性参与的生动活泼的教学局面。

3. 在课文教学的深化阶段，可用"主问题"来激发思考，引发讨论，深化理解，强化创造，形成波澜，酿造课堂教学的高潮。

第二，"主问题"的设计要求。

1. 要能够牵一发而动课文全身。

2. 在教学中按一定的顺序间隔出现。

3. 适应课文的教学重点或表现课文的特点，从课文内容、语言、手法等方面突出其一或其二。

4. 生动、有趣、实在，适于大多数学生理解与应对，能激发热烈的课堂学习情绪。

5. 能支撑起较长时间的阅读活动。

6. 某一课的几个主问题中，要有明显的角度区别，要分别担当起不同的教学任务。

第三，"主问题"的设计角度。

可从着眼于整体感知课文、整体理解课文、整体分析课文、整体欣赏课文、整体探究课文的角度来进行"主问题"的设计。

也可从多元地理解课文的思想内容、多侧面地分析人物形象、多角度地品析文中的美点妙要、多板块地积累文中的语言材料、多手法地对课文内容进行"再表达"的角度来进行"主问题"的设计。

下面，用一个完整的教学构想来具体表现上述说法：

课文：人教版课标教材《珍珠鸟》。

创意：用三个"主问题"，从三个角度实现对课文的整体阅读教学：

1. 你认识那可爱的小鸟吗？

2. 请你试着评说那富有情趣的作者好吗？

3. 你认为可从哪些角度来体味文中的情感呢？

05 淡化提问 活动依然

提问，推动课堂阅读教学的重要手段。

课堂阅读教学中，几乎没有不提问的。

所以对提问设计的研究视点总是聚焦在"如何进行提问设计"上。

其实阅读教学过程中有很多地方天然地不用提问，如指导学生进行默读、朗诵、查阅、听读、复述、记背、改写、编演等。这就让我们产生联想：能不能在更多的课堂学习活动中不提问？

如果不将提问作为阅读、讲析课文的抓手，而将"解决问题"作为历练学生的过程，那么，也许就能进行"无提问式"的学生活动充分的课堂教学设计。

所以应该说，对"提问"的研究，最有趣的是研究如何做到"不提问"。

不提问的最大意义在于设计学生的实践活动。

不提问的最有意义的事是将教学中大量的时间交给学生，让他们去完成读、写、听、说的课堂活动。

不进行提问又让学生活动起来，是真正可以做到的；其方法在于：提要求，做示范，递"抓手"。

请看一个很有意思的小小教学片段：

今天学习《古代诗歌五首》，请同学们先读起来。假设这五首诗都是"景点"，请试着给它们各加上一个四字词的"名称"。如《观沧海》这个"景点"，可以给它一个"登山望海"的美名。

同学们朗读，思考，商量，表达：

《观沧海》——"望天看海"……

《次北固山下》——"驾舟扬帆"……

《钱塘湖春行》——"赏花观鸟"……

《西江月》——"夜半山行"……

《天净沙·秋思》——"天涯孤旅"……

像这样的"命名"活动是一种艺术性的教学细节，是一种让学生对阅读材料进行整体感受的"侧面"手法。教师提了要求，做了示范，递了"抓手"，没有进行课堂提问但思考深刻、情景活跃、话语飞扬。

再看一个整体的教学构想——《春》：

创新尝试：无提问式阅读教学

思路策划：诵读—品析—积累—学用

教学步骤与过程：

教学步骤一：诵读课文

1. 训练过程：听读，自读，听音乐合读（第1—2段男女领读，第3、4、5、6段分组读，第7段合读，第8、9、10段男女领读），选点自读，选点表演读。

2. 细节性要求：分步训练同学们读出快慢，读出轻重，读出情景，读出情感。

教学步骤二：品析课文

1. 学习要求：品析美点，发展语感，体味课文情韵。

2. 细节层次：由品评词语到品味句子再到品析精段。

3. 活动抓手：同学们可以用"……用得好，写出了……"或"我认为……写得好，好在……给我们……的感受"这样的句子自由说话。

4. 教师示范："人家屋顶上全笼着一层薄烟"中的"笼"字用得

好，写出了薄烟是在轻轻地浮着，给我们一种立体感而不是像"罩"那样有压抑感。

5. 同学们独立思考；同学们小组交流；同学们与老师对话。

教学步骤三：背读积累

1. 先析读——教师讲析：课文的每一段都有明晰的层次，理解了它们，可以为背读这篇课文打下良好的基础。并示范讲析第1、2自然段以及课文结尾三段。

2. 再背读——每位同学选自己喜欢的一个语段，揣摩一下它的结构层次，再进行背诵。

教学步骤四：语言学用

1. 内容：学写景物描写段。

2. 铺垫：同学们在背诵的基础上自由选段，从"分层次、有条理"的角度分析这一段，如：

春草一段，先写草，接着写人的活动，再写人的感觉、感受。

春花一段，从下至下，先写花种多样、花势繁茂、花色斑斓、花味甜蜜的景象，再写恋花的蜂蝶进行侧面烘托，再写地面上的各种草花以做映衬。

春风一段，从触觉、嗅觉、听觉三个方面写出了春风带给人的惬意感。

3. 同学们独立写作并进行课中朗读式交流。

教学步骤五：佳作欣赏

1. 师生背读与"春"有关的诗词。

2. 欣赏写春的名文片段或其他。

这个教学设计的框架是"诵读—品析—积累—学用"，全课可以做到不进行一次提问而朗读感受、阅读品析、学用语言等实践活动依然进行，依然顺畅，依然热烈。

研究"淡化提问"或"无提问式教学"，并不是说教学过程中没有"问题"，这里的教学设计艺术表现在：不运用"提问"这种形式而仍然要让学生思维的泉流奔涌。

研究"淡化提问"或"无提问式教学"的意义首先在于克服课堂上的"碎问碎答",让教师那种不断追问式的、随意提问的"职业习惯"变作对学生课堂实践活动的"组织手段"或"引领手段",让那种由不断提问而形成的细碎活动过程变为学生成块地占有时间的思索、交流、积累的活动,从而开拓出课堂教学艺术的新的层面。

研究"淡化提问"或"无提问式教学",其意义还在于改变教师对教材的阅读习惯,改变教师教学设计的思维习惯,改变教师课堂语言的表达习惯,不论是从教学设计创新还是从阅读教学艺术的实践方面,都能展现出另外一片新美的风景。

本书配有"听音频,学语文教学技巧"服务

★ 原文音频讲解
★ 语文教学实录
★ 交流社群

◀ 微信扫码

06 指导朗读
灵动多姿

朗读，充满诗意的文学活动。

朗读，让同学们认知文字、感受声律、体味词句、领会情感、品味意境、发展语感的充满情致的实践活动。

朗读，是阅读教学的一种基本课型，是阅读教学过程中的一条常用教学线索，也是一种灵动多姿的教学细节。成功的朗读教学一定是层次非常细腻，过程非常生动，形式非常活泼。

反过来讲，没有朗读的课只是"课"，它不是美的语文课。

而且，只是单一地让学生"读"而没有朗读指导的课，也欠缺训练的力度与美感。

所以，要力求用诗意的手法来引领这诗意的课中活动：

如，小步轻迈——层次非常细腻。

请看笔者执教时对苏版课标课文、童话《七颗钻石》的朗读指导——请同学们这样朗读：

1. 用童声来读，语速要舒缓，语调要清新。
2. 请带着表情朗读，语音要甜美。
3. 朗读的时候要有孩子们讲故事的韵味。

4. 用重音的方式，用上扬的语调，读好故事中的几次"变"。

5. 可爱的小姑娘感动着我们，让我们进行表演式朗读，来表达这种感动。

这样的朗读指导比较准确地利用了课文的文体特点，又准确地把握了初一学生的年龄特点，训练的立意有一定的高度且角度比较新颖，给学生一种渐入佳境的朗读感觉。

又如，手法精巧——过程非常生动。

请看《我愿意是急流》的阅读欣赏课的朗读训练设计。

师：这节课的学习方法是：美美地听，美美地读，美美地品，美美地说。

第一个教学板块：美美地听

1. 请同学们听男声配乐诵读，听的时候要想象诗中的"画面"。

2. 请同学们再听女声配乐诵读，听的时候要感受诗中的"情感"。

3. 请同学们第三遍听读课文，听的时候要感受"以声传情"的细节，同时要轻声地跟读。

第二个教学板块：美美地读

1. 请同学们自己朗读：

第一遍：重在整体感受，注意语音（饱满，圆润）。第二遍：重在体味情感，注意语速（节奏，停顿，快慢）。第三遍：重在进入情境，注意语气（轻重，抑扬，抒情性）。

2. 请大家一起来感受与表达：

第一，请同学们先试读首尾两段。

第二，请同学们在轻音乐中朗读全诗。

这个朗读训练的过程以"听读"领起，细细浸润，轻慢推进，稳中求变，要求具体，一步一步地拨动着学生的心扉，激发着学生朗读的欲望。教学中配以色泽明丽的画面柔美动听的音乐，整个教学过程角度丰富、手法精巧。

再如，有引有读——形式非常活泼。

请欣赏《紫藤萝瀑布》第一个教学板块"感受美——朗读美文"。教师以主持人的身份出现，巧妙地裁剪课文，整合内容，引起朗读体味的活动：

1. 请自由地放声朗读课文，初步感受美文。
2. 教师"整合"课文内容，引读课文，同学们再次感受美文。

师："我不由得停住了脚步"，出现在"我"面前的，是这样流光溢彩、生机勃勃的一树紫藤萝。请同学们以赞叹的语调，朗读课文的第2段。

（同学们朗读）

师：这里的藤萝花是繁密的、生动的、活泼的，它们那么快乐、那么充满活力、那么富有美感。请同学们用喜爱的语调，朗读课文第6段。

（同学们朗读）

师：是啊，这美丽的花象征着生命之可爱，它缓解了"我"心中的悲痛，让"我"沉浸在美的意境之中，让"我"对生命有了美的感悟。请大家用颇有感叹的语调，朗读课文第10段。

（同学们朗读）

这个朗读细节以"语调"为线索展开引读，突出了课文最关键的段落，大体上显现出课文的行文脉络和构思手法，重点突出，指导细致，时间俭省，形式别致。

其实，上述"层次非常细腻，过程非常生动，形式非常活泼"这三者是不能分开的，它们有点像"互文"的手法，你中有我，我中有你，立体地多维地支撑着、表现着一个优美的朗读教学设计。

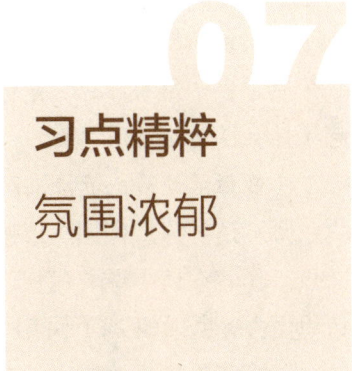

习点精粹 氛围浓郁

可以说，朗读是一种生动的富有情韵的课堂活动；也可以说，朗读是一种活泼的形式优美的教学手法。优秀的朗读教学设计应切实有效地提高学生的朗读能力，也应尽善尽美地让学生在情感上受到感染熏陶。

这样看来，"还我琅琅读书声"还只是一种层次较低的教学要求，我们可以尝试着对此加以优化和进行深化。如下面的做法：

1. 习点精粹

指的是在教学设计中非常关注朗读训练的过程，在这个过程中安排精到的、符合文体教学、符合课文情境的学习点。

如《使至塞上》的四个"习点"：

吟读——体会情味

译读——理解内容

背读——积累语言

说读——飞扬神思

全诗的教学以朗读训练为线索，将习练过程切分为四步，各个深入而又实在地解决一个方面的学习内容，角度精细，进程从容，活动丰富。

与上面的设计相比，有的"习点"还可以更为精致细腻。如《天上的街市》"体味诗的音乐美"约12分钟的朗读训练片段实录：

师：读诗的第一步就要体会诗的音乐之美。诗的音乐之美表现于如下几个要素：一是节奏，二是停顿，三是重音，四是韵脚。现在请同学们一起来体会课文的音乐之美。

（教师范读第一节诗，同学们齐读全诗，体会诗的节奏。）

师：还要注意停顿。停顿与节奏的区别在于停顿的语言间歇时间稍长一点。作者在诗中说"我想""你看"，这里能把我们的思绪与情感引到诗里面去，所以朗读时不能匆忙。

（教师范读第二节诗，请同学们结合诗意体会诗中的停顿。）

师：下一步就要读好重音，请听老师的朗读重音和朗读诗句的速度。

（老师范读并指导同学们读诗的第二、三、四节，要求注意"定然有""定然是""定能够""定然在"读得重一些，要表现出确实相信天上有着美丽的街市。）

师：还有一个要求，就是要把诗的韵脚读好。诗是讲究押韵的。本诗隔行押韵，每节换韵。请同学们进行朗读体味。

（同学们齐读全诗，感受音韵。）

师：现在老师简短地讲一下，请大家记下来：

这首诗的音乐之美，表现在每节四行，行数相等，偶句押韵，四句换韵；每句字数大体相等，每句三至四顿，所以读起来朗朗上口，和谐优美，悦耳动人。

这里的"习点"由"节奏"到"停顿""重音"和"韵脚"，自然推进，步步相连，强调体味，训练充分。

这样的朗读指导与训练，其要求，其角度，其层次，其收效，远非那种只让学生泛泛朗读的教学过程所能相比。

2. 氛围浓郁

指的是在教学设计中非常关注朗读感受的过程，在这个过程中酝酿、形成动心动情的朗读氛围。所谓"氛围浓郁"，不是指播放课文朗读录音来进行渲染，不是指用教师表演式的全篇范读来形成效应，不是指将乐曲复制到课件中进行配读，而是指能让全体学生都能参与、愿参与的朗读活动，指能让学生通过自己的朗读传达出作品真情的朗读活动。

如冰心《纸船——寄母亲》的课堂朗读活动设想：

1. 请同学们朗读课文，体味文中情感。

2. 请用"内心独白"的形式自由朗读课文，看谁最能打动听众的心。

3. 请用"轻声倾诉"的形式自由朗读课文，看谁最能传达出诗的情感。

4. 全班同学用"深情演读"的形式朗读课文，先请同学们进行朗读方案设计。

5. 形成朗读方案，进行集体诵读：

（女领）我从不肯妄弃了一张纸，
　　　　总是留着——留着，
（女合）叠成一只一只很小的船儿，
　　　　从舟上抛下在海里。
（男领）有的被天风吹卷到舟中的窗里，
（男合）有的被海浪打湿，沾在船头上。
（女领）我仍是不灰心的每天的叠着，
（全班）总希望有一只能流到我要他到的地方去。
（女领）母亲，倘若你梦中看见一只很小的白船儿，
　　　　不要惊讶它无端入梦。
（女合）这是你至爱的女儿含着泪叠的，
　　　　万水千山，求它载着她的爱和悲哀归去。
（全班）这是你至爱的女儿含着泪叠的，
　　　　万水千山，求它载着她的爱和悲哀归去。

这里的"氛围"从"内心独白"式朗读开始形成，从"轻声倾诉"式朗读到"深情演读"式演读逐步"浓郁"，朗读过程时间长，角度精，体味深，形式美，支撑起一个实实在在的感受、体验、诵读的学习板块。

08 寓读于说 生动热烈

说读，就是读读说说，说说读读，以学生的语言活动为中心，用"说"的方式带动对课文的整体理解、细节品析、内容组合、想象补充……它以课文品读为目标，以深入理解为目的，在课文阅读中引导学生边读边说、边说边读。这既是一种创新的教学手法，也是一种高效教学设计思路，同时也是一种学法指导；当它能够支撑整节课的教学的时候，它又是一种新的课型。

如《卖炭翁》的说读教学过程设计：

第一步：朗读——读得顺畅；说话——翻译课文（叙说性语言表达训练）。

第二步：朗读——读出轻重；说话——品析文句（分析性语言表达训练）。

第三步：朗读——读出情景；说话——品味字词（欣赏性语言表达训练）。

第四步：朗读——读出情感；说话——表达想象（描叙性语言表达训练）。

全课的主体教学方式是"说读"，学习活动的视点定位于学生的语言表达，学习的过程中有朗读，有品析，有鉴赏，有想象，显现出思路明晰、层次生动、活动热烈的教学特点，给人以耳目一新之感。

说读，就学生而言，是一种有较大的"说"的"量"和较长的"说"的"时"的课堂活动。我们可以在课文教学之中，结合"朗读"组织学生进行平实的与生动的、概括的与发散的、描述的与评论的、理解的与赏析的、感悟的与想象的、模仿的与创造的等等各种形式与内容的"说读"活动。如人教版课标课文《芦花荡》的"说读"角度策划：

1. 引入式地说

故事发生在抗日战争的岁月里。在充满诗情画意的芦花荡里，一个干瘦的老头子，整天划着小船自如地穿梭着，他让抗日将士感到快乐、让日本鬼子感到胆寒。他自信，他自尊；他有柔情，有热血，有仇恨，他是一只勇敢的鱼鹰！

2. 复述式地说

《芦花荡》叙说的是一位老英雄的故事。他在芦花荡神出鬼没，无数次地通过鬼子的封锁线，保证了苇塘中部队的供给，保证了部队的战斗力。

因为他，敌人的愿望没有达到。但在送大菱和二菱进芦花荡的过程中，大菱挂花了。他恨自己为什么偏偏没有完成这次任务，他痛苦，他愧疚，他发誓要报仇。他在船头上放了一大捆新鲜的莲蓬，引诱鬼子进入枯木桩子的水区，让钩子把鬼子咬住。曾经张牙舞爪的鬼子成了受伤的困兽，动弹不得，束手挨打，老英雄手无寸铁却把十几个鬼子打得头破血流！

3. 评介式地说

老英雄是将近六十岁的老头子，是一个有着爱国抗日热情的人。他浑身没有多少肉，干瘦得像老了的鱼鹰。那晒得干黑的脸，短短的花白胡子特别精神，那对深陷的眼睛特别明亮。他每天夜里在水淀出入：里外交通，运输粮草，护送干部；而且不带一支枪。老英雄是一个自信、自尊和乐观的人。在敌人紧紧封锁的水面上，就像一个没事人，按照早出晚归捕鱼撒网那股悠闲的心情撑着船，编算着使自己高兴也使别人高兴的事情。

老英雄是一个勇敢的智慧的人。鬼子打伤了大菱，他说："等明天我叫他们十个人流血！"他终于让每个鬼子的腿肚子都挂上了钩，他把船一撑来到他们的身边，举起篙来砸着他们的脑袋，像敲打顽固的老玉米一样。

4. 举例式地说

课文中有不少如诗如画的景物描写，形、色、动、静都写得很有特色。如"月明风清的夜晚，人们的眼再尖利一些，就可以看见有一只小船从苇塘里撑出来，在淀里，像一片苇叶，奔着东南去了""弯弯下垂的月亮，浮在水一样的天上""月亮落了，半夜以后的苇塘，有些飒飒的风响""第二天，中午的时候，非常闷热。一轮红日当天，水面上浮着一层烟气""水淀里没有一个人影，只有一团白绸子样的水鸟，也躲开鬼子往北飞去，落到大荷叶下面歇凉去了""这里的水却是镜子一样平，蓝天一般清，拉长的水草在水底轻轻地浮动""在那里，鲜嫩的芦花，一片展开的紫色的丝绒，正在迎风飘洒"……

5. 想象式地说

在那苇塘的边缘，芦花下面，有一个女孩子，她用密密的苇叶遮掩着身子，看着这场英雄的行为，她就是二菱。她在想，老同志可真有办法、真有本事啊，不用枪，一人就能对付十几个鬼子，打得他们鬼哭狼嚎。老同志砸得好，狠狠地砸，还帮我们多砸鬼子几下，叫他们头破血流。啊，老同志究竟是用的什么方法让鬼子动弹不得的呢？……

还可以有联想式地说、赏析式地说等角度可以运用。

从这个教学设想可以看出，"说读"能运用于课文阅读教学的各个环节，对课文的整体理解尤有效果。在这寓读于说的充分活动中，学生能对课文进行多角度的深入理解，将课文内容进行有个性的"再表达"。"说读"，有效地让学生的阅读深入到了课文的字里行间，突出地将课堂上大量的时间交给了学生，真诚地让学生成为课堂活动的主体，艺术地让学生的课堂学习的活动情态热烈。

09 创新活动 话语纷纭

说读，能让学生在课堂上充分地读起来，想起来，说起来，品起来，能使学生有充分的活动与丰富的积累、有创造的条件与成功的希望。

说读，要求我们用科学而又艺术的指导，让学生美读起来，美说起来；让学生言之有味，言之有序，言之有物，言之有情，言之有理。

说读讲究引导技巧，讲究调控有度，讲究角度丰富。如，概括式说读讲求一个"精"字，发散式说读讲求一个"广"字，分层式说读讲求一个"厚"字，赏析式说读讲求一个"美"字。说读，要求教师精心思考，巧取角度，创新活动，让话语纷纭，让思想交流，让发现闪光。

如"一句话说读"，就是笔者创造的一种精致的说读活动，它引导同学们根据自己对课文的理解说上一句话，它所形成的众说纷纭的课堂交流氛围，常常给人以意想不到的惊喜。

如，一句话课文内容概括。

以《散步》为例：

一篇表现家庭生活、表现亲情的美文。三代人之间深沉的爱。中年人的责任感。尊老与爱幼的传统美德。亲情·真情·责任感·使命感。互相爱护、尊重、体贴和理解的一家人。沉重的责任，自须背负。一曲尊老爱幼的颂歌。幸福的家庭是美好生命的摇篮。成熟的生命爱护幼小的生命，善待衰老的生命。背起生活的重担，架起上下两代人之间的桥梁。作为中年人，长辈和晚辈就是他的整个世界。写了事，写了景，写了情，写了意。写了一件事，表达一个"理"……

如，一句话主要内容理解。

以《夏天也是好天气》为例：

夏天也是好天气——好在太阳不肯回家去。好在小女孩可以穿花裙子。好在男孩子可以跳入水池去游泳。好在可以有个借口，放下该做的工作。好在让人们在躁动中获得一份自省的宁静，一份化外的智慧和实实在在的虚无。好在往日很多必不可少的事物，都变成了多余。好在可以找个通风僻静的地方，架一张竹藤凉椅，半躺半卧双眼微睁，超然地看世界、超然地看自己。……

如，一句话课中人物评说。

以《故乡》的中年闰土为例：

他是一个身材增加了一倍的人，是一个紫色的圆脸，已经变作灰黄的人，是一个脸上加上了很深的皱纹的人，是一个眼睛周围都肿得通红的人，是一个头顶破毡帽，身上只一件极薄的棉衣，浑身瑟索着的人，是一个手里提着一个纸包和一支长烟管的人，是一个有着又粗又笨而且开裂像是松树皮了一样的手的人，是一个脸上现出欢喜和凄凉的神情的人，是一个脸上虽然刻着许多皱纹，却全然不动，仿佛石像一般的人，是一个拿起烟管来默默吸烟的人，是一个外形穷苦、心情愁苦、语言悲苦、精神困苦、生活劳苦的人，是一个已像一尊"木偶"的人，是一个行将被旧中国吞噬的饱经忧患的中年农民，是一个处于社会最下层的忠厚老实的贫苦农民形象，是旧中国农民日趋贫困的一个缩影……

如，一句话课文妙要列举。

以《狼》为例：

妙在开头写屠夫遇狼，点明时间、地点和矛盾的双方。妙在文章开门见山，扣人心弦，又在表达过程中预伏波澜，为情节的展开埋下了伏笔。妙在开头渲染出紧张的气氛。妙在写投骨而不止狼，使人感到屠夫面临巨大危险。妙在后狼止而前狼又至，写出了屠夫随时有受到攻击的可能。妙在描写细腻、生动，投，复投——表现屠夫一再退让；"并驱如故"——不仅表现了狼的贪得无厌，而且表现狼懂得配合作战。妙在用一连串的动词——恐、顾、奔、倚、弛、持——写出了屠夫在紧张险恶的环境中还能保持清醒的头脑，抢占有利地势，准备与狼搏斗。妙在写狼的一走一留，让人担心屠夫是否会中计。妙在"一狼洞其中"，将危险性渲染到了极点，真是一波未平，一波又起，直到禽兽"顷刻两毙"，读者悬着的心才放了下来。妙在"乃悟前狼假寐，盖以诱敌"写屠夫的醒悟，更写狼的狡黠。教育人对狼一样的人一定要提高警惕。妙在文章全文暗示人有狼没有的智慧、勇气和力量。对狼一样阴险狡诈的恶势力，不能存有幻想，不能妥协退让，要敢于斗争，善于斗争，这样才能取得胜利。……

如，一句话关键信息提取。

以《苏州园林》为例：

苏州园林是我国各地园林的标本。苏州各个园林的共同点：务必使游览者无论站在哪个点上，眼前总是一幅完美的图画。苏州园林绝不讲究对称。苏州园林里都有假山和池沼。苏州园林栽种和修剪树木也着眼在画意。苏州园林有花墙和廊子。苏州园林每一个角落都注意图画美。苏州园林里的门和窗，图案设计和雕镂琢磨功夫都是工艺美术的上品。苏州园林极少使用彩绘。

还有"一句话画面描绘""一句话收束课文""一句话展开想象""一句话学法介绍"等等，都可以有机地进行运用。这个细节看起来好像只是"大家都来说句话"，实际上它是一种有效的个性化的课堂交流，能很轻巧地将同学们的眼光与思绪带到课文之中。

10 设置话题 讨论交流

请看《小石潭记》的一个教学设计片段：

请同学们各自选择下面的"话题"，在理解课文的基础上，根据课文内容准备一段话，自由地发表自己的见解：

- "小石潭"的"小"
- "小石潭"的"石"
- "小石潭"的"潭"
- "小石潭"的"水"
- "小石潭"的"清"
- "小石潭"的"秀"
- 《小石潭记》中的"近与远"
- 《小石潭记》中的"色与光"
- 《小石潭记》中的"动与静"
- 《小石潭记》中的"景与情"
- 《小石潭记》中的"乐与凄"
- 《小石潭记》中的"镜头与画面"

- 《小石潭记》中的"对比与烘托"
- 《小石潭记》中的"观察与描叙"
- 《小石潭记》的"语言美"
- 《小石潭记》的"笔下风光"
- 试用绘画的语言评点文中的一段话
- 试用摄影的语言评点文中的一段话
- 试用音乐的语言评点文中的一段话
- 请自己提出一个小小的"话题"并进行阐述

以上20个"话题",是交给同学们自行理解、体味、探究《小石潭记》的"抓手"。它们之中的每一个,在没有清楚地理解之前,都是一个"悬念",都有一定的牵引力,具有将学生的眼光与思维引进课文的作用。

二

所谓"话题",就是谈话的中心,就是引发谈话的由头。

用于阅读课堂教学的"话题",其作用是在课文的阅读教学中引出同学们内容广泛、形式自由、带有自己的创见、带有自己的思想与情感特点的谈话;有了"话题",就有了思考探究,有了课堂交流,有了课中对话,当然也就有了让学生真正占有课堂时间的保证。

"设置话题"是一种教学策略,也是一种教学设计手法。话题式手法是进入新课程以后阅读教学的新手法,带有鲜明的时代特点,能够鲜明生动地阐释课标中的一个基本理念——阅读是搜集处理信息、认识世界、发展思维、获得审美体验的重要途径。阅读教学是学生、教师、文本之间对话的过程。

课中"话题"最为显性的作用是"引发"——或者引导学生在谈话之前进行思考、提炼与整合,或者引导学生在准备谈话时理解、分析、研读或欣赏课文,或者引导学生在谈话的过程中调动积累、表述见解。"话题",在阅读教学的某个步骤中一定是非常具有吸引力的线索,能够比较好地形成课堂阅读"自主、合作、探究"的活动氛围,能够比较切实地表现新课程的"对话"的理念,也能够表现出阅读个性化的特点。

课中"话题"最有力度的作用是"整合"——只要选择了"话题",就必须有比较完整的表达。"话题"既牵动着对课文内容或整体或综合或某一角度某一侧面的理解,又牵动着对所理解内容进行语言表达的推敲琢磨。学生此时的"再表达"不可能只是半句话、一句话,而是表达着理解、说明、论证、欣赏、感受的一段话或一"篇"话。由这种教学效果所显现出来的"意义"是让人十分欣喜的。

三

话题的设置,可从如下三个方面入手:

1. 从课文本身的阅读品析的内容来看,可以设置"主话题"与"微型话题"。

"主话题"如:说说《安塞腰鼓》的语言美与阳刚之气。

"微型话题"如:手的描写与孔乙己的悲剧命运;孔乙己脸色描写的表达作用;怎样看孔乙己的"偷";孔乙己与"酒";孔乙己的神情描写与性格特点;说说没有出场的丁举人;"笑"在小说中的艺术力量;孔乙己第一次亮相和最后一次出场;孔乙己话语分析;孔乙己在小说中是一个弱者;咸亨酒店与孔乙己;孔乙己的善良;《孔乙己》中的"我"……

2. 从课文阅读品析的内容来看,还可以设置"文本式话题"与"感受性话题"。

上述"主话题"与"微型话题"都是"文本式话题",其作用都是为了课文内容的阅读理解。"感受性话题"则不一样,其作用是为了表达学习后的体验、感受、感悟或启迪。如"学习了《送东阳马生序》后,说说现代中学生读书应有怎样的苦乐观""学习了《紫藤萝瀑布》全文,试用自己的经历或见闻印证'花和人都会遇到各种各样的不幸,但生命的长河是无止境的'这句话"等等。

3. 从学习内容与课文的关系看,可分为"文本式话题"与"综合式话题"。

"文本式话题"设置的方向是文本研读与欣赏。"综合式话题"既关注文本阅读,又拓展、旁逸到更为宽泛的内容中去,带有一点综合性学习的味道,有一点专题学习的味道。

如《生物入侵者》教学中的一个综合性话题：搜集资料，说说你所了解的"生物入侵者"的故事。

这个话题其实就是一次搜集资料、提炼资料、整合资料并就资料的内容进行诠释的过程。在这样一个过程中，读与思、读与写、读与讲是综合地进行的，对于培养学生的学习兴趣与动手能力，有很好的训练意义。

11 提炼教材 启发创新

阅读中的读与写是"与生俱来"的依存关系。可以说，读读写写、读写结合，不论是从教学内容来看，还是从学生的课堂活动来看，都是阅读教学中最常规最通俗最平实的教学手法，在日常教学中，几乎是没有教师不会运用这种通俗教法的。

但我们很少从理性的角度来研究"读写结合"的设计手法与设计角度，因此课中不少的读写结合的活动不灵活不生动，经常是同一方法反复使用，不能让学生兴趣盎然。

解决这个问题的最好方法还是研究一下教材，研究一下课文中的"读写结合"题的设计角度并进行角度明晰的整合提炼。须知注重读写结合是教材编写的重要理念，当我们潜心地对教材进行梳理提炼时，就会发现那真是一座学习活动的富矿，好的方法好的角度竟是那样美不胜收：

1. 仿写学用

《星星变奏曲》——试仿照这首诗的"如果……如果……"或"谁不愿意……谁不愿意……"写几句诗，表达一种企盼。《芦花荡》——课文中有不少如诗如画的景物描写，如"月明风清的夜晚……像一片苇叶，奔着东南去了""弯弯下垂的月亮，浮在水一样的天上"等，找出并抄下来,仔细体味,再仿写几句。

2. 补说续写

《芦花荡》——课文中有一段话精彩地描写了老头子因没有圆满地完成任务而懊丧、内疚、自责的心理,请找出这段话并细细体味,然后把第二天二菱目睹老头子的英雄行为时的心理活动补写出来。《喂——出来》——展开想象,从小说结尾续写下去,一二百字。

3. 变体改编

《与朱元思书》——把课文改写成现代文,介绍富春江"自富阳至桐庐"的景色。《雨说》——以"雨的自述"为题,将这首诗改写成三五百字的小散文,体会这两种体裁在语言表达上的区别。《石壕吏》——把这首诗改写成记叙文或短剧。

4. 事实印证

《恐龙无处不在》——"不同科学领域之间是紧密相连的。在一个科学领域的新发现肯定会对其他领域产生影响。"这段话对你有什么启发?你能从自己的学习或生活经验中举一两个例子来阐述这一观点吗?

5. 想象创编

《我的第一本书》——课文中的人物,除了"我"和"父亲"以外,还有同学黄二毛、乔元贞和老师"弄不成"。这三个人言行写得不多,却让人难忘。试从中任选一个,在课文所提供的材料的基础上,发挥想象,虚构一个小故事。

6. 迁移拓展

《旅鼠之谜》——除了旅鼠之外,其他动物也有一些奇异的现象,请根据你的观察和了解,写一段文字,说明某种动物奇异的表现及其原因,在班上交流。《俗世奇人》——为你周围有绝活的人,比如能一笔画出一个圆的数学老师、能生动模仿各种声音的同学等写一篇人物速写,要抓住人物动作、语言、神态等方面的特征,写出他们的奇处、绝处。

7. 读后随感

《岳阳楼记》——思考"先天下之忧而忧,后天下之乐而乐"的含义,把你的认识写成一段文字,与同学交流。《亲爱的爸爸妈妈》——你对那位日本作家的言论有什么看法，写一则感想或评论，200字左右。

8. 体验感受

《夜》——去感受夜色，写一篇抒情短文或几行小诗。《傅雷家书两则》——写信是人与人之间传递感情、展开深层次心灵交流的常见方式，它与面对面的交谈有不同的效果。请你也试着就某一话题，跟父母进行一次朋友式的通信交流。

9. 话题短文

《故乡》——作者说："其实地上本没有路，走的人多了，也便成了路。"结合课文内容，说说这句话的内涵，并结合社会和人生，以这句话为话题，写片段作文。《孤独之旅》——每个人在成长的路上，或多或少地感受过孤独，试以"我的孤独"为题，写一段话。

10. 技法实践

《组歌》——在这两首散文诗中，作者采用第一人称，借助丰富的想象，艺术地描绘了"浪"和"雨"的生活，表现出对人生的思考。你不妨模仿这种写法写一首散文诗。《我用残损的手掌》——诗人往往把情感寄寓在具体的形象上，使抽象的心绪变得具有可感性。借鉴这种写法，联系你的生活体验，写几句富有诗意的话，抒写自己的一种感情。

11. 自由表达

《谈读书》——把《谈读书》中的名言警句摘抄下来，并选出你最喜欢的一条作为论点，试着给它配上几个论据。《事物的正确答案不止一个》——把课文的最后一段抄在本子上，并选取这段中的某一个观点，举出生活中的一两个事例来证明它。《信使》——试写一段话，作为信客墓碑上的文字。

12. 定向探究

《出师表》——诸葛亮在我国是家喻户晓的人物，有关他的事迹、传说、俗语还很多。课外搜集有关资料，以"千秋诸葛我评说"为题写一篇作文。

13. 作品评说

《醉翁亭记》——下面是宋代文学家黄庭坚改写《醉翁亭记》而成的

一首词（略），名为《瑞鹤仙》。你喜欢《醉翁亭记》还是这首词？写一段文字，简要说出自己的想法。

……　……

以上只是罗列式地介绍，如果能更进一步或者更进两步，继续地进行深入体味，也许又能发现诸如变换文体、变换人称、变换视角、变换范围、变换题材、变换形式等多种多样妙不可言的设计细节。

这些，对阅读教学中创新的"读写结合"活动设计一定有重要的启迪作用。

12 精巧命名 点示规律

凡是有景点的地方,都有人们的"命名"。如本来是一块石头远立在山尖上,但在景区里可以称作"金猴望月"。本来自然生成的景点,经这命名的点化,便有了让游人联想、品味、点头称是的韵味,便活在了游人的心里。

所以,"命名"是一种艺术。一个好的命名,能够带来效益。

其实语文教学中也可以运用"命名"的艺术。"命名"用于语文教学,主要在于分析与提炼语言现象,点破文章、文段、文句的结构规律,便于学生掌握分析的钥匙,便于学生更快更好地学习语言。

如,将"命名"用于降解教学的难度。

教例:《秋魂》的写法分析。

命名:三层式结构

过程:教师设例引出"三层式结构",讲清楚什么是"三层式结构",然后请同学们用这把钥匙去分析教材中的几篇短文。如:

秋色

(引出事物)秋是什么颜色?

(描叙事物)谷子说:秋是黄色的,我就是叫秋风吹黄的。高粱说:

秋是红色的,我就是叫秋气染红的。棉花说:秋是白色的,不然,我哪里会有这银装素裹呢?墨菊却说:秋是黑色的,我开放的花朵就是明证。松柏说:秋和夏没什么区别,都像我一样青翠。……

(托物寄意)秋天听了摇摇头说:不,不,我是五彩缤纷的。如果我只属于一种颜色,那秋天该是多么单调啊!

效果:点示一种表达的规律,以点带面,长文短教,简化教学头绪,以达到教师精要点拨、学生活动充分的教学目的;不仅如此,学生在读到那些咏物抒情、托物寄意的文章的时候,也许就会想到,这篇文章是不是"三层式结构"呢?

如,将"命名"用于增加教学的意趣。

教例:《羚羊木雕》和《花的话》选点探究。

命名:千姿百态表示"说"

过程:教师提出话题,举例,请同学们继续发现:

(1)"说"这个词是常用的。

(2)在具体的语言环境中有时省略表示"说"的字词。

(3)有时运用其他表示"说"的词。

(4)有时用其他有鲜明表达作用的表示"说"的词。

(5)在"说"字之前加上"态度"的修饰。

(6)用"神情"表示"说"或在"说"字之前加上"神情"的修饰。

(7)带动作地"说"或以动作表示"说"。

(8)不用任何表示"说"的字眼,而代之以生动的描写。

…… ……

效果:激发探究的乐趣,引发探究的热情,熏陶一种"提炼规律"的阅读方法,交给学生一把发现的钥匙,留下同学们探究"千姿百态表示'喜'""千姿百态表示'哀'"……的余味。

如,将"命名"用于提高教学的效率。

教例:《中国石拱桥》段落分析。

命名:分要点说明

过程:教师指出,有些语言现象,如果我在理解分析的过程中给予

"命名",不仅可以很快把握其结构,而且可以迅速地学到其写法,如"分要点说明":

这座桥的特点是:(一)全桥只有一个大拱,长达37.4米,在当时可算是世界上最长的石拱。桥洞不是普通半圆形,而是像一张弓,因而大拱上面的道路没有陡坡,便于车马上下。(二)大拱的两肩上,各有两个小拱。这个创造性的设计,不但节约了石料,减轻了桥身的重量,而且在河水暴涨的时候,还可以增加桥洞的过水量,减轻洪水对桥身的冲击。同时,拱上加拱,桥身也更美观。(三)大拱由28道拱圈拼成,就像这么多同样形状的弓合拢在一起,做成一个拱形的桥洞。每道拱圈都能独立支撑上面的重量,一道坏了,其他各道不致受到影响。(四)全桥结构匀称,和四周景色配合得十分和谐;就连桥上的石栏石板也雕刻得古朴美观。

效果:学生很快就能理解,分要点说明,就是从分说的角度,对说明对象进行"一点""两点""三点"……式的解说,几个"要点"说完了,事物的特点也就显现了。由于文章的内容由一、二、三、四或等"点"组成,所以不仅能对事物的特点进行细致的说明,而且能鲜明地显现说明的层次。

其实,所谓"命名",就是换一种说法。但是"换"字表现出来的,却是读书方法、思维方式与创造意识的不同。有了这种不同,就会有《十三岁的际遇》中的"比喻式抒情段""排比式抒情段""呼告式抒情段""设问式抒情段"的命名,就会有《小石潭记》和《记承天寺夜游》的"一笔双写的美妙笔法"的命名,就会有《天净沙·秋思》的"美丽的罗列"的命名,就会有说明方法的"分主次说明""分部位说明""分步骤说明""分角度说明"的命名,于是,有时候就会有"别出心裁教课文"的"金点子"出现。

13 自然迁移
润物无声

课标说：培养学生高尚的道德情操和健康的审美情趣，形成正确的价值观和积极的人生态度，是语文教学的重要内容，不应把它们当作外在的附加任务。

这是在告诉我们，在重视情感、态度、价值观的正确导向方面，我们要做到：自觉。

课标又接着说：应该注重熏陶感染，潜移默化，把这些内容贯穿于日常的教学过程之中。这是在告诉我们，在重视情感、态度、价值观的正确导向方面，我们要做到：自然。

但我们往往在注重"自觉"时做得不够"自然"。

在不少课例中，都可以看到这种不自然，它们有规律的表现之一，就是早早地结束课文教学，然后运用图片、歌曲、绘画、影视片段等方式向课外"迁移"，表现着本课的人文思想情感教育。

这当然也是一种手法，但有时表现得过于显性，真的把熏陶感染当作了"外在的附加任务"。所以我们更应该追求那种"自然迁移，润物无声"的教学境界。这其中的方法很多，有一种"迁移"的方法就叫作"学用与表达"。一般地，它也出现在课文的收束阶段，用一个板块的时间，让同学们学习课内语言或语言模式，让他们结合自己的生活体验写起来，说起来，交流起来。

如语言的"化用"与表达

以《走一步，再走一步》为例：

教学环节四：表达感受（8分钟左右）

1. 教师：我认为这一课实际上是写了四个字：经历，经验。

2. 再次朗读文中最后一段，体味一下作者所说的"经验"是什么。

3. "经验"是：做事要着眼于那最初的小小一步，走了这一步后再走下一步，直到抵达我要到的地方为止。"经验"是：走稳每一步，一直向前走。

4. 这也是学习了这一课之后的感受与感悟。下面我们都来试着说一句话来表达自己的感受，这句话中要用上"走一步，再走一步"。如教师的例子：

我坚持读书且多年如一日地做读书笔记。

有同事问我：你是怎样坚持下来的？

我说：每天做一点吧，走一步，走一步，再走一步。

人，在很累的时候，要像运动员那样，挥一挥紧握的拳，鼓励自己。

5. 同学们想，写，说，活动热烈，很有激情，好句不断。

如语言的"仿用"与表达

以《纸船》的教学为例：

教学环节三：语言学用，抒发情感（10分钟左右）

1. 教师：在以上的学习过程中，我们知道了诗的第三节运用了第三人称抒情的方式，还运用了美丽奇特的想象。下面我们来仿用这种语言模式，自选内容，写一段小诗。

母亲，倘若你梦中看见一只很小的白船儿，

不要惊讶它无端入梦。

这是你至爱的女儿含着泪叠的，

万水千山，求它载着她的爱和悲哀归去。

这段小诗可以献给你感谢的人，如爸爸，妈妈，老师，边防军人，航天飞行员，孤独的小女孩，足球队员，北极探险队员，非常勤奋的人，非常贫困的人……

这段小诗可以表达思念，表达问候，表达安慰，表达尊敬，表达关心，表达想念，表达热爱，表达同情，表达牵挂，表达敬佩，表达鼓励，表达赞颂……甚至还可以点示一种哲理。

2. 同学们写作，朗读，修改，交流，如：

中国足球队员，倘若你们梦中看见一座大力神奖杯，
不要惊讶它无端入梦。
这是永远支持你们的球迷用热泪铸就的，
金光灿灿，满载着我们的鼓励与期盼。
朋友，假如你窗前飘过最后一片花瓣，
请切切不要叹息落花的无情。
这是美丽的春姑娘来向你告别的，
笑语声声，是说每一个季节都值得热爱与珍惜。
盲人小朋友，倘若你在梦中看见一片蔚蓝的天空，
不要惊讶它无端入梦。
这是关爱你的人为你撑开的，
晴空万里，是在告诉你心中要永远憧憬着温暖与光明。
老师，假如您桌上有一盆芬芳的康乃馨，
请不要惊讶它的突然出现。
这是您深爱着的学生亲手栽培的，
春夏秋冬，愿它带着我们的崇敬与思念同您相伴。

这样的读写活动，这样的活动效果，是不能单纯用"语言学习"几个字来进行评价的。这当中已经自然地融入了情感、态度、价值观的熏陶感染了。

经常进行这样的思考，经常进行这样的实践，就能够在自觉、自然的基础上做到：自如。

14 快捷切入 省力省时

下面是《故宫博物院》的一种教学思路：

1. 师生共读课文，对课文进行"文意把握"、进行"要点概括"。

2. 教师将教学视点引向课文第11自然段，建议同学们认真研读课文，进行探究与交流，从结构上和内容上说明这段文字在全文中的作用。

研讨的结论是：从结构上说，这一段具有承上启下的作用，既是对上文太和殿、中和殿、保和殿等说明内容的小结，又引出下文对乾清宫等内容的说明，既呼应前文第2段，又照应后文第16段。从内容上说，它既简说了故宫建筑群的巧妙布局，又概述了全文主要的说明对象。

3. 选择课文精段进行品析。

这个教学思路运用了一种艺术的快捷手法，那就是"切入"——在理解课文的基础上将教学内容很快地"切"到课文第11段。看起来这好像是理解清楚了第11段这个"点"，其实正是它带起了对课文全面的理解，使全文的思路一目了然。

这里所谓"切入"，就是在整体理解课文的基础上，针对或利用课文本身某个方面的特点，不旁逸斜出，不迂回曲折，直接地、利索地将教学内容"切"进课文的重点部分或关键部分。

这里所谓"切入",就是有意识地突出某一部分、某一类别、某一重点的教学内容,而有意识地淡化、弱化某些教学内容,从而省力省时,让教学的线路简洁,让教学的关键突出。这里所谓"切入",就是艺术地"选点",就是有选择地有方向地进入课文。运用"切入"的教材处理手法,既要注意前有铺垫——先要整体地理解一下课文,更要注意后有深化——"切入"的目的是强化"切"进的地方的教学。

如《鲁提辖拳打镇关西》的教学思路设计就可以表现出上述特点:

1. 导入。

2. 速读课文(做到前有铺垫):整体了解课文,讨论——作者在哪三个典型环境中表现了鲁提辖的性格特点?(鲁提辖在酒楼;鲁提辖在客店;鲁提辖在肉铺)。

3. 切入课文:现在重点品读"鲁提辖在肉铺"这一块……

4. 精细品读(做到后有深化):①分角色朗读;②理解这一部分的内容与层次;③理解这一部分的描写手法;④重点品读对"三拳"的描写。

5. 顺势积累:以"有趣有味的'三'"为话题,寻读、提炼课文中的"三",介绍、交流课外知识中的"三"。

换一个说法,所谓"切入",就是很有力度地将我们引向课文的深处。这种手法,在阅读教学中有多角度的运用。

如,可以单刀直入地由某个角度直接切入到课文内容的寻读活动,带动同学们对课文细细理解。

《月亮上的足迹》教例:

师:同学们,"月亮上的足迹"的含义就是"人类登上了月球",但它的表达却是那么生动形象,像这样"同一含义的不同表达",在课文中俯首可得呢。

同学们寻得:拜访了月球;迈开了人类探索太空的重要一步;竖起了宇航事业的一块新的里程碑;一个伟大的时刻;踏上探索月球的征程;人类进行的距离最遥远的一次旅行;人类伟大的一步;人类探索太空的里程碑;人类第一次在月球上留下足迹;来这里做一次和平的旅行;人类的足

迹第一次踏上了月球；共同完成了一次到另一个星球的探险；这一小步，对一个人来说，是小小的一步，对整个人类来说，是巨大的飞跃。

于是教学从语言品味方面顺利地切入了课文。

如，可以通过探究式提问的方式角度直接切入到"诗词五首"之类的课文之内，有目的地进行所选中的内容的教学。

《诗五首》教例：

师：今天我们学习《诗五首》，请同学们读一读本课中《归园田居》《过故人庄》《钱塘湖春行》《书湖阴先生壁》《游山西村》这五首诗，看哪两首诗的内容相近。

生：《过故人庄》《游山西村》这两首诗都是写到乡村访友做客的，这两首诗的内容相近。

师：咱们今天就与两位诗人同行吧。

于是教学从课文组合的角度很快地切入了课文。

如，可以通过选点品读的方式直接切入到课文的重点内容，必要时可以切入一次，再切入一次。

《孔乙己》教例：

师：大家从课文中找例子，说一说孔乙己是什么样的人。

生：是站着喝酒而穿长衫的唯一的人，是皱纹间时常夹些伤痕的人，是对人说话满口之乎者也的人，是好喝懒做、偷偷摸摸、经常挨打的人，是迂腐的自命清高的人，他是一个酒客，是一个"是这样的使人快活，可是没有他，别人也便这么过"的人……

师："孔乙己与'酒'"是本课表现人物的重要角度。现在进入课文，品一品孔乙己平时到酒店喝酒的情节内容。（第一次切入）

（师生活动）（教师过渡）

师：现在让我们再进入课文，品一品孔乙己最后一次到酒店喝酒的情节内容。（第二次切入）

（师生活动）（教师小结）

于是教学用多次切入的手法引导学生进行了选点品读。

15 语言学用 句段读写

课文《登上地球之巅》有这样一个句子仿写的练习设计:

下面是课文中描写景物的句子,注意观察夜色,试着仿写几句。

1. 5月24日清晨,阳光灿烂,珠穆朗玛尖锥形的顶峰耸立在蓝天之上,朵朵白云在山岭间缭绕不散。

2. 夜色浓重,珠穆朗玛峰山岭间朦胧一片,只有顶峰还露出隐约的轮廓。

3. 夜更深沉,山上山下到处是一片漆黑,只有点点星光在空中闪耀。珠穆朗玛顶峰的黑影在他们面前开始变得非常低矮了。

4. 举目四望,朦胧的夜色中,珠穆朗玛山区群峰的座座黑影,都匍匐在他们的脚下。

现在,他们三人的头顶上,只有闪闪发光的星斗……

类似的读写训练要求,在人教版初中语文课标教材中大约有70处。

如此大量的练习设计,无疑是在启发我们:语文学习,有一个不能忽略的重要视点——句段读写,语言学用。

句段读写,语言学用,就是学用课文中的句式,学用课文中段落的表达技巧,通过这种运动量比较大的读写实践活动,达到既阅读课文,又进行语言表达基本功训练的目的。

阅读设计"句段读写"的活动,有两个前提或者说两个必要条件。

第一,教师必须对课文"披沙拣金",进行发现,进行提炼。

据笔者对教材的分析,不论哪一套教材,都可以从中提炼出2000个左右的常用雅词、50个左右的常用句式、50个左右的常用段式,还有多种多样的文章结构模式,等等。这些都是语言训练与思维训练的宝贝。

为此教师必须进行艰苦的阅读。教师的阅读分析必须是个性化的,有创意的,否则发现不了"真金"。如下面的"同一含义,正反表达"的写段模式,可谓美极,可谓极有学用价值:

如果不是秋风将树叶吹落梢头,那片片叶子不是要被严冬所撕碎吗?如果不是秋风把果实卸下高枝,那果实不是要被冰雪所吞噬吗?如果不是秋风将种子吹下茎秆,那种子不是要被酷寒所冻僵吗?是秋风,把叶子介绍给根须,使它找到了延续生命的母体;是秋风,把种子藏进了厚实的泥土,使它有了萌生春天的温床;是秋风,把果实领进了一个个温存的家,使它保存了生命的胚胎。

第二,活动的内容要与课文的阅读理解水乳交融,浑然一体。

如下面的教学设想:

课文:《我的信念》

学习内容:感受人物,学用语言

活动创意:在读、说、写中走近玛丽·居里

教学过程:

1. 朗读课文,感受课文内容。

2. 进入课文情境,再朗读课文,小组讨论,"说概括的话"——围绕"课文表达了玛丽·居里怎样的信念"做概括性发言。

3. 自由选读课文,就课文内容"说了解的话"——用"玛丽·居里是一个……人"的句式自由说话。

4. 自由选读课文,根据自己的理解"说感受的话"——用"玛丽·居里……的信念（或'精神'，'品格'）是一种……"的句式自由说话。

5. 段落写作，"说评赞的话"——学用下面的段式，根据老师的建议进行写作：

有一年的春天里，我因病被迫在家里休息数周，我注视着我的女儿们所养的蚕结着茧子。

这使我极感兴趣，望着这些蚕固执、勤奋地工作着，我感到我和它们非常相似，像它们一样，我总是耐心地集中在一个目标上。之所以如此，或许是因为有某种力量在鞭策着我——正如蚕被鞭策着去结茧子一般。

教师：这个段的写法与写作思路，可用三个字来概括：引（运用一个比喻）—联（联系这个比喻写人）—结（再扣住这个比喻作结）。

教师：建议同学们这样来写——结合全文内容、结合作者的"信念"和精神，选择自己体会较深的一点，运用这种段落模式，换用比喻、换用人称写一段话来表现玛丽·居里。

6. 同学们进行写作，进行课堂交流。如：

居里夫人说：生活对于任何一个男女都非易事，我们必须有坚忍不拔的精神。这使我想到了顽强屹立的松树。居里夫人勤奋地工作着，她像青松一样坚强，致力于科学研究，坚守在自己的岗位上。之所以如此，或许是因为有一种信念在激励着她——正如"咬定青山不放松"的信念激励着顽强的松树一般。

7. 教师再建议同学们结合自己的生活体验，学用这种写法与思路，写一段话表现自己的思想、行为或品德。

……………

16 捕捉要言 提取信息

有诗曰"春城无处不飞花",教材其实就是师生面前的一座春城,只要"盘"得好,就会春光常在、春花常开。

"盘"课文,是语文教师的一项基本功,它要求我们与时俱进,随教随新,让课文教学表现出鲜明的时代特点。

就拿"信息"一词来说,我们原来很少想到它与阅读教学有关,而现在它却是我们的"满眼风光":"阅读是搜集处理信息、认识世界、发展思维、获得审美体验的重要途径。"学生要"初步具备搜集和处理信息的能力""能利用图书馆、网络搜集自己需要的信息和资料""能从文章中提取主要信息,进行缩写""评价略读,重在考察能否把握阅读材料的大意;评价浏览能力,重在考察能否从阅读材料中捕捉重要信息"……

这些话给我们的"信息"就是:教学设计,也应该着眼于"捕捉与处理重要信息"。看下面九个句子,它浓缩了课文精华,不就是《苏州园林》的全息内容吗?

苏州园林是我国各地园林的标本。

苏州各个园林的共同点:务必使游览者无论站在哪个点上,眼前总是一幅完美的图画。

苏州园林绝不讲究对称。

苏州园林里都有假山和池沼。

苏州园林栽种和修剪树木也着眼在画意。

苏州园林有花墙和廊子。

苏州园林每一个角落都注意图画美。

苏州园林里的门和窗,图案设计和雕镂琢磨功夫都是工艺美术的上品。

苏州园林极少使用彩绘。

那么,这种"捕捉要言,提取信息"的做法能够走进我们的教学设计吗?这是可以一试的:

课文:《向沙漠进军》

教学理念:让学生在实践活动中学习运用语文的规律

独特创意:指导学生实践几种获取文中信息的方法

基本教程:

1. 教师说明:本节课的能力训练是"提取信息",要学习、实践几种获取信息的方法。

2. 同学们阅读课文,了解全文内容。

3. 实践的第一种方法是"提取主句"。就是提取文中的统领句、总说句、导语句、关键句、主旨句、结论句等重要句子,以把握表现文中、段中的关键信息。

请同学们提取全文的主句。(向沙漠进军。)

请同学们从"向沙漠进军"的角度,提取文中最重要的观点句。(征服沙漠的最主要的武器是水。或:要取得向沙漠进军的胜利,必须有充足的水源。)

4. 实践的第二种方法是"组合要言"。就是摘取文段的首括句、中心句、观点句等重要句子,将其进行组合,加以综合性的表达,完整而概括地表现全文或全段的基本信息。《向沙漠进军》的每一段,都有一个中心,请同学们就课文的前八段进行"组合要言"的尝试,提取文中的主要信息。

沙漠是人类最顽强的自然敌人之一。沙漠逞强施威，所用的武器是风和沙。抵御风沙袭击的方法是培植防护林。抵御沙丘进攻的方法是植树种草。征服沙漠的最主要的武器是水。我国内蒙古东部和陕西、山西北部有足够的雨量。沙漠是可以征服的。风是沙漠向人类进攻的武器，但是也可以为人类造福。

5. 实践的第三种方法是"定义特征"。就是从获取事物本质特点的角度，给事物下定义。它要求我们：第一，用一个判断句来进行表达：如"……是……"；第二，必须简洁且高度概括，要能表现事物最为重要的特点。

请同学们根据课文内容给"防护林"下定义：

防护林的主要作用是减小风的力量。风遇到防护林，速度就减小70%到80%。到距离防护林等于林木高度20倍的地方，风又恢复原来的速度。所以防护林必须是并行排列的许多林带，两列之间的距离不要超过林木高度的20倍。

由人工培植且并行排列的、两列之间的距离不超过林木高度20倍的许多林带叫防护林。

请同学们根据课文内容再给"湿沙层"下定义：

沙丘表面干沙层的厚度一般不超过10厘米。10厘米以下，水分含量逐渐增大，到40厘米深处，水分含量达到2%以上，这就是湿沙层了。湿沙层的水分足够供应固定沙丘的植物的需要。

在沙漠地区，距表面干沙层厚度10厘米以下到40厘米深处、水分含量达到2%以上的沙层叫湿沙层。

6. 实践的第四种方法是"图表统计"。就是从分类、比较的角度，运用图表的方式，直观、系统表现事物的有关信息。图表法是提取、整理信息的重要方法之一。其优点是全面、简洁、直观；不论在哪个领域，图表法都有它的重要作用。

请同学们自选内容，自列图表……

17 含英咀华
课文集美

下面是《荔枝蜜》"课文集美"的成果：

四月，我到广东的从化温泉小住，热心肠的同志送给我两瓶荔枝蜜。那蜂蜜，甜香里带着股清气，很有点鲜荔枝的味儿。

我不觉动了情，想去看看那辛勤酿蜜的小蜜蜂。

到了荔枝林的深处的养蜂场，只见成群结队的蜜蜂嘤嘤嗡嗡，出出进进，飞去飞来，一片沸沸扬扬的劳动情景。

我问养蜂员老梁："像这样一窝蜂，一年能割多少蜜？"

老梁说："能割几十斤。蜜蜂这东西，最爱劳动。广东天气好，蜜蜂一年四季都不闲着。酿的蜜多，自己吃的可有限。每回割蜜，留下一点点，够它们吃的就行了。它们从来不争，也不计较什么，还是继续劳动，继续酿蜜，整日整月不辞辛苦……"

我的心不禁一颤：多可爱的小生灵啊！对人无所求，给人的却是极好的东西。蜜蜂是在酿蜜，又是在酿造生活；不是为自己，而是为别人送去生活的甜蜜。蜜蜂是渺小的，蜜蜂又是多么高尚啊！

那天夜里，我做了个甜甜的梦，梦见自己变成了一只小蜜蜂。

可不要单纯认为这是课文的缩写。这只是"课文集美"的表现形式之一。

课文集美，是以语言学习为重头戏，咀英撷华，将课文中美好的精华的语言材料集聚起来。

课文集美，是以对课文中美好的语言材料进行细致的组合为过程，串联起师生在阅读教学中的创造性劳动。

课文集美，是精心设计有序的语言品析与积累活动，在活动中让学生得到审美教育、语言教育、学习技能教育以及思维训练。

课文集美，可以在单课之内进行，也可以用"课文联读"的方式进行；可以有统一的教学要求，也可以有学生自己独立进行的有个性的活动。

课文集美活动本身告诉我们：阅读教学设计，需要教师的想象力。缺乏想象力，就很难设计出类似于"课文集美"这样高雅的语文教学活动。

下面是笔者用"课文集美"的方式阅读《敬畏生命》的所得：

1. 一个文眼

敬畏生命

2. 一组雅词

浑然不觉　无以名状　不计成本　不分昼夜　惊心动魄　蔚然成阴

3. 一组对生命现象进行由衷赞叹的词句

大团大团　浑然不觉　小型的云朵　无限的云库　整个下午　整个晚上　漫天　豪华的、奢侈的、不计成本的投资　不分昼夜的飘散　惊心动魄的壮举

4. 一组表现强烈的内心活动的语句

情况简直令人吃惊。感到诧异和震撼。满心所感到的是一种折服，一种无以名状的敬畏。我不能不被生命豪华的、奢侈的、不计成本的投资所感动。

5. 一种富有情感力度的"复说"句式

满心所感到的是一种折服，一种无以名状的敬畏。

有些飘到草地上，有些飘入湖水里。

整个下午，整个晚上，漫天都是那种东西。

6. 一组情感充沛的"点题"句

满心所感到的是一种折服,一种无以名状的敬畏。我几乎是第一次遇见生命——虽然是植物的。

我感到那云状的种子在我心底强烈地碰撞上什么东西,我不能不被生命豪华的、奢侈的、不计成本的投资所感动。

7. 一个常用的"先略后详"的写段模式

可是,渐渐地,我发现情况简直令人吃惊。好几个小时过去了,那些树仍旧浑然不觉地,在飘送那些小型的云朵,倒好像是一座无限的云库似的。整个下午,整个晚上,漫天都是那种东西。第二天情形完全一样,我感到诧异和震撼。

8. 一个情深意长的抒情段

我至今仍然在沉思之际想起那一片柔媚的湖水,不知湖畔那群种子中有哪一颗种子成了小树,至少,我知道有一颗已经成长。那颗种子曾遇见了一片土地,在一个过客的心之峡谷里,蔚然成阴,教会她怎样敬畏生命。

9. 一篇"课文集美"的材料

一个夏天的下午,在印第安纳州的一个湖边。我发现有几棵树好几个小时地、整个下午、整个晚上、漫天地飘散着白色的、大团大团的、像棉花似的种子。我感到吃惊,我感到诧异和震撼。我满心所感到的是一种折服,一种无以名状的敬畏。我不能不被生命豪华的、奢侈的、不计成本的投资所感动。我知道,那群种子中至少一颗已经成长,在一个过客的心之峡谷里,蔚然成阴,教会她怎样敬畏生命。

有了如此精致的研读,就可以将它编制成一份美好的教学设计了。

18 切分板块
理清思路

这是课文《邓稼先》的一个"读写结合式"的教学设想：

教学板块之一：提取信息，写人物简历

教学板块之二：组合要言，写人物事迹

教学板块之三：抒发感受，写人物述评

这个教学设想还可以这样表述：

用简明的语言写人物简历

用精练的语言写人物事迹

用生动的语言写人物述评

以上设想，将《邓稼先》的教学切分为三"块"，这三个板块相互联系，逐层推进，显现出本课教学清晰有序的教学思路。

像这样以"教学板块"来整合学习内容、形成教学流程、结构课堂教学的教学思路，就是"板块式教学思路"。

也可以这样说：所谓"板块思路"，是在一节课或一篇课文的教学中，从不同的角度有序地安排几次呈"块"状分布的教学内容、教学活动的教学思路。

换种说法，也可以说它是一种教学设计的模式，或者说是一种教学设计的手法。

在教学实践中，这种教学思路表现出比较明显的特点：

1. 就教学的有序性而言，其课堂教学结构清晰地表现为"一步一步地向前走"，其课堂教学内容明显地表现为"一块一块地来落实"，将全课的教学板块连缀起来看，呈现出一种层进式的教学造型。

如：《茅屋为秋风所破歌》的教学创意：

建议你这样朗读——表达"语气"

建议你这样品析——扣住"心情"

建议你这样背诵——想象"画面"

这个创意将课中阅读活动切分为朗读、品析、积累三个主要板块，突现出"语气""心情""画面"三个教学抓手，线条简洁，内容厚实，语文学习的味道浓郁。

2. 由于教学中的每一个板块都着眼于解决教学内容的某一角度、某一侧面的问题，于是每个板块都好像是一次"小课"或者"微型课"，这就要求教师精心地研读教材，优化、整合课文内容并提炼出教学的内容板块，从而能有力地提高教师处理教材的水平。

如笔者从突现课文文本价值的角度考虑的《死海不死》的教学方案：

学习一点构思知识

学习一点段落知识

学习一点字词知识

学习一点地理知识

学习一点辩证思维知识

实现这个教学设想非常需要教师的能力，教师要能够看出《死海不死》的构思技巧是围绕着两个说明性质的段落来"引一笔，插一笔、补一笔"的，要能够品读出两个说明性段落的展开方式是"因果"式阐释等等内容才能够进行深入文本的教学。由此可见教师提炼、整合水平的重要。

3. 由于"板块"的出现，教师需要考虑板块的切分与连缀、考虑板块之间的过渡与照应、考虑板块组合的科学性与艺术性，这就改变了常规的备课思路，有利于提高教师教学设计的水平。不仅如此，由于板块的切分，课堂上必然有让学生充分地占有时间、充分地进行活动的板块，这就要求教师更新理念，变换手法，真正地让学生在课堂上成为实践活动的主体。如课文《十三岁的际遇》的板块式"语言实践课"教学思路设想：

教学板块：读美文，集美词，学美句，背美段。

读美文：速读课文，朗读课文，理解文意，理解文思。

集美词：请同学们圈出文中的美词、雅词，请同学们根据课文自读提示的要求和自己的爱好，积累20个词，将它们抄写在笔记本上。

学美句：教师举例说明什么是句式，师生找出课文中的一些句式，请同学们自由学用一两种句式。

背美段：教师指出这一课的抒情段写得特别好，要求每位同学背诵一至两段；同学们自选文段，进行背读。

以上四个教学板块中，学生的语文学习活动、语言学习与实践的活动占了大部分时间。由此看来：

1. 实现板块式教学思路的基本要求是对教学过程进行切分，做到思路清晰，线条简洁，步骤有序，便于操作。

2. 板块式教学思路所表现出来的外部特征是教学结构明晰，所表现出来的内部特征是教学内容优化。

3. 板块式教学思路看重预设，看重文本，看重教师对教材的精心揣摩、研读与提炼。

4. "板块"组合的形态、形式非常丰富，可以充分地表现教师设计教学时的技艺、创新意识与审美意识。

5. 由于教学板块大致上彼此并列，有些教学板块可以在教学步骤上互换，有些教学板块可以合并或者分化，表现出一定的灵活性。

6. 板块式教学思路由于有"板块"的划分有时会显得过于齐整、过于刚劲而不够柔和，可以采用一些方法对其进行改进，如淡化板块意识而操作手法大致不变，如运用艺术的穿插手法来自然地形成板块，如用文学性、情境性的语言来美化板块的命名等等。

围绕线索 牵动品读

《现代汉语规范词典》是这样解释"线索"的：比喻事物发展的轨迹或探求问题的途径；文艺作品中情节发展的脉络。

上面两种说法都适用于解释阅读教学过程中的"线索"。有时候，我们让同学们沿着某一个方向进行深入的探究求索；有时候，我们让某一个方面的探究求索贯串于教学活动的全过程。阅读教学中的所谓"线索"，指的是贯串于一节课、一篇课文或一个大的教学板块中的学习内容或学习活动。有了"线索"的教学设计可称之为"线索式思路"，如常说的"一线串珠""一词经纬"就是。

在这样的教学中，大部分教学内容、教学时间都被教学"线索"贯串着，内容紧凑，活动充分，探究深入，表现出课文整体阅读教学的明显特点。

设计阅读"线索"的基本要领是，通过对课文的认真分析，或找到一个能够牵动对全篇（段）课文进行阅读品析的关键字词，或提炼出一个能"牵一发而动全身"的关键问题，或设计一个时间持续长久的阅读活动，让它们一方面带动全篇（段）文章的阅读理解，另一方面又牵动课堂阅读活动生动有序地进行。如：

1. 词语线索

以课文中的关键"词"为线索进行教学设计。其特征就是巧妙抓住足以结构全文教学过程或铺展教学主要内容的一个词（或短语）去设计教学方案，力求用这一"词"（或短语）纵横连贯全课的教学内容，带动全篇课文或重点段落的阅读品析。

如《愚公移山》教学。

在学生充分诵读课文的基础上，教师紧扣"吾与汝毕力平险，指通豫南，达于汉阴，可乎？"句，抓住"平险"一词进行反复突破，设计如下问题，牵动对课文的研读。

（1）着眼于内容：请同学们从不同的角度说说什么是课文中的"平险"。

（2）着眼于人物：请同学们说说课文中不同的人物与"平险"的故事。

（3）着眼于文体："帝"是在"平险"吗？为什么故事中会出现"帝"呢？

于是"平险"一词就贯串于本文课文品读的重点内容之中，带有浓郁的"一词经纬"的味道。初中语文课文中有不少的课文是能够被"一词"拉动的，如《狼》中的"黠"、《口技》中的"善"、《核舟记》中的"奇巧"、《向沙漠进军》中的"进军"、《苏州园林》中的"图画美"等等。

2. 问题线索

"问题线索"与"主问题"的设计密切相关，就是以"提问"或"问题"为线索来设计教学流程。其特征是"尽力找到一根可以把许多知识的'散珠'串联起来的'线'"，使教学过程显得形散而神不散，使学生获得对课文的整体认识。这条线，就是教师根据课文内容的特点提出的中心问题；学生就此问题，进行有的放矢的阅读，或感知，或理解，或分析，或鉴赏，或领会整体构思，或品味语言特色，或探究选材立意，或评析人物塑造。

如《回忆我的母亲》教学。

设置三条线索，用"说读"的方式，从不同的角度对课文进行整体品读：

（1）每位同学试着用"一句话"说说"母亲"这个人。

（2）每位同学试着用"一段话"说说"母亲"的好品德。

（3）每位同学试着用"几句话"说说课文的"语中情"。

以上三条线索，从不同的内容方面串起了课文中的"珍珠"。

在这样的教学情景之中，学生需要在"读"与"说"中完成对课文的感知、理解与赏析；在这样的教学设计中，教师需要很恰切很及时地指导、点拨与调控，于是课堂教学的结构发生了根本的变化。

3. 活动线索

即让某一种"课中活动"成为牵连课堂教学各个环节的"线索"。其特征是将某一种活动细节化，将其延点成线，反复进行，贯串在一个较长时间段的活动之中。

如《我愿意是急流》中理解、体味这个环节的教学。

以"朗读"为线索：

师：第一次"读"，重在整体理解。读的时候语音要饱满、圆润，每一个字读出来都带有情感，也就是说，"未成曲调先有情"，而不是泛泛地读。（生各自朗读）

师：第二次"读"，重在体味情感。读诗，需要我们用自己的情感对诗的语言、情感进行再表达；请同学们自己再体味一遍，从头开始自读。（生各自朗读）

师：第三次"读"，重在进入情景。读的要求是抒情性、个性化。伴随着自己对诗的体会，觉得怎么能更好地表达感情就怎么读。（生各自朗读）

这个教学片段中的几乎所有的活动都被"朗读"这根课堂活动的"线索"串起来了，既在朗读的训练上表现出一个一个的台阶，表现出一个一个的层次，表现出一个一个的活动细节，又使这个环节内容有了一定的"厚度"。

其他的活动，如"写""说"等，都可以成为结构某个教学片段的线索。

20 联读扩展
拓宽视野

联读,是从教学的广度与深度出发,从某一篇课文生发开去,找到具有相同主题的、相同题材的、相同写法的或有其他相同之处的若干文章进行阅读。这样既可以为这"某一篇"课文找到充足的配读资料,又能体会到各篇联读文章的取材角度、语言表达、情感流露、辞格运用等方面的独到之处。

"联读法"是一种研究的方法,是一种搜集资料的方法,是一种综合比较的方法。将这种方法用于课文阅读,有一种特别的乐趣。

研究"联读扩展"式教学设计,主要是从丰厚教学内容的角度来进行的。

所谓"联读",是在行有余力或需要更显匠心的前提下从某篇课文扩展开去,把具有一定相同因素的课内或课外的诗文联结起来进行阅读的一种教学设计手法或教学设计思路。

"联读"的目的在于扩展,在于拓宽学生的学习视野,在于给课文的阅读教学增加容量。"联读"的方式有时候适于长篇课文的教学,但更多时候是用于精短诗文的教学设计,用"增容"的方式使这些课文在烘托、映衬之中愈加显得精美。

"联读"不仅是阅读教学的设计思路,也是教材编写的常用模式。人教版课标教材初中语文中,《世说新语》两则(《咏雪》《陈太丘与友期》)、郭沫若诗两首(《天上的街市》《静夜》)、阿西莫夫短文两篇(《恐龙无处不在》《被压扁的沙子》)、杜甫诗三首(《望岳》《春望》《石壕吏》)、短文两篇(《日》《月》)、组歌(节选)(《浪之歌》《雨之歌》)、俗世奇人(《刷子李》《泥人张》)、孟子两章(《得道多助,失道寡助》《生于忧患,死于安乐》)、《庄子》故事两则(《惠子相梁》《庄子与惠子游于濠梁》)、《诗经》两首(《关雎》《蒹葭》)等等,都表现出一定的"联读"意味。

但课内的这种"联读"远远没有"课文加上课外选文"的联读来得丰富而又生动。

"联读"教学的设计过程与其说是完成一个教学方案的过程,不如说是一个研究与思考、辛劳与享受的过程;这个过程中充满意趣。

1. 它需要优选内容

"联读"是一种教学需要,因此要有明确的目的。一般来讲,可以从如下若干个方面来确定联读内容的组合:

(1)弥补课中短篇教学容量的不足。
(2)从更深的意境上品味作品的主旨意味。
(3)集中地感受某名家名作的写作风格。
(4)重点了解某种科学或文化知识。
(5)形成一种综合性学习式的专题研讨。
(6)感受事物或思想的联系与发展。
(7)从情、趣方面烘托课堂教学的气氛。
(8)从艺术的角度展示教学设计的美感。

在这里没有谈论比较阅读的内容。实际上在"联读"的内容组合里面,多多少少都有一些"比较"的因素。

2. 它需要巧选角度

巧选教学角度能够表现创意的新颖与精致,有时候那种见解独到的创意可以说是教学的"金点子"。

如岑参的《白雪歌送武判官归京》的联读教学，可能有这样几种教学角度：

第一，岑参诗联读。第二，吟雪诗联读。第三，送别诗联读。

第四，边塞诗联读。第五，诗行体诗联读。第六，军营诗联读。

这几种教学角度都是可用的，都可以用来设计精致的教学方案。但"边塞诗联读"无疑更好一些。它的内容组合，它的文化内涵，它的异域风情，散发出让你饶有兴趣地进行教学设计的吸引力，你会想着让你的学生在这样的诗歌联读中感受什么是边塞诗，感受祖国古代边塞视野的辽阔、景物的荒寒、风光的奇丽、征战的悲壮、拼杀的惨烈以及战友的情怀。

这样的联读教学，一定能够表现出一种宏阔大气的风格。

3. 它需要精选材料

联读组合的材料讲究配对，讲究精选，否则就是堆叠。精选材料的过程往往会带给我们"山重水复疑无路，柳暗花明又一村"的困惑与喜悦。那种"配合默契"的联读材料常常会让你把玩不已。

如普希金《假如生活欺骗了你》的联读教学设计，笔者找到了食指的《相信未来》、汪国真的《如果》、何其芳的《生活是多么广阔》，找到了《〈假如生活欺骗了你〉仿写》，等等。在初期的方案中，曾经打算用海涅的《我的心，你不要忧郁》来与课文进行联读：

我的心，你不要忧郁，

把你的命运担起。

冬天从这里夺去的，

新春会交还给你。

有多少事物为你存留，

这世界还是多么美丽！

凡是你所喜爱的，

我的心，你都可以去爱！

但是当读到《中学生阅读》（高中版）2002年第1期上中国诗人宫玺写的《假如你欺骗了生活》时，当初的一切设想都"崩溃"了：《假如生活欺骗了你》的最佳配对只能是《假如你欺骗了生活》！

在谈到"联读扩展"这个话题的时候，需要强调一个"理性思考"的问题。目前有不少的阅读课喜欢"早出"。所谓"早出"，就是用缩短时间的方式，在对课文有了一些感知理解后就早早地离开课文，进行所谓的非语文的"迁移拓展"。这就欠缺一些理性思考，没有掌握好所谓"迁移拓展"一定要有利于语文学习的这个"度"。其实课标里面并没有"迁移拓展"的提法，课标强调的是"课程资源的开发与利用"，强调教师要注意"不同内容和方法的相互交叉、渗透和整合"，强调"应该让学生更多地直接接触语文材料，在大量的语文实践中掌握运用语文的规律"。

21 穿插引进 巧用资源

在课堂阅读教学的"穿插引进"方面，魏书生老师是运筹的高手，他能在语文课上给学生输入大量信息，如心理学教育学方面的知识、国际国内现代科技发展状况、各类自然科学知识、与学生生活思想紧密联系的名篇时文、国外教育动态、与学生有关的教改试验与新鲜理论、中外教育史上与学法有关的例子、省外国外同龄人的学习状况、古今中外名人轶事、名句、格言、警句等等。他的学生，正是在这种多方位的"穿插引进"之中，透过语文课本，看到了更加深刻、更加广阔的世界。

所谓"穿插引进"，就是配合教学内容，或暂时中断教学主线，或靠近教学主线有机地"切"进一些与课文学习相关的内容。这是一种教学设计的思路，是一种优化课文教学内容及课堂教学结构的手法。

在阅读教学的课堂上，有穿插就有起伏，有穿插就有波澜，有穿插就有扩展，有穿插就有新的吸引力。

从另外一个角度讲，有"穿插引进"就有教学资源的整合与利用。

阅读教学中的"穿插引进"有很多、很好的"表达作用"，如：

1. 插进简洁的背景资料，自然圆润地导入课文。
2. 分阶段插入简短的音像材料，艺术地切分课堂教学的板块。

3. 有机地插入简短的文字材料或音像材料，增加学生对人、事、物、景的感受。

4. 有机地穿插故事、音乐与画面等内容，改变教学节奏，活跃教学氛围。

5. 贴切地插入配读短文，增加教学的厚度。

6. 插入有关"示例"，对学生"举例说明"，让学生模仿学用。

7. 结合课文内容插入相关的文化科学自然常识。

8. 穿插阅读方法的指导文章，用资料助读的方式指导学生自学。

9. 穿插教师的稍大段落的精彩演讲，以优化课堂情感氛围，渗透思想情感教育。

10. 插入相关资料，烘托课文中的人物或事件。

…… ……

当然还有更多更好的插入方式有待于我们去探索研究。当进入这种教学意境之后，我们就能够体味到"穿插引进"式的设计手法可以让阅读课或表现得丰满厚实，或表现得活泼灵动，或表现得节奏分明，或表现得情趣盎然，或表现得思想深刻……

请看下面的教学设想。

第一个设想：《与朱元思书》"分散穿插"教学方案的粗线条勾勒：

导入

初读课文

（穿插知识卡片：字词积累）

朗读体味

（穿插知识卡片：朗读要领）

美点欣赏

（穿插知识卡片：课文欣赏）

美诗扩读

（穿插知识卡片：课外美诗）

第二个设想：《海燕》"示例穿插"教学方案的细节化设想：

初读、理解课文之后——

教师：同学们，下面我们从"句段欣赏"角度来品读《海燕》一文。

"句段欣赏"首先是一种探究的方法，是在探究中完成欣赏的一个过程。在这个过程中，我们要在朗读课文、理解背景的基础上研读课文，查找资料，独立地、合作地进行感悟。

"句段欣赏"，是用读写结合的方式，就课文中的"美句美段"写出品味、赏析、评论的内容，从而发现、理解课文的美好精妙。

"句段欣赏"还有一个特别的训练作用，那就是培养我们的语感。如果能在课文的"句段欣赏"中有意识地训练语感，那将大大提高我们的阅读理解能力。

插入：请看老师多角度品析句段的示例——

"在苍茫的大海上，狂风卷集着乌云。在乌云和大海之间，海燕像黑色的闪电，在高傲的飞翔。"

1. 这段话给了我们色彩感，"海燕像黑色的闪电"，既写出了色彩，写出了速度，又写出了战斗精神。

2. 这段话给了我们层次感，作者先渲染背景，再展现海燕的勃勃英姿。

3. 这段话给了我们画面感，作者描绘了一幅富有动感的画面，苍茫的大海和卷集的乌云烘托着高傲的像闪电一样飞翔的海燕。

4. 这段话给了我们形象感，"苍茫的大海"是广阔的背景，"狂风卷集着乌云"预示着凶险，高傲飞翔的海燕在此时出现了，它展现出了矫健的勇敢的藐视凶险的战斗风貌。

下面请大家试着从《海燕》中选取句段，先试着从某个角度对其进行欣赏，然后再走一步，另选一个角度进行欣赏。

（同学们活动）

"穿插引进"是一种大众化的人人可用的教学设计手法，有着强劲的生命力，在新课标新教材的背景下将被演绎得更加富有光彩。在设计、运用这种思路时，可注意两个方面的问题：一是要做到"和谐地穿插"，所穿插的内容一定要有明确的"表达目的"，要恰如其分；二是要"适度地穿插"，适度地利用资源，以免喧宾夺主、华而不实。

听音频，学语文教学技巧

扫码后，您可获得以下服务

微信扫码

01 本书音频讲解
★用音频代替枯燥文字，加深记忆

语文教学实录 02
★听其他老师如何教学，取长补短

03 语文课程资料社群
★看语文教学课程，学教学知识，还可领取可用语文资料

语文老师教学交流群 04
★与其他老师交流教学心得，学习和分享教学技巧

22 情境生动 情趣盎然

曾经听过三次《花的话》公开课,三位教师都设计了"角色朗读"这一环节,有一位教师还让孩子们戴上表示自己"身份"的花冠进行朗读,孩子们都很美丽,朗读非常投入。

类似于"角色朗读"这样的课堂教学活动,是让学生在一种虚拟的情境中进入"角色",开展活动。所以,"情境教学"在大多数时候是将学生带入一种假设的时空之中,带入一种假设的真实生活之中;它要求设置一定的情境,渲染一定的氛围,让学生在看来优雅而又真切的氛围中进行灵动的、多种感官并用的语文学习活动。

情境教学是语文教学中常用的好方法;它表现出教师对文本的有个性的创造性的理解,也表现出教师艺术地设计教学的匠心与手法。

语文的阅读教学需要童趣,需要快乐,需要激动,需要跃跃欲试,需要神采飞扬,需要神思飞越,那种富有"情境"意味的教学设计往往在这些方面更有魅力,有了情境,就有了情趣。

情境教学设计的手法可以适当地运用在诗歌、戏剧、小说、童话、寓言、神话、故事、传说的教学之中。课文阅读教学中的"情境"设计,从种类来看,形式不少,例如情节表演、配乐朗读、角色演读、身份假设、

"场境"对话等等，但大体上不外乎两个类别，一类是用语言的描述来形成"情境"，一类是用实物的装饰来形成"情境"。

所谓"用语言的描述来形成'情境'"，是用话语创设的纯粹的假设情境。如人教版九年级语文下册的课文《那树》中的一个训练设计就是，它用话语让学生从"一棵树"的角度来表达体验与感悟：

大地上最悦目的颜色是绿色，大地上站立的最大的生命群体是森林。但是在今天，许多地方的绿色正逐渐被吞噬……假如你是一棵树，耳闻目睹自己的"兄弟姐妹"不断地倒下，你面对人类，有什么话要说？

这是身份的假设。还有角色的假设，场景的假设，情节的假设，事件的假设，活动平台的假设，生活情景的假设，虚幻世界的假设，等等。

所谓"用实物的装饰来形成'情境'"，是用简单的道具及一定的角色来设置一个可听或可见的情境。最简单的如《花的话》的花冠，《狼》的担子和刀，《纸船——寄母亲》的纸船等。在这个方面发展到最高层次的就是"课本剧"。

在绝大多数情况下，我们都是用语言的描述来形成"情境"，来组织富有情趣的课内活动。如：

情境假设：《走一步，再走一步》——假如你是"我"，孤身一人在悬崖上，你将怎么办？假如"我"的父亲没有来，你作为"我"的同学，将怎么办？

经历假设：《月亮上的足迹》——假设你此时正在远离地球的茫茫太空中旅行，透过舷窗，你看到了美丽的地球。请以此为触发点，展开想象，写一段二三百字的短文。

人物假设：《罗布泊，消逝的仙湖》——假如你是一位世纪老人，见证了罗布泊的百年沧桑，你将向人们诉说什么？

事件假设：《济南的冬天》——假设给一个从没有到过济南的人讲讲济南美丽的冬天，参照课文，你将分哪几个方面讲？着重讲哪些精彩的片段？

角色假设：《勇气》——试改用美国伞兵的口吻把这个故事讲述一遍，然后比较一下叙事角度和表达效果有些什么变化。

…… ……

但上述假设的都是片段式的情境，有情趣而又有艺术价值的设计应是全课教学情境的设计。如笔者一位弟子《山中访友》的情境教学的创意：

和朋友相识

和朋友谈心

和朋友道别

这个创意将课文内容拟人化了，让学生站到了文中"我"的位置上，可想教学过程中表现出来的一定是友好、是亲密、是和谐；这种阅读教学中的情趣远非一般的课文讲析所能比拟。

又如笔者对课文《七颗钻石》的情境式教学设计：

学习活动一：让我们来到演播厅

这一块的学习与实践的任务就是朗读，但不用直白的"请同学们来朗读"的说法。"让我们来到演播厅"就是一个"情境"，它让同学们觉得自己都是小小播音员了。在这个"情境"中，教师可用小步轻迈的训练方式指导学生读出情感、读出情境、读出情趣。

学习活动二：让我们畅游智慧泉

这一块的教学内容主要是品析研讨，但也不采用直白的"探究品析"的说法。"让我们畅游智慧泉"也是一个"情境"，它会使同学们觉得自己在过一种有意义有趣味的阅读生活。在此之中，可用话题的方式引导学生理解品味文章的结构、文章的写法，感受课中人物的美好形象。

学习活动三：让我们进入创作室

此次活动中，教师将巧妙利用文中的"空白"，让学生展开想象，飞扬思绪，进行与课文有关的短文写作，进行语言实践。"让我们进入创作室"，让学生多少有了点神圣感，多少有了点自豪感，教学中的情趣不也就来了吗？

这个创意给孩子们的语文学习假设了几处美好的活动平台，让他们感受诗意，神游其中，自得其趣，自得其乐。

整体反复
多角理解

"整体反复"是一种适用于大面积上语文教师掌握运用的教学设计思路和教学设计手法。所谓"整体",就是在每一步的阅读品析之中课文都可能以"全文"的面貌进入学生的眼底;所谓"反复",就是从不同的层面、不同的角度由浅入深地多次组织阅读品析教学。

所以这种教学设计手法的关键词是:反复,多角;教学中的"反复理解"与"多角品味"紧紧相联。它适用于长篇课文的教学,更适用于精致的短篇,于反复的阅读品析之中传达出课文的丰富内蕴。

这种教学设计手法的着眼点是:关注文本,突出文本的教学价值,用精心设计的教学话题,在有步骤的教学活动中引领学生从不同的角度反复进入课文、反复理解课文、反复品析课文。

可以从线条比较"粗"的角度来引导学生反复地整体地理解课文。

以人教版七下《斑羚飞渡》为例,可以取如下角度:

角度之一:让我们一起来认识课文

这个角度的教学活动,是引导同学们进入课文,说一说,议一议,谈谈对课文的感受与看法,教师再在同学们发表看法的基础上进行精粹的小结。这是对课文初步的大致的整体理解。

角度之二：让我们一起来概括情节

这个角度的教学活动，是让同学们再进入课文，读课文，看事件，理情节，做概括并进行充分的课堂交流活动。这既是对课文内容的进一步的整体理解，也是在实践从"情节"的角度分析理解文章内容。

角度之三：让我们一起来探究"飞渡"

这个角度的教学活动，是引导同学们又一次进入课文，以"飞渡"二字为线索，弄清楚课文里面飞渡原因、详写飞渡、略写飞渡、补写飞渡、烘托飞渡的情节脉络。这是又一侧面的整体理解。

角度之四：让我们一起来评说作品

这个角度的教学活动，是激发同学们的评说热情。论题是：有人说，《斑羚飞渡》这篇小说是失败的创作，它表现的是人性中残忍的一面而不是羚羊们英勇自救的一面。猎人们这样长时间地看着羚羊们无辜牺牲而不愿意后退哪怕是一步。你认为对本文这样的批评是有道理的吗？

这次的教学活动，无疑是从更高层面上对课文的整体理解。

如果取以上两到三种角度组织学生讨论，就教学设计而言，就是"整体反复，多角理解"。

可以从线条比较"细"的角度来引导学生反复地整体地理解课文。

再以《斑羚飞渡》为例，如下角度的品析、品味都是可以实施的：

角度之一：说一说课文中的镰刀头羊
角度之二：品一品课文之中羊的叫声
角度之三：想一想羊儿们所说的话语
角度之四：画一画课文中的描写语句
角度之五：探一探课文中的表现手法
角度之六：论一论课文中的那道彩虹
角度之七：找一找课文中的细节描写
角度之八：欣赏本课课文的语言表现力

…… ……

以上每一个角度，都有牵动全文的力量。

如果取以上两到三种角度组织学生品析欣赏，就教学设计而言，也同样是运用了"整体反复，多角理解"的手法。

但在课文的阅读教学中，不可能总是以"粗线条"来指导学生阅读理解课文，也不可能自始至终让学生在比较"细"的线条中游弋，艺术而科学的做法就是有层次地、有细节地引导学生研习课文。

我们应该"层层深入"地引导学生反复地整体地理解课文。

以《斑羚飞渡》为例，可以规划一个这样的教学设计，其主体部分的教学内容为：

第一步：以"飞渡"为话题，结合课文内容说一段话，这段话中要求多次出现"飞渡"一词。

第二步：教师有重点地有逻辑联系地选取课文的精彩片段并指导学生朗读。

第三步：切入到课文描写"飞渡"的部分并组织话题讨论：这一部分是怎样从各个侧面来表现震撼人心的"斑羚飞渡"的？

第四步：转换话题，集中教学视点，欣赏课文中的镰刀头羊。

以上四步，各有不同的"表达目的"：

第一步，教学的指向明确，实际上是要求多角度地整体地概说课文内容。话题的设置紧扣"飞渡"，牵动着对课文各个角落的理解，学生的发言一定是角度丰富、内容丰满的。

第二步，表现出教师教材处理的艺术。朗读之中让学生感受到的，是经过剪裁之后的课文"整体"、内容"整体"、情节"整体"。

第三步，切入到课文重点部分并进行有深度的阅读欣赏教学。话题只有一个，牵动的内容却是多侧面的与多角度的。教学进行到这里，内容已经非常细节化。

第四步，从内容、语言的教学中跳出来，转入到对"形象"的把握与欣赏。镰刀头羊是这场飞渡的组织者，它的形象、它的神态、它的声音、它的动作在故事中反复出现。欣赏镰刀头羊，不仅是小说教学的需要，更重要的是体现文本的教育教学价值。

以上四步，教学内容基本上是整体地处理的，角度是变化的，而且内容是层层深入的，这样的教学设计在一定程度上表现出了"整体反复，多角理解"的设计特色。

24 把握文意 选点突破

请看一份关于《再塑生命》的教学简案:

开讲。

检查预习情况。进入课文学习。

一、选读课文,说理解的话。

师:课文较长,但很美,请各自选取一段你认为最美的文字读一读,然后简要概括这段文字的内容。

学生选读,说一句理解的话。

二、速读课文,说概括的话。

课文分三部分:

莎莉文老师教"我"认识具体事物　唤醒灵魂

莎莉文老师教"我"认识大自然　亲近大自然

莎莉文老师教"我"认识抽象事物　理解"爱"

三、细读课文,说品味的话。

用"我认为莎莉文老师是一位_____的老师,我从文中_____品味出来"的句式说话。

用"我认为海伦·凯勒是一位_____的孩子,我从文中_____品味出来"的句式说话。

四、说关于"爱"的经典的话。

我对这份教学简案做了这样的批评：

1. 教案过简，没有表现出教师对课文的基本理解，更表现不出深刻理解。

2. 教学步骤的"序"有问题，应该是"速读课文，说概括的话"在前，"选读课文，说理解的话"在后。

3. 没有设计可行的有效的语文学习活动，如朗读活动之类。

4. 教学过程全部浮在面上，没有明朗的深入的教学"点"。

我认为，每一篇课文的阅读教学，在把握文意的基础之上，都应该有一两个、两三个着重用力的地方，或整体，或精段，或重点，或难点，或美点，或疑点，或结构，或语言，或人物，或手法，等等。

当我们把教学的视点集中于课文教学中的某个地方时，就带有"选点突破"的意味。

"选点突破"是针对课文的不同特点，选取课文的关键处、精美处、深刻处、疑难处、知识内容丰厚处、手法巧妙处、意义隐含处等"有嚼头"的地方进行细腻深入的品读教学，以达到深透理解课文某一方面特点的教学手法。它着眼于优化课文内容，着眼于精练课文内容，着眼于整合课文内容，所以也是一种教材处理的基本手法。

运用"选点突破"的手法进行教学，有如下一些讲究：

1. 非常讲究教师对课文有精细的阅读，有深刻的理解，有独到的见解。

2. 讲究在整体理解课文之上的选点切入，即教学中的选点是以整体理解做背景的。"选点突破"式教学的原则是"把握文意，选点突破"，教学的过程大致上是"整体理解，选点切入，深化突破，照应全篇"。

3. 讲究教学内容的整合。教者往往把视点集中在一些"知识的板块"之上，运用一定的教学手段将它们辐集起来，这样的教学能够表现出浓郁的语文气息。

4. 讲究从不同的角度、调动各种手段，对所选之"点"进行足够的充分的品味，使之作为语言学习的范例，在学生的心目中打下深深的烙印。

如下面《再塑生命》教学策划。

教材分析：

海伦·凯勒的《再塑生命》的语言表达有个特点，那就是"段落"写得很漂亮：表达生动，层次分明，情感丰富，很值得我们学用。

教学思路：

1. 教学视点：精段品读。

2. 教学角度：读中学写。

3. 课文选点：文章中的三个非常有特色的片段："设喻描述"段，"概括描述"段，"细笔描述"段。

4. 主要教学步骤：

（1）课文中有不少表达精美的段落，建议同学们自己找一找、品一品、析一析。（意在让学生整体理解文意。）

（2）教师进行教学示例。如"设喻描述"段：（开始切入）

朋友，你可曾在茫茫大雾中航行过，在雾中神情紧张地驾驶着一条大船，小心翼翼地缓慢地向对岸驶去？你的心怦怦直跳，唯恐意外发生。在未受教育之前，我正像大雾中的航船，既没有指南针也没有探测仪，无从知道海港已经非常临近。我心里无声地呼喊着："光明！光明！快给我光明！"正在此时，爱的光明照到了我的身上。

这段话写得多生动、多有层次啊。第一层，作者先写茫茫大雾中航船的行进是多么困难，这是用比喻的方式写出自己内心的无限迷茫。第二层笔锋一转，写自己"正像大雾中的航船""无从知道海港已经非常临近"。这个设喻非常贴切，一个听不见也看不见的人，真是比大雾中的航船还要无助，只能在"心里无声地呼喊着"。第三层笔锋再次转折，写"正在此时，爱的光明照到了我的身上"，充满着见到"光明"的喜悦之情，吸引着读者看"下面的故事"。

（3）师生交流，引出其他精美段式。（切入、深化）

（4）深入品析，段式学用。（选点突破）

如下面"概括描述"段的写法：

繁花似锦的夏季来临，莎莉文小姐牵着我的手漫步在田纳西河的岸边，望着田野、山坡，人们正在田间地头翻土播种。我们在河边温软的草地上坐下，开始了人生新的课程。在这里，我明白了大自然施与人类的恩惠。我懂得了阳光雨露如何使树木在大地上茁壮成长起来；我懂得了鸟儿如何筑巢，如何繁衍，如何随着季节的变化而迁徙；也懂得了松鼠、鹿和狮子等各种各样的动物如何觅食，如何栖息。我了解的事情越多，就越感到自然的伟大和世界的美好。

这段话用概述的方式总说并领起它后面的一些故事，同样写得优美生动而又层次分明。第一层写"活动"——"我们在河边温软的草地上坐下，开始了人生新的课程。"第二层写"收获"——"懂得了……懂得了……也懂得了"串起了"收获"的"果实"。第三层写"感受"——"我了解的事情越多，就越感到自然的伟大和世界的美好。"在文段的更加细微之处，我们同样能感受到作者精细的表达，"懂得了……懂得了……也懂得了"这个句式用得多好！

（5）段式学用，课堂写作。（选点突破）

25 读法示例 化解难点

"示例"的教学手法,在理科教学中用得很多,教师往往示例先行,先讲例题,学生听懂了例题再去进行解题实践。

作文教学中,这种手法也普遍地得到运用。但阅读教学中的示例手法运用得不是很多。"示例"在教学中往往被"讲析"替代。

所谓"读法示例",是教师在解决某个教学难点时,利用课文上或者非课文上的语言材料示范自己的阅读方法,从而让学生学用这种方法去进行课文阅读。

"利用课文上的材料"进行读法示例,显得比较平常,能起作用但表现不出新意。

有趣的是"利用非课文上的语言材料"进行读法示例。它既在意料之外,又在情理之中,能在"新意"上表现出自己的特点。

如果课文比较长、内容比较难时,可以考虑用简明的课外材料进行演示。这样做有两大好处:一是比较直观,容易说清道理,表现方法,降低难度,从而提高学习效率。二是能够扩大教学容量,引起学生兴趣,激发学生思维,进行学法迁移。

我在教学《生物入侵者》的时候便是这样。

这篇课文的教学设计思路是：

课堂活动之一：整体感受课文，积累课中语汇

课堂活动之二：实践阅读方法，认识说明对象

课堂活动之三：品味课文语言，体会表达效果

就初中教材里篇幅有点长的说明文阅读教学来说，这样的教学方案是有一定的难度的。如果进行示范教学的话，更难以在一个课时里面完成教学任务。于是就在第二板块（实践阅读方法，认识说明对象）的教学中运用了"读法示例"的方法。

在新华网上觅得了一篇短文。我告诉同学们，我是这样对文章中的说明对象进行认识的：第一，明确文章中的说明对象是什么；第二，围绕说明对象勾画出有关段落中概括说明的句子，将这些句子组合起来，就基本上表达出了说明对象的特点。如文中画线的句子：

据不完全统计，目前我国有主要外来杂草107种，外来害虫32种，外来病原菌23种。这些外来生物的入侵给我国生态环境、生物多样性和社会经济造成巨大危害，据保守估计，全国主要外来物种仅对农林业造成的直接经济损失每年就高达574亿元。

据中国履行生物多样性公约工作协调组负责人介绍，外来物种对我国的危害表现在多个方面。

<u>首先，外来入侵物种会造成严重的生态破坏和生物污染。</u>大部分外来物种成功入侵后大爆发，生长难以控制，造成严重的生物污染，对生态系统造成不可逆转的破坏。比如，原产南美洲的水葫芦现已遍布华北、华东、华中、华南的河湖水塘，疯长成灾，严重破坏水生生态、系统的结构和功能，导致大量水生动植物的死亡。

<u>其次，外来入侵物种通过压制或排挤本地物种，形成单优势种群，危及本地物种的生态，最终导致生物多样性的丧失。</u>比如，原产中美洲的紫茎泽兰已遍布我国西南大部分地区，原有植物群落迅速衰退、消失。

<u>另外，生物入侵导致生态害灾频繁爆发，对农林业造成严重损害。</u>近年来，松材线虫、湿地松粉蚧、美国白蛾等森林入侵害虫严重发生与危害的面积，每年达150万公顷；稻水象甲、非洲大蜗牛、美洲斑潜蝇等农业

入侵害虫的危害每年超过140万公顷；豚草、飞机草、水葫芦、大米草等肆意蔓延，已造成难以控制的局面。

<u>外来生物入侵不仅对生态环境和国民经济带来巨大损失，还直接威胁到人类的健康。</u>比如，豚草、三裂叶豚草现已分布在东北、华北、华东和华中的15个省市，它的花粉就是引起人类花粉过敏的主要病原物。

这位负责人建议建立健全相关法规，加强对无意引进和有意引进外来入侵物种的安全管理；建立相应的监测系统，查明我国外来物种的种类、数量、分布和作用；加强对生物入侵危害性的宣传教育，提高社会的防范意识；积极寻找针对外来入侵物种的识别、防治技术，以对当前生物入侵的蔓延趋势加以有效遏制。

我请同学们学习这种方法，认识课文中的"生物入侵者"。

同学们在各段中画出了这样一些句子：

专家们把这种原本生活在异国他乡、通过非自然途径迁移到新的生态环境中的"移民"称为"生物入侵者"。

如果一个物种在新的生存环境中不受同类的食物竞争以及天敌伤害等诸多因素制约，它很可能会无节制地繁衍。

"生物入侵者"在给人类造成难以估量的经济损失的同时，也对被入侵地的其他物种以及物种的多样性构成极大威胁。

许多生物学家和生态学家将"生物入侵者"的增多归咎于日益繁荣的国际贸易，事实上许多"生物入侵者"正是搭乘跨国贸易的"便车"达到"偷渡"目的的。

即使在科学技术高度发达的今天，面对那些适应能力和繁殖能力极强的动植物，人们仍将束手无策。

活动进行得非常顺利。教学过程得到有力的简化。

在以上这个教学步骤中，教师只简单地讲了几句话，再加上自己的"画线"演示。同学们进行观察，进行领悟，动手操作，展现"成果"。

有的时候用这种方法，可以体会到"一举多得"的收效。

26 训练检索 整合提炼

一

记得很久以前有篇课文叫作《从宜宾到重庆》，用下面的方案教学起来特别上手。

创意：课文作文（300字以内）

第一步，出题：1. 话说重庆；2. 山城重庆；3. 雾城重庆。

第二步，讨论：这三个题目写作内容有什么不同？应如何写？

1. 话说重庆：必须从课文中找出最能说明重庆特点的内容加以精心组合，那些：地理位置——历史演变——城市风貌——自然环境。

2. 山城重庆：必须从课文中找出所有能表现"山"的特点的例证，如海拔、建筑、街道、台阶、缆车、夜里江中倒影的灯光。总之，材料都要能说明山城的特点。

3. 雾城重庆：不仅要写出雾城的特点，还要根据课文内容写出产生雾的原因。

第三步，选题作文。

第四步，同学们朗读自己的作文，教师即席评点。

这一课案的优点是：对课文进行了充分的阅读；突出了课文的重点内

容——重庆；基本上完成了课后练习；用侧面的手法，如讨论这三个小作文题如何写，让同学们对课文的理解又进一层；用写的方式，再促进对课文的理解，同时训练高层次的检索、整理、融合能力。

二

我曾经说过这样一句话：语文教师要把教材读厚，要把教材教薄。

把教材教薄，从表面看是教材处理的问题，实际上关系到教师的检索提炼能力。如上述课案的产生，就主要取决于教师发现、检索、提炼的能力。

检索能力是一种选择能力、一种浓缩能力，也是一种提炼能力、整理能力。有了这种能力，你就能从大量综合信息中提取你所需要的单一信息。大而言之，它关系到一个人面对浩如烟海的资料所进行的选择；小而言之，它关系到自己目前的语文教学。

如下面对语文版课标教材《鹤》进行多角度检索而整合提炼出来的内容，实在是太美了。它是不是已经可以成为一个教案的雏形了呢？

1. 试试看，下面有些字很难读准呢。（识）

翌日　蜿蜒　苍穹　伫立　峰峦　飓风　漩涡　绮丽　拧成　剽悍　凝眸

2. 读一读、写一写下面的美词。（记）

春光煦煦　络绎不绝　映入眼帘　引颈仰望　无可言喻　啼声悠扬　响彻太空　轻盈飞扬　翱翔高空　壮观绮丽　美不可言　银光闪烁　光莹耀眼　寡不敌众　束手无策　精疲力竭　引吭高鸣　无济于事　清澈如洗

3. 体会一下，用赞叹的语气反复朗读如下写鹤的美句。（读）

它们一律将长颈伸向前方，双足向后方笔直挺伸，悠然翱翔太空的美姿，实在是无可言喻。凝神望去，排头大鹤先向右旋转，而后优哉游哉翱翔高空。后续鹤也都一只紧接一只，向右旋转，直腾高空。

盘旋的圆形队和轻快飞舞的鹤姿，悠悠扬扬，壮观绮丽，美不可言。

4. 这些写鹤的句子，是不是可以称作是"妙喻"呢？为什么？（品）

上百只鹤恰似飘摇于飓风中的鸿毛，轻盈飞扬；又如海中的巨大漩涡，缓缓升腾。

鹤群宛如暴风中飞转的云堆，迅速形成漩涡状，上下左右飞舞，光莹耀眼。

鹤群变队形为螺旋形长队，有如盘蚊香拉长的形状，静静地飞上高空。

鹤群越来越小，开始大小如麻雀，转眼间有如蝴蝶，不久像飞蛾，最后小如蚊。

5. 学写下面的"祝愿"段，体会"不"字所带来的意味。（写）

但愿刚才与苍鹰搏斗负伤的鹤，救助伤鹤的两只健壮的大鹤，不，无论哪一只鹤，翱翔天空的所有的，无一例外，都能够平安无事结束旅程，顺利地飞到安乐的北国。我凝眸高空，心中这样祝愿着。

三

"检索"，另一种说法是"提取信息"。

所谓"检索"，就语文阅读教学而言，就是从某一角度、某一目的出发，对课文内容进行有确定方向的信息搜寻。

其基本特点就是从纷繁的语言信息之中"检索"出、组合好所需要的信息内容，在检索之中基本上完成对课文的阅读理解，在整合、提炼的过程之中开展读、寻、思、写、说等课堂教学活动。

"检索"是阅读教学中读、思、写结合的教学活动过程，是阅读教学中艺术地处理教材、让教学省时省力的一种不常用但却是非常重要的手法。"检索"训练是让学生能够终身受用的一种高层次的阅读技能训练。从某种意义上来讲，"检索"训练是真正的学法训练，是真正的探究式学习过程；对学生而言，是真正的发现能力的训练、分类能力的训练、提炼能力的训练和整理能力的训练。

训练学生检索、整合、提炼能力的机会与素材在语文教学中无处不在；比较重要的是我们自己的思维深度、教学意识与设计习惯。如，我们可以从聚合能力、整理能力、分类能力、排列能力、融合能力、比较能力、概括能力、浓缩能力、提炼能力、命名能力等种种角度对学生进行指导，进行训练。

如教学人教版课标教材《大雁归来》，以"我欣赏的课文中的美句"为话题的讨论式活动就是牵动全篇文章内容的检索训练活动。同学们的发现是美不胜收的：

1. 一只燕子的来临说明不了春天，但当一群大雁冲破了三月暖流的雾霭时，春天就来到了。

2. 它们顺着弯曲的河流拐来拐去，穿过现在已经没有猎枪的狩猎点和小洲，向每个沙滩低语着，如同向久别的朋友低语一样。

3. 它们低低地在沼泽和草地上空曲折地穿行着，向每个刚刚融化的水洼和池塘问好。

4. 一触到水，我们刚到的客人就会叫起来，似乎它们溅起的水花能抖掉那脆弱的香蒲身上的冬天。

5. 每次出发之前，都有一场高声而有趣的辩论，而每次返回之前的争论则更为响亮。

6. 返回的雁群，不再在沼泽上空做试探性的盘旋，而像凋零的枫叶一样，摇晃着从空中落下来，并向下面欢呼的鸟儿们伸出双脚。那接着而来的低语，是它们在论述食物的价值。

7. 每年三月，它们都要用自己的生命来为实现这个基本的信念做赌注。

8. 在这种每年一度的迁徙中，整个大陆所获得的是从三月的天空洒下来的一首有益无损的带着野性的诗歌。

…… ……

27 巧妙导入 自然得体

我在《开课揭题，直入情境》一文中谈到过课文的开讲与导入问题，那主要是从简洁省时的角度谈的。这篇文章想从美感的角度来谈一谈。

语文教师大都很在意课文的开讲，特别是在有人听课的时候或者是参加教学竞赛的时候，往往都要将开讲的那一刻着意地打扮一番。

我的认为是，这种精心的酝酿无可厚非。问题在于要做得自然一点、得体一点，不要刻意雕琢，也不要过分渲染。要力求在很短的时间内，优美、从容、有情味地导入课文。

一种做法是，在整体感受课文主要内容的基础上，设计与课文情感氛围一致的、紧扣课文内容的富有诗意的导入。

比如《散步》，写的是亲情无边的一家人，写的是中年人的责任感，写的是心灵的关爱。走过了冬天的祖孙三代，漫步在初春田野的小路。温暖他们的，不仅是春意，不仅是明媚的阳光，更有来自心灵的呵护。课文像一首动人心弦的诗，也像一支轻声吟唱的歌，阅读时给人一种沁人肺腑的感觉。于是导入语可以这样设计：

同学们，让我们一起走进美文《散步》——那里有南方初春的田野，有铺展着生命的新绿，有阳光下的金色菜花，有水波粼粼的鱼塘，还有相亲相爱一家人的情感涟漪……

我们的阅读活动是：理解文意，朗读课文，品味语言。

这个导入语不足100字，简洁动听，情意盎然，层次分明，自然得体。

一种做法是，抓住课文内容或者课文标题的特点，设计自然轻松而又别出心裁的能紧紧吸引学生进入课文学习的导入。

比如《小石潭记》。这篇文章文笔秀美，段落小巧，布局匀称，移步换景，首尾圆合。课文多用短句，多用四字词语，节奏和谐，读音清朗。它美在有记事，有描写，有抒情，可以说，全文的秀美就像盆景的玲珑雅致，充满了诗情画意。可以抓住它的标题，设计轻松的话题，让学生带着兴致、带着兴趣进入课文。

请欣赏我的教学实录片段：

师：请同学们看看老师是怎样写课文标题的。（展示课件）

小石潭　记

小石潭记

师：第一句当中一定可以加一个字，加一个什么字呢？

生1："游"。

师：那么第二句后面能不能加一个什么字呢？

生2：老师，加"事"字。

生3：老师，加"景"字。

生4：我认为可以加"趣"字。

生5：不对，应该也是加"游"字。

师：啊，还是加"游"字。原来呀，"游记"也是可以说成"记游"的。游记类的文章、记游类的文章，就是把自己某次游览的经历记下来。把这个过程记下来，就叫"记游"。所以我们今天学习的是"小石潭游记"，让我们一起来体会作者是怎样进行"小石潭记游"的。

这个导入时间约两分钟，然而学生已经被这轻松有味的话题"调动"起来了。

一种做法是，根据课文内容离学生生活比较远、学生的理解有点困难的特点，设计知识性、趣味性比较强的导入。

如《说"屏"》，一篇文艺性的说明文。作者凭借古建筑专家深厚的学养，从情感经历的角度赞赏屏风的功能与独特的美学价值，并具体讲述屏风的作用、类别以及设置屏风的技巧等等。文章娓娓道来，如数家珍。

"屏"这个事物尽管在作者的眼中是那样的美好，但早已经远离了学生的生活。这时候的导入可注意知识的铺垫。

我是这样导入课文的：

师：今天学习《说"屏"》。先来看看屏风是什么样子。

（课件显示屏风图片）

师：（屏显1）这是一种比较典型的样式，起分隔作用，挡风、缓冲视线，同时也比较漂亮。（屏显2）这个艺术一点，上面有书和画，是木屏。（屏显3）这是课文里面说的锦屏。（屏显4）这是石屏，庄重、典雅。（屏显5）这个叫挂屏，它已经失去了一般屏的功能了，作为一种工艺品放在家里欣赏，你们看上面画的是"四君子"：梅，兰，竹，菊。

师：说"屏"说"屏"，还要理解"屏"的含义。这含义理解起来很有意思的，大家看着屏幕读起来。

（屏显：屏——大门外或大门内对着大门起遮挡作用的墙。）（学生齐读）

师：原来"屏"的古老意义就是"墙"，后来这个意义又发生了一点变化。"屏"如果有墙的含义在里面，它的用途就是一个屏风。请读起来：

（屏显：屏——屏风：放在室内用来挡风或隔断视线的用具。）（学生齐读）

师：再看它的意义变化：

（屏显：屏——形状像屏风一样的东西；如孔雀开屏，荧光屏，屏幕。）（学生齐读）

师：哦，原来孔雀开屏的"屏"是这样的意思呀。

师："屏"的含义继续发生变化，看：

（屏显：屏——遮挡，像屏风一样起着遮蔽作用的东西；如"屏障"。）（学生齐读）

师：一个"屏"字有这么丰富的含义，多有趣呀。

这个导入分为两个层次：第一个层次是看"图"，感知各式各样的屏，时间约1分钟。第二个层次是理解"屏"字的含义，时间约3分钟。这样一个4分钟以内的导入，很好地拉近了课文内容与学生的距离。

课堂导入的方法因课而异、因人而异，总之应该做到"巧妙导入，自然得体"。有时候，简短的一两分钟的导入，也是颇费斟酌的，宁愿多花一点时间，以追求美好的教学效果。

28 生动收束 余味犹存

语文课堂教学的收束，不外乎两种形式：一种是不事雕琢的、平实的。如小结本课的学习内容，小结本课的学习方法，小结本课的学习状况，给学生布置课外作业，交代与下一课学习有关的预习要求，等等。另外一种是经过精心设计的、具有一定美感的。如呼应式收束，课始播放过一首歌曲，收束也就是一首歌曲；如渲染式收束，如在文学作品特别是诗歌教学的最后，教师激情地朗诵一段或一篇自己的创作；等等。

从教学细节设计的艺术来看，是不是可以尝试一些形式比较活泼、内容比较精致、语言比较优美、意境比较高雅的收束方式呢？是不是可以设计一些让人觉得余味犹存的收束方式呢？

应该说是可以的。

如"赠言式收束"

《假如生活欺骗了你》的收束是这样的：

师：我们的课上完了，在课的"尾声"，老师送给大家两句话，一起读起来（大屏幕）：

生活就像大自然，总是有风雨伴随着我们的生命。

珍视生命，珍惜青春，热爱生活。

师：老师还要给你们三个字的评价："很精彩"。下课！

这是一种与课文教学内容有密切联系的顺势而下的收束方式。在学习了《假如生活欺骗了你》等几首小诗之后，教师以此作结，进一步深化了情感教育，显得自然而又贴切。

如"语用式收束"

《夏天也是好天气》中有"这样的时刻，会有一个小女孩，扬起双眉，唱着童音说：我喜欢夏天，因为可以穿花裙子。这样的时刻，会有一个小男孩……"句，于是教师运用"移用"的手法，安排了这样的课文收束活动：

师：最后，让我们用"这样的时刻"来说"创造"的话。

师：下面我请这一组的同学来说。一个接一个，大声地说起来，这样连起来就是一篇小小的美美的短文。我先说，同学们接下去说。

师：新年来了，新年的钟声敲响了……

生1：这样的时刻，随处可以听见爆竹声。

生2：这样的时刻，到处都洋溢着喜庆的气氛。

生3：这样的时刻，到处都是欢歌笑语。

生4：这样的时刻，家家户户都在张灯结彩，来庆祝这美好的日子。

生5：这样的时刻，人们怀着无比喜悦的心情说，终于可以过新年了。

生6：这样的时刻，是一个激动人心的时刻。

……………

师：这节课我们用的是非常有趣的学习方式——说读，边说边读，边读边说。每一个活动细节都进行得很好，特别是说"发现"的话，充分表现了同学们语文学习的能力。说"创造"的话，也表现了同学们的调皮劲，老师很高兴。谢谢同学们。（热烈的掌声）下课！这样的收束显得机智、明快、开朗、活泼，可以形成一个小小的高潮。愉快的教学情景，如在我们的眼前。

如"悬念式收束"

《卖油翁》教学的最后一个环节，是请同学们用带"两"字的句子就课文内容自由地说话。在同学们发言之后，教师进行了这样的表达：

师：好，下面老师也来玩味一番。

文章有两段，第一段略写故事开端，第二段详写故事的发展高潮。

文章有两处伏笔、两次照应（睨之）（徐以杓酌油沥之）。

陈康肃公两次呵斥卖油翁，第一次体现其自傲，第二次是辱骂，语气逐渐加重。

卖油翁的两次表现，体现了他的稳重，形成了文章的波澜。

还有两次"手熟"；还有"汝""尔"两个人称代词都是"你"的意思，还有两个"而"；等等。

师：玩味的角度很多啊。同学们还可以从新的视角发现新的内容，也许，你们可以就自己的发现写一篇小小论文呢。

教师的话点到为止，留给学生的是"还可以从新的视角发现新的内容"。课堂教学结束了，也许，学习的过程还在延续。

如"评说式收束"

《七颗钻石》的教学已近尾声：

师：下面大家还要完成一个问题，用一句话来描述一下小姑娘。

生1：小姑娘的心如七颗钻石一样纯洁美丽。

生2：小姑娘的心灵像那股清泉一样清澈。

生3：小姑娘的行为就像大熊星座一样为人们指示方向。

生4：小姑娘的心地可以感动上天，给人们免除疾苦。

生5：小姑娘的品质是纯洁的、善良的。

生6：小姑娘的心灵如钻石那样璀璨；小姑娘的心灵如大熊星座那样熠熠生辉。

生7：小姑娘的品格像梦一般美、一般神奇。

生8：小姑娘的心无比善良。

师：是啊，小姑娘是童话中的人物，就像稻草人、快乐王子一样，那么，她是一个什么样的童话形象呢？小结同学们的发言，可以这样说：

（大屏幕逐句显示）（同学们大声地跟读）

小姑娘是一个童话形象。

小姑娘是一个善待别人的人。

小姑娘是一个让上苍感动的人。

小姑娘是一个阳光女孩。

小姑娘是一个有钻石般心灵的姑娘。

师：好，这次课，让我们沉浸在美好的语文实践活动中，我希望同学们的每一节课都这么快乐！

这样的收束意境高雅，气氛热烈，同样也是一个小小的教学高潮。课好像是结束了，但带给同学们的，可能还有美好的回味，那就是意味犹存，余味悠长。

29 适时打住 过渡小结

一

我在一次评课中指出,从大面积的阅读教学来看,调控不当或者调控意识淡漠,往往造成课堂教学中的提问过多或讲析过多,于是就在一节课中形成一个内容繁杂、时间冗长的"不歇气"的教学"大板块",有的"大板块"延续的时间长达二十几分钟,从而使课堂教学缺少节奏、缺少激情、缺少美感。

这里的问题出在教师没有设法对教学内容进行"切分"。

由于没有"切分",教学过程就不能适时打住,就缺乏"过渡";没有"过渡"手法的课,就是让人厌倦的"大板块"。

"过渡"应该是形成教学节奏的最常用手法,每当听到教师表达"过渡"的语言之后,我们就知道一个教学环节结束了,另一个教学环节就要开始了。

所以在备课的时候,教师应该有对教学内容进行整合、对教学步骤进行"切分"的意识,用形式不同的"过渡"来形成课堂教学的节奏,哪怕有时候只是简单的几个字。

一般来讲,教学中都是用"语言"表述来"过渡",有些过渡语还组织得相当漂亮。但我想，还可以创新更多的新颖的"过渡"形式，来美化我们的课堂教学。

比如"欣赏画面式"的"过渡"方法，就基本上没有人试过。

下面是《三峡》的教学构想提纲。在这个设想中，"过渡"的形式就是欣赏式的。

第一块：朗读。

（过渡：穿插画面欣赏）

第二块：品析。

（过渡：穿插画面欣赏）

第三块：记诵。

（过渡：穿插画面欣赏）

…………

收束课文学习。

二

层次更高一点的"过渡"，是"课中小结"。也就是先"打住"，再"小结"，然后再进行下一个环节的教学。

"打住"，是课堂教学中的一种调控手法。它指的是课堂教学在完成一定的教学任务之后，教师中止这一学习任务，并采用一定的方法向下一学习任务过渡。

人们很少将"课中小结"作为教学过渡的手段。也就是说，假设学生在某一个学习环节中进行了充分的讨论，假设这个教学环节中的学习任务已经完成了，教师也只是简单地表示"过渡"，而不去对这一环节的学习活动进行小结。

其实，处于教学环节之中的"课中小结"是非常重要的：第一，它鲜明地表示着一个教学步骤的收束，显示出明晰的教学思路。第二，它是对这个教学步骤中的学习内容进行理性的小结，这既是教师与学生之间的交流，也是教师对学生的集中指点、指导与指教，表现出教师足够的主导作用。第三，课堂教学中的两次或者三次教学小结，能够表现出教师对教学过程的调控能力特别是教师把握节奏的能力，并形成教学结构的"建筑之美"。

下面是笔者的"课中小结"例。

如,《鹤》第一个教学板块的课中小结。教师设计的活动是"扩写一个句子",请同学们将"这是一篇写鹤的文章"进行"扩写",意在让学生多角度地理解课文内容。

师:现在看看老师是怎么样扩写这个句子的。注意,刚才的方法实际上是对课文整体的内容进行概括,但是这种概括不一定是一个角度,它的角度非常丰富的。从课文层次来看,刚才这位同学就说了"壮丽、壮烈、壮美";从构思和手法来看,这是一篇以鹤鹰之战为核心,以战前鹤群翔空的壮丽景观为铺垫,以救助伤鹤为深化的文章;再看语言和细节,这是用简洁优美的语言描绘了鹤群飞翔、搏击苍鹰、救护同伴等生动细节的文章;再看作者,这是一篇将"我"所见和"我"的情感抒发很自然地融合在一起的文章;最后是内容和主题,这是一篇描绘鹤群在空中飞行的优美姿态、记录鹤鹰之战的激烈场面、赞颂鹤的群体精神的美文。概括文章的内容是多角度的,但是不管怎么说,它们都叫作整体地感受,请把这几个字记下来,咱们扩写这个句子的目的就是"整体地感受"。这个环节进行得很好。咱们再进行第二个环节的学习。

又如,《小石潭记》第二个教学环节的课中小结。这个环节的学习任务是"自由发现"。

师:老师讲讲自己的发现:

咱们看第1段的写法,它是移步换景,边走边发现,先是未见其形,先闻其声,然后伐竹取道,然后见着小潭,然后见着千奇百怪的石头,然后看到美丽秀美的树、石岸。移步换景,有动有静;移步换景,动静结合。这个写法用得非常好。

第2段就不同了。第2段用了一个特写,集中笔力写小石潭水。写潭水,是一笔两用。为什么叫一笔两用呢?就是写的是鱼,表现的是水,既写了鱼,又写了水,所以是一笔两用。精彩得很啦。

第3段的写法又不同。它由近及远,留有悬念。"潭西南而望",目力打开。然后看见"折蛇行,明灭可见",远远望去不可知其源。那里又有什么样的神秘的地方呢？不知道。由近及远，让我们去想象。

第4段更漂亮，它是环视四周地写。语言标志是"四面竹树环合"，他在幽静幽僻的环境里面四处看了一下，"寂寥无人"，于是感到"悄怆幽邃，凄神寒骨"。

移步换景，定点特写，由近及远，环视四周。这就是作者写这篇文章的精妙的地方。他观察的角度不同，这么小的地方，作者的视角变化得这么丰富，是非常难得的。因此说它是精品，是经典。这就是老师的发现。

课中小结，是一种新颖的细节性的教学手法，是课文教学与学生实践活动"告一段落"之后由教师进行的简短"小结"。它有三个方面的作用：清晰地显现教学的步骤、层次；调整课堂教学的节奏；顺势进行学习方法与知识学习的讲析。特别是利用"小结"的机会对学生进行知识讲析，有很好的训练作用。

灵活评点
敏捷机智

我在谈及阅读教学的备课时，提到的要求是比较高的：1. 要有先进的理念；2. 要拥有参考资料；3. 要备详案；4. 要备备用教案；5. 要准备教师的朗读与精彩的讲析；6. 要备好课中细节性的活动，还要想想对学生发言的评点的问题。

要求"想想对学生发言的评点的问题"，看似简单其实很难。对教师评点语的研究，是中学语文课堂教学研究里的一个薄弱环节。难以研究的原因就是它太随机了，太活泛了，太不可预测了。

所谓"评点"，就是对学生的课堂活动主要是学生的"发言"活动进行评价。这种评价一般是比较单调的，它在教学实际中大概表现为四种形态：第一种，不置可否；第二种，重复学生的发言；第三种，话语比较集中地表现在"好""很好""非常好""不错""真聪明"等语词之上；第四种，做得比较出格，常常没有分寸地夸大其词地赞美学生。

那么，语文教师应该怎样才能让自己的教学评点语生动起来、丰富起来、"朗润"起来呢？我想，比较好的方法是：将"评点"这两字做到"灵活"上去，做到"多角度"上去，做到"变换角度"上去。

在具体的操作上，则要在"敏捷机智"四个字上下功夫。课堂评点语与课堂组织语不同，它是一种特别的课中对话，它是在课文品析、问题讨论的过程中教师对学生的发言做出的瞬间反应。它不允许教师犹豫，不允许教师迟顿，也不允许教师含混不清。

也就是说，可灵活美好地、姿态各异地、角度丰富地对学生的话语进行"评点"。为此可从如下方面锤炼自己的教学评点语：1. 表示肯定或否定；2. 表示对发言内容的解说；3. 表示纠正或补说；4. 表示评赞与鼓励；5. 对发言内容进行优化与深化；6. 着眼于活跃课堂教学气氛。

这样，教师说话的天地就宽广了，说话的角度就丰富了，情况就可以得到很大的改善。

实际情况也果真是这样。

下面请欣赏单元复习课中的实录片段，学生们再进行选词造句：

师：有没有同学愿意从这三十几个词里面选一个来造句？

生1：夜幕降临了，黑暗吞噬这大地。

师："吞噬"用了拟人的手法。

生2：鲜花在朝霞的沐浴下茁壮成长。

师：好的，继续说。

生3：冬天是银装素裹的季节。

师：对，色彩出来了，继续说。

生2又说：母亲躺在病床上，面容憔悴。

师：嗯，面色不好，焦黄焦黄的。

生4：一弯冷月，挂在深邃的天空。

师：哦，很有意境。

生5：太阳出来了，大地沐浴在一片阳光里。

师：又用了一个"沐浴"。

生6：讨论会上，大家各抒己见。

师：你们看，用雅词的时候，语言表达的力量就不同了。

生7：大风摇曳着小树。

师："摇曳"用得很准确。

生8：我萌生了一个新的想法。

师："萌生"就是产生了，但比"产生"来得好听一点。

教师在这儿共说了9句话，应接迅速，各有角度，简洁明了，不落俗套。

相比之下，下面这个实录片段中的评点语说得更好一些。

这是《律诗二首》的教学。学生们准备就《过故人庄》"对诗人说话"。

师：好，开始对诗人说话了，第一联谁来说？

生1：啊，诗人，看到朋友家的饭菜准备好了，可能是邀请你到他家去做客吧！

师：一定是邀他做客！

生2：啊，诗人，看到桌上这么丰盛的饭菜，我感到了你的朋友的热情，看到了你和你朋友融洽的关系，我感到你们之间非常亲密的友情。

师：真是和诗人在一起了。

生3：啊，孟浩然兄，你的好友准备了饭菜请你去他家做客，路上是否风和日丽，和风徐徐，周围草木，随风摇摆？

师：好，你好像古代的女诗人啊！第二联呢？

生4：啊，诗人，再看山村，周围树木，郁郁葱葱，远处奇山，起起伏伏，直插云霄，你是否为这如诗如画的美景而陶醉？

师：你这就是一篇极美的散文。真好！

生5：啊，诗人，你在这村外的小路上走着，远处有绵绵的青山，这景色是否让你流连忘返呢？

师：对，已经流连忘返啦！第三联——

生6：啊，诗人，当打开那窗户，当明媚的阳光洒进小屋的时候，面对这金灿灿的谷场和绿油油的菜园，诗人，你是否在一边饮酒一边谈论农事呢？

师：诗情画意啊！第四联，谁来？

生7：啊，诗人，等到重阳节时，你一定还要到朋友家喝酒赏菊吗，他们一定会很好地招待你的，真希望与你同叙。

师：而且还要喝得醉醺醺的！

生8：到重阳节那天，诗人你一定要再来欣赏菊花。你的朋友在家里准备好菊花酒，欢迎你到来，祝你一帆风顺！

师：好，同学们，你们真正做到了飞扬神思。其实咱们读古诗啊，应该是三句话，那就是与诗人相遇，和诗人同行，对诗人说话。读古诗的味就在这里。

这里，教师的评点简洁精美，角度丰富，语言机智，富有情趣，学生的"说"与教师的"评"相映成趣，构成了课堂上精彩的学习场面。

诗意表达
平等对话

"对话"是一个很时髦的词,这与课标有比较直接的关系。课标在此方面主要表达了两层意思:

第一,阅读教学是学生、教师、文本之间对话的过程。

这里说的是理念。

第二,课堂教学提倡启发式、讨论式教学;语文教学应在师生平等对话的过程中进行。

这里说的是形式与要求。

关于对话,人们有很多内容比较复杂的诠释。我想,在课堂教学的实际操作中,是不是可以这样来理解:课堂对话,主要指师生围绕某种教学内容、某个教学话题的看法与交流?

再细化地说一下:

1. 课堂教学中的对话,不同于教师的评点语,尽管有时候它带有一点评点的味道。

2. 课堂教学中的对话,从教师的角度看,主要表现为四种形式:第一,参与学生的话题讨论;第二,对学生的讨论活动进行小结并表达自己的看法;第三,对学生的质疑问难进行解答;第四,对课文的难点进行讲析与诠释。

在这里，最为生动活泼的是参与学生的话题讨论。

在这种参与之中，对教师的要求是：诗意表达，平等对话。语言要自然、简洁、准确、优美、流畅、切题，表达要富有情意，富有诗意。要力求用自己的真情、用自己的语言魅力激发学生心灵的火花。

下面这个片段，就是我在北京六一中学教授《假如生活欺骗了你》时与学生之间的"对话"。我视它为我的教学实践中最漂亮的"对话"之一：

（本课教学的第一个环节是诗歌吟诵、自由背读、抒发感受。以下内容是出现在学生的自由背读之后。）

师：好啊！现在请大家静静地、静静地思考一下，准备抒发感受。

生：（静静地思考。）

师：好吧，悄悄地把你的感受讲给相邻同学听一下。

生：（互相交流。）

师：好啦。请用简洁的语言表达你的感受，哪位同学先来？

生1：读到这首诗，我想到中国古时候的一首诗，它里面有两句话"山重水复疑无路，柳暗花明又一村"广为传诵，它告诉我们，遇到挫折不要气馁，假如生活欺骗了你，要在黑暗中看到一线希望，而且要在希望中向前。

师：经历了"山重水复疑无路"的痛苦，就会有"柳暗花明又一村"的快乐。谢谢你！

生2：这首诗虽没有什么具体的形象，却深深地镂刻在我心中，试问谁没有被生活欺骗过，这就是生活，这就是真谛。

师：生活就是海洋，海洋是不平静的。好，继续来。

生3：读过这首诗后，我有一个想法：人生是一条大路，不可能一路畅通，总会出现绊脚石，当绊脚石真的出现在眼前时，就要像诗中所写："不要悲伤，不要心急！"我们要镇定下来，克服它，逾越它，当逾越过去回头看时，其实那些绊脚石挺有意义的，我们应该记住这些，并且勇敢地面对未来。

师：是啊！真好，生活也像一条河流，它是弯曲的，但一定是奔流向前的。继续来。

生4：人生就像大海上的一条小船，当迷失方向时，这首诗就像灯塔一样指引方向，伴随我们到达成功彼岸。

师：它告诉我们，苦难是人生必经的一课。

生5：这首诗告诉我们遇到困难时，要鼓励自己，不要放弃，要对未来怀有希望。当成功时，回忆这些困难，你会品味到成功的乐趣、滋味。

师：也就是说，艰辛能让你领略到更美的人生风光。

生6：我们都是养尊处优的一代，生活很幸福，但是总会遇到困难。这首诗告诉我们，当感到无助时，你要坚信阳光总会来临，未来的路很曲折，有悲伤，有欢喜。

师：要知道，你同样有坚强的双肩。

生7：假如生活欺骗了你，就像给你心上留了一块伤疤，你要继续品味这种痛苦，镇定地想一想，快乐会让这个伤疤愈合。

师：诗意地回忆过去，温馨地展望未来。

生8：生活欺骗了你，是给了你痛苦的回忆，但不要一蹶不振，有痛苦的回忆，才有充实的人生，我们要大步向前走。

师：诗人海涅有这样几句诗：我的心，你不要忧郁，冬天从这里夺去的，春天将会还给你。明白他的意思吧？

生：明白。（齐答）

生9：读完这首诗，我想起一句话"不经历风雨，又怎能见彩虹"，人生避免不了挫折，我们要勇敢面对，相信未来是光明的，当我们战胜挫折时，看到的将是美丽的彩虹。

师：是啊，世界上有不经过风吹雨打而成熟的果实吗？世界上有不经过光射日晒而形成的果实吗？

生10：我觉得人生总得有挫折，但挫折不仅给我们带来痛苦，我觉得挫折给人另一种启迪，从挫折中能提取另一种东西。

师：是的，挫折中有经验有教训，经历了挫折，以后的路会更平坦。好，谢谢同学们。

其实，我们得到的启示很多，每个人的生活都是有诗意的，遇到痛苦时，要微笑着面对，扔掉一切烦恼。可以说，这首诗给我们的启迪是——
生：要乐观、坚强。
……　……

这种"对话"做起来不是很容易，但这毕竟比单纯的简略评说要好得多。为了将这种"对话"做得轻松流畅一些，教师必须非常熟悉课文，必须对课文有很深的体味与体会，有丰富的语言积累。还应该有机敏的反应能力，有优化学生认识的意识，有深化学生认识的意识，更重要的，是应该有与学生平等和谐交流的意识。

简洁讲析
精美细腻

讲析，一种基本的必要的教学手法。

讲析，教师凭个人教学水平来实施教学的通用手法、传统手法。

讲析，在课标理念中，有时表现为课堂教学中的对话与交流。

我认为，教师应该精心准备好讲析的内容，要用"生动讲析"的方法，对有关内容特别是教学的难点进行生动形象细腻的分析与讲解，以充分展示教师的主导地位。

教师的讲，要讲得实在。

如我在初一"单元复习课"中的学法指导：

从这个学习点开始，我就要介绍学习方法了。品味词语，一般来讲，作为我们初一的学生，可以用两种办法。一种是直接谈自己的体会——我觉得这个词用得好，它写出了……。更难一点就是转一个弯——我觉得这个词是不可替换的，无论用什么样的词语来替换它，都没有这个词的意境好。这就是替换式的品读。第一种简单一点，第二种难一点，同学们可以选择一种方式表达，来品析某一个词。

像这样讲析简明扼要，点拨到位。它在教学细节的设计上给我们这样的启迪：教师的讲析要生动易懂，要精要切题、要言不烦。

教师的讲，要讲得生动。

如我在教学《紫藤萝瀑布》时的讲析，内容集中在对课文写作技法的点示之上：

你们看，这篇文章从整体来看，从阅读品味来看，有这样一些美点被我们发现了。那么，再从另外一个角度来看，这篇文章它揭示了一种文章写作的规律。它首先是写花之美：啊！生命是如此辉煌灿烂！然后写情之美：生命的喜悦荡漾在我的心头，给我宁静感，给我喜悦感。最后是立意之美：啊！生命的长河是无止境的。它的写作是由"物"到"情"到"意"。所以，读这样的文章，心里就有这样一个轮廓：这类的文章是由"物"写到自己的"情"再写到它的主旨、它的含义。这样的文章，就是写景抒情、托物寄意的文章。好，同学们可以把"写景抒情、托物寄意"这八个字旁批在课文的标题处。

像这样讲析充满感情，生动明了。它在教学细节的设计上给我们这样的启迪：教师的讲析，知识的厚度、文化的厚度是第一要素。

教师的讲，要讲得细腻。

如我在《说"屏"》的教学中，在同学们对第1段进行品析之后的讲析：

师：这一段，第一，美在用词非常雅致，比如"纳凉""销魂""向往之情""微妙""擅长"等。第二，美在虚词中的情感表达，虚词是没有实在意义的词语，但"怪不得""真""总是""很"等等却表达了作者内心的丰富情感。第三，美在赞叹话语的运用，比如"神秘作用""实在微妙""齐声称道""富有诗意的名词""其情境真够令人销魂"等等，此类赞叹的话语很多。第四，美在引用诗句的手法，引用使文章更富有诗意了。第五，美在精妙的概括，比如"关键在一个'巧'字上"。此外，还美在这一段是一个抒情式的开头，并且和结尾形成前后照应；还美在这段话巧妙地引出了说明对象——屏。还有它的层次也很美，你们看：先是"童年"，然后是"后来"，再就是"因为研究古代建筑"这三个层次，写出了作者从童年到中年感受屏、研究屏的这样一个过程。以上，就是这段话值得品味赏析之处，所以老师说这段话意味无穷。这就是精读，精读就要把文章的表面含义、一般含义和深层含义都品味出来。

像这样讲析条分缕析，例证充分。它在教学细节的设计上给我们这样的启迪：教师的讲析，其层次的高下表现出教师研读教材水平的高下。

教师的讲，要讲得精美。

如《我愿意是急流》这首诗歌的教学中，我集中讲析了如下内容。这些讲析的内容在我的备课之中是反复地进行了斟酌取舍修改润色的：

师：好，下面我就把同学们说的回顾一下。这首诗有三美：意象丰美，意境优美，意蕴淳美（课件显示）。

第一，意象，简言之，就是渗透着诗人情意的具体形象。咱们中国人往往用红豆表示相思，用杜鹃表示悔恨，用杨柳表示送别，这就是意象。这首诗的意象丰美就表现在连用了十几个意象，而且都是两两相依。不仅角度丰富，而且层层递进，从对爱人的呵护一直写到欣慰地看着爱人的成功，每两个意象之间是相依相存、不能分开的，有急流、小河就有小鱼，有荒林就有小鸟。

第二，意境优美。什么是意境？就是文学作品中表现出来的蕴含着作者思想感情的艺术境界。我们读《天净沙·秋思》，它的意境是凄婉的，读《十一月四日风雨大作》，它的意境是悲壮的。这首诗的意境是开阔明朗的，是优美清新的，它具有悠远无尽的意味。

第三，再看意蕴，什么是意蕴呢？意蕴就是文学作品里面渗透出来的理性内涵。比如说作品中渗透的情感，比如说作品中表现出来的一种风骨，表现的人生的某种精义，或者某种主旨。这首诗表现了一种甘愿牺牲的热烈的爱情，很纯粹。当然，由于人的世界观的不同，人的文化素养不同和人的性格不同，人们在爱情上往往表现出不同的想法、不同的看法，把它化为文学作品，那么也就表现出不同的意象、不同的意境、不同的意蕴。

像这样的讲析意境开朗，生动简明。它能够在细节的设计上给我们这样的启迪：教师的讲，要在关键之处绽出美丽的火花，要显山露水。

由以上内容可知，语文教师必须苦练讲析的基本功。

我想，如果没有了教师的"讲"，很多很多的语文课就没有了点睛之笔。

33 侧面入手 正面解读

我的《狼》的设计及教学中有这样一个细节：

请同学们朗读下面一段，要求是：朗读之中，在课文的某个地方要加进一个表示非常惊讶的"啊"字：

少时，一狼径去，其一犬坐于前。久之，目似瞑，意暇甚。屠暴起，以刀劈狼首，又数刀毙之。方欲行，转视积薪后，一狼洞其中，意将隧入以攻其后也。身已半入，止露尻尾。屠自后断其股，亦毙之。乃悟前狼假寐，盖以诱敌。

学生顿时活跃起来，边朗读边体味在哪个地方加进"啊"字为好。当把这个"啊"字在"转视积薪后"读出来时，同学们没有一个不读得绘声绘色的。

湖北兴山县的陈光福老师在网上这样评价道：

在"转视积薪后，一狼洞其中"之间加的"啊"字，简直就是神来之笔。不仅让我们与文本有了心灵的对话，对文中人物有了更深的认识，还与余老师有了心灵的沟通，更重要的是激活了听者的教学尝试。这个"啊"字，"啊"出了故事的惊险曲折，"啊"出了屠户的心思缜密，"啊"出了名师的独具匠心，"啊"出了听者的教学尝试……因为有了这个"啊"字而使文章气势陡增，学生演读的积极性也空前高涨。教师的这种"有意而为"表现了他对文本独特的理解和奇特的处理。

这种"奇特的处理"就是笔者使用的"侧面入手，正面解读"的手法。

在使用这种手法时，教师并不正面切入课文，并不是用讲析、欣赏、品评、质疑等等方式直接展开课文的学习。而是"言在此而意在彼"，设计的活动好像与课文品析没有什么关系，而实际上是为了"歪打正着"，实际上是为了品读课文。在《狼》的第4段的朗读教学中要求在什么地方加进"啊"字，其实就带动了学生对课文情节、对课文情境、对人物境遇的深刻理解，不仅如此，还要将自己这样的理解用语音表现出来。

将"侧面入手，正面解读"的手法运用于读写教学，其好处是：能活跃课堂教学的气氛，能激发学生的学习积极性，能增加学生语文实践活动的机会，能化解课文教学的难点，有时还能增加课堂教学的容量。这种手法，能用于课文片段的教学，也能形成课文整体阅读教学的新鲜创意。

如《说"屏"》的第一个环节。这个环节的任务是让学生从整体上理解课文内容。但笔者没有运用那种提问、朗读、概括的方法，而是运用了一个全新的"侧面入手，正面解读"的新鲜创意。

请见教学实录：

师：这节课咱们怎样学习课文呢？两个字：（屏显：精选）。下面就先做一个有趣的练习，来试一下你们的身手。什么有趣的练习呢？

（屏显：先做一个有趣的练习）

师（教师出示人教版课外阅读文选进行示例）：你们看这篇文章的上方有一句话，这句话是从文章里面摘出来的，放在此文的标题上面。啊，人家一看这句话就觉得好有趣呀，就想读下面的文章，这种编书的手法叫作"引读"。现在你们的任务就是做这样一个练习，从课文里找一句话放在课文的最前面来吸引大家的眼球，开始。

（学生翻阅课本，教师巡视）

师：建议你们同桌之间商量一下。

（学生商量）

师：好，一起来交流看法，选哪个句子放在前面最有趣、最吸引人呢？

（学生踊跃举手）

师：好，你先来。

生1：我觉得应该引用唐人杜牧的"银烛秋光冷画屏，轻罗小扇扑流萤"的诗句。

师：因为它有诗意，而且很典雅，能够吸引我们往下看。好的，这是一种观点，继续来。

生2：应该是文章当中的"屏是真够吸引人的，'闲倚画屏''抱膝看屏山'，也够得一些闲滋味，未始不能起一点文化休憩的作用"。

师：屏是真能够吸引人的，（语言很富有感染力）猛然一看，怎么"吸引人"呢？就想往下看。好，请说你的观点。

生3：我觉得是"我们的先人，擅长在屏上做这种功能与美感相结合的文章，关键是在一个'巧'字上。怪不得直至今日，外国人还齐声称道"。

师：理由呢？

生3：理由就是"关键在一个'巧'字上"。

师：怎么巧法呢？

（启发学生，学生犹豫）

师：就是功能和美感怎么完美地结合，一定能吸引人看下去。

生4：我选的是"接触到这种似隔非隔、在空间中起着神秘作用的东西，更觉得它实在微妙"。我感觉这个"神秘"会吸引人继续读下去。

师：对，这个"神秘"能够激发我们看文章的欲望。请说你的。

生5："过去的院子或天井中，为避免从门外直接望见厅室，必置一屏，上面有书有画，既起分隔作用，又是艺术点缀，而且可以挡风。"

师：他选的是关于屏的作用的内容。还有其他同学呢？

生6：我觉得是第1段中的第一、二句话："屏，我们一般都称屏风，这是很富有诗意的名词。记得童年与家人在庭院纳凉，母亲总要背诵唐人'银烛秋光冷画屏，轻罗小扇扑流萤'的诗句，其意境真够令人销魂的了。"

师：你选的也可以，就是长了一点。好，我觉得你们都挺厉害。其实找这句话要关联到全篇文章，因为这句话一定要和全篇文章有重要的联系，人家才喜欢看嘛，请看大屏幕。

（屏显教师精选的句子）

师：这句话你们没找出来："每次读到诗词中咏屏的佳句，见到古画中的屏，便不禁心生向往之情。"你看把它放在文章最前面，人家也会心生向往之情。

师：其他几个句子，你们都找出来了，不错啊。……

34 变直为曲 柳暗花明

在文章作法中,有一种方法为"突起,纡行,峭收"。"纡"是指内容表达要纡回曲折而富有变化;"突"和"峭"则是指开头和结尾要精警、醒目和含蓄有力。

阅读教学中,有时候也需要"文如观山不喜平"的教学意境,用写文章的话来说,就是"纡行";从教学设计的手法来看,就叫作"变直为曲,柳暗花明"。

所谓"变直为曲",就是"盘马弯弓射不发"。目标已经明确,却"故意"走一点弯路,不是直奔目标,而是用各种"旁敲侧击"的手法,引着或者"逼"着学生去思索,去获得更加深刻的理解。

下面用一个简短的例子进行说明:

《马说》的教学到了词义理解阶段。

如果是"直"走,这时的教学就是在学生质疑问难的基础上由教师落实一批字词。

但教师却出示了两个这样的问题,让"直"路走"弯":

请同学们以"课文中的两个(词)意思不同"为题进行说话,或者以"课文中的两个(词)意思相同"为题进行说话。

这样，就进行了思维量很大的"词义辨读"。

"变直为曲"的手法用于阅读教学，首先是"好看"。好的语文课是应该具有一定的观赏性的，那种微波荡漾的课一定比平铺直叙的课更值得赏鉴。除了"好看"以外，还有"好'玩'"，那种预伏波澜的课、那种设置悬念的课会更让学生思绪起伏。

那么，怎样将教学进程"变直为曲"呢？

好多方法都是可以用的，总的说法就是：根据课文特点，有机地进行一些示例、穿插、引进、迁移、连缀、补充、收集、查询、比较……的教学活动，以增加和丰富课堂教学的线条与情趣。如用资料穿插的方式进行浅显的可行的比较阅读、用"设例分析"的方式给学生演示分析的角度、朗读训练之前请学生进行语调设计等等。

如下面《律诗二首》的实录片段，展示的就是一次比较有趣的"背读"过程。如果"直"着处理，就是教师要求学生在课堂上进行背读。但这次的处理是"变直为曲"的：

师：现在看第三项活动——背读。背读，但老师不要你们直接地背，咱们先研究一个问题，《过故人庄》《游山西村》这两首诗都是写游客到农村去游玩、做客的，这两首诗的内容有很多很多相同的地方，咱们先找一下，这两首诗有哪些地方相同呢？找了之后咱们再背。开始两两地商量一下，找一找。

生：（学生活动起来，按老师的要求在课文里找两首诗相同的地方。）

师：好，现在试着发言。

生1：我觉得这两首诗都写了农村的风光，都充满农村的生活气息，然后写出了村民的热情好客，表达了诗人对农村的向往和热爱。

师：她说了四点，语言流畅，层次分明。很好，继续来。

生2：我认为相似的地方是第一句，他们都写了农村的鸡和肉，表现了农家的热情好客，第二句他们都描写了农村美好的景色，到最后都表现了对农家的留念，还有这里写的"菊花"，那里写的"叩门"，都表现了他们对农家的留念！

师：他们游兴还在，第二句都写了农村的风光，注意这两句话（《游山西村》第二联和《过故人庄》第二联）都是千古的名句，要把它读好，标记下来。

生3：我认为《过故人庄》的第三句"开轩面场圃，把酒话桑麻"讲的是在农家纯朴的生活场景，第二首诗《游山西村》的第三句"箫鼓追随春社近，衣冠简朴古风存"描写了古朴的农民的生活，这两句我觉得也有相似之处。

师：都是写的生活，都是写的作者的见闻、作者的经历。

生4：《过故人庄》的最后一句"待到重阳日，还来就菊花"以及《游山西村》的最后一句"从今若许闲乘月，拄杖无时夜叩门"都表现了诗人对这里的留念，还想再次来这里。

师：还想来做客，还想来游玩。

生5：我觉得不仅如此，结构上也是相同的。第一句都是写朋友邀请到家里吃饭，第二句都是写的农村的风景，第三句都介绍了农村的生活简朴，第四句都是讲的下次还想来。

师：这位同学发现了规律性的东西了，他的发现非常有助于我们背诵。老师要表扬他。

生6：我认为这两首诗的相同之处就在于都是描述作者在他乡做客，而且在诗中还洋溢着对田园的喜爱之情，这两首诗都有作者的所看以及所想。

师：同学们多角度地肯定了这两首诗的相同之处。现在我就给同学们讲述一点小知识。同学们说的第一句、第二句，其实律诗是很有讲究的。人们就把一个人比作一首诗，用人的从头到脚的部位来比喻诗的各句的部位。律诗的第一句叫"首联"，像头一样；第二句叫"颔联"，像人的下巴一样；第三句叫"颈联"；第四句叫"尾联"。根据这位同学和大家的发言怎么样背诵这两首诗呢？你看规律，首联都写事件，邀我做客，颔联都是写旅途所见，颈联都是写农家做客，尾联都是表达愿望。这样一个规律找到了，就好背了。好，开始背起来，大声地背读。

生：（自由背读，气氛热烈）

师：现在个人背。（学生纷纷背读）

师：试背第二首，注意脑袋里有一个框框：事件—旅途—经历—愿望。好，现在开始背。

生：齐背《游山西村》。

师：好。基本上背下来了。

35 预做铺垫 顺利推进

教学铺垫，是为了顺利进行目标教学而进行的引入知识、简介背景、预读课文、调动情绪等等降低坡度、由易及难、由远及近、渐渐引入的敷设工作。这是每一位语文教师都会做的事。

铺垫可以用于课文整体的阅读教学，也可以用于课文局部的阅读教学，特别需要用于课文难点的教学。它更多地用于文学作品和文言诗文的教学。

下面从表达目的的角度，介绍几种铺垫的手法。

1. 氛围式铺垫。如《珍珠鸟》：

（开讲以后）师：请同学们说说文中的小小珍珠鸟是一只怎样的小鸟。同学们七嘴八舌地说：一只神气十足的小鸟，一只肯靠近我的小鸟，一只乖巧的小鸟，一只可爱的小鸟，一只听话的小鸟，一只贪玩而又听话的小鸟，一只对人很信任的小鸟，一只很稚嫩的小鸟，一只很懂事的小鸟……

师：这样一只活泼可爱的小鸟，栩栩如生地出现在我们面前，让我们来感受它吧。

此种铺垫的目的是为了酝酿课文学习的氛围，表现教学的情感倾向，调动学生的有意注意。它的表现形式多样，有时候也可运用适当的音像手段。

2. 释难式铺垫。如《茅屋为秋风所破歌》：

师：今天学习杜甫的《茅屋为秋风所破歌》。学习这首诗，先要了解这样两个方面的内容。（课件展示）

（1）丧乱：指安史之乱。安史之乱是发生在公元755年至公元763年唐朝割据势力对中央集权的叛乱，它给人民带来了深重的灾难，是唐王朝从盛至衰的转折点。

（2）茅屋：就是"草堂"。是当年杜甫在亲朋的帮助下花了一两年时间在成都西郊浣花溪畔建起的一座茅屋。

这种铺垫带有很强的知识性，是为化解课文中难以理解的内容而铺设的。它有时与下面的背景式铺垫合二为一。

3. 背景式铺垫。如《纸船》的"课中插页之一"：

冰心生于1900年，1999年去世。她的诗以抒写纯真的童心和圣洁的母爱为主。在许多文史家的眼中，冰心是中国20世纪童心、母爱和良知的化身。

1923年，23岁的冰心从上海乘船赴美留学。在远离故乡、远离母亲的茫茫海上，冰心写下了这首思念母亲的《纸船》。

冰心诗文的魅力，是那娓娓道来的温婉的调子，是水一样的柔情，是金子般的童心。《纸船》就是这样韵味悠长的抒情诗。

师：这段话让我们明白，这首诗是作者离家的时候写的，是一首年轻的女孩遥思母亲的诗，又让我们了解了冰心在中国文学史上的地位：在许多文史家的眼中，她是中国20世纪童心、母爱和良知的化身。

此种铺垫出现的频率很高，其目的是介绍与作家作品有关的背景知识，拉近作品与学生的距离。在教学名著节选的时候，有时还需要进行多重铺垫。

如果更加艺术一点的话，这种铺垫可以运用"侧面引入"的手法。如《小石潭记》：

让我们来回忆一首诗——《江雪》："千山鸟飞绝，万径人踪灭。

孤舟蓑笠翁，独钓寒江雪。"这首诗里面有两个重要的字眼："孤"和"独"。"孤舟蓑笠翁，独钓寒江雪"，在一个非常寥廓的、非常冷清的、非常孤寂的背景下，有一个人在那儿"钓寒江雪"，这个人就是柳宗元。柳宗元写《江雪》和《小石潭记》，是在同一个地方，因此，《小石潭记》是一个失意的文人写的。这个文人是被贬官了，贬到一个很荒僻的地方了。因此，读他的文章，读《小石潭记》，就还要读出他游览景物的心情。

4. 设例式铺垫。如《雪》：

师：请同学们听老师吟诵下面的短诗：

雪是洁白的

它悄无声息地一路走来

当大地歌吟它的壮美

当田野感谢它的滋润

雪

只有洁白的沉默

师：请同学们再听一遍，说说你感受到了什么。

（同学们发言）

师：同学们所表达的内容，就是对作品的感受。

什么是作品感受呢？

作品感受，就是对文章的不同角度、不同深度的阅读感受。

如：感受作品中的生活，感受作品中的故事，感受作品中的人物，感受作品中的形象，感受作品中的语言，感受作品中的情感，感受作品中的情趣，感受作品中的哲理，感受作品中的人生经验……

今天这节课的学习任务就是：对鲁迅先生的《雪》进行作品感受。

这种铺垫的目的或者是演示学习方法，或者是点示学习角度，它往往用短小精致的例子，简洁迅速地将学生引向作品，引向作品的学习活动，从而顺利地推动作品的教学。

这种铺垫有时也可以做得更加艺术化一点。如《假如生活欺骗了你》教学片段：

（简介课文与作者之后）

师：《假如生活欺骗了你》是什么样的小诗呢？让我们听听几位成年人对往事的回忆吧：

十四岁那年我读到了《假如生活欺骗了你》，第一次读这首诗时我就知道，我不会忘了这首诗，它将成为我生活的一部分。

我十七岁时最喜欢的普希金诗句是："假如生活欺骗了你，不要悲伤，不要心急！"

这首诗，已陪我度过许多难过的时刻，我喜欢这首诗，它让我体会到许多人生的哲理。

这是第一首吸引我的诗，初中时读到的，很感动。……我算是跟这首诗一起长大的吧。

在课文开讲之后，教师没有急着把学生引进课文，而是宕开一笔，插进一些人家的"读后感"。这个美妙的细节能够立即调整学生的注意力，激发他们的学习欲望；更为巧妙的是它酝酿了课堂教学气氛，并为学生下一步的品析性发言预设了范例。

以读带析
一石双鸟

说到"以读带析",要注意与"边读边析"区别开来。"边读边析"一般指边阅读课文边分析课文,而"以读带析"则有特定的含义:1. 这里的"读"指的是"朗读";2. 这里的"析"是要用"朗读"来表现的;3. "读"与"析"的活动是由学生进行的。所谓"带",含有"顺带"的意思,"以读带析"说的是:以朗读带分析,在朗读的过程中顺带完成一定的分析任务。

如课文《夸父逐日》的朗读:

夸父与日逐走,入日;渴,欲得饮,饮于河、渭;河、渭不足,北饮大泽。未至,道渴而死。弃其杖,化为邓林。

师:请同学们朗读课文,要求用朗读停顿表现出你读懂了课文的层次。

这里的要求不是一般的朗读要求,"用朗读停顿表现出你读懂了课文的层次"是既有朗读的要求——停顿,又有分析的要求——层次,用朗读停顿标示分析的结果,这就是"以读带析"。

所以,在"以读带析"的学习过程中,学生面对的是双重的学习任务,这就是所谓的"一石双鸟"。

"以读带析"的教学优势表现在:学生需要自己去朗读,去感知,去体悟，去分析，去概括，去揣摩，方能顺利地完成学习任务，这就是实实在在的训练学生能力的语文实践活动。

如《散步》的教学中，有这样一个环节：

师：建议同学们这样朗读课文：读好文中的波澜，好像你一个人在扮演故事中的几个角色一样。文中的"波澜"在哪里呢？老师不知道，但你们一定知道。你们怎么会知道呢？分析文中与"波澜"有关的词句就知道了。

要求学生读好"文中的波澜"，这就是要求学生自己分析、品味课文内容并选定朗读的内容，学生选定的内容是写"后来发生了分歧"的第6、7两段，然后自由朗读，用自己的语音语调表现着"波澜"中不同的人物。

这样的教学设计，优点太多了：教材处理比较轻松，切入教学内容的过程十分快捷，学生的思维活动非常活跃；而且，不知省去了教师在课堂上的多少话语。

设计并组织语文课堂上的"以读带讲"活动，对教师品析理解课文的能力提出了一定的要求。可以说，教师如果对课文只是浅尝辄止的理解分析，是不可能设计出这样的教学活动的。

如下面《纪念白求恩》的教学片段就能说明这个问题：

师：下面来看第3段，大家思索一下怎样读出层次来。（有同学在思索，有同学在小声议论）

好，试一试。女生读第一个层次，男生读第二个层次。

女生：白求恩同志是个医生，他以医疗为职业，对技术精益求精；在整个八路军医务系统中，他的医术是很高明的。

男生：这对于一班见异思迁的人，对于一班鄙薄技术工作以为不足道、以为无出路的人，也是一个极好的教训。

师：第4段，请一个同学起来读第一个层次，然后大家一起来读第二个层次。

生1：我和白求恩同志只见过一面。后来他给我来过很多信。可是因为忙，仅回过他一封信，还不知他收到没有。对于他的死，我是很悲痛的。

齐读：现在大家纪念他，可见他的精神感人之深。我们大家要学习他毫无自私自利之心的精神。从这点出发，就可以变为大有利于人民的人。一个人能力有大小，但只要有这点精神，就是一个高尚的人，一个纯粹的人，一个有道德的人，一个脱离了低级趣味的人，一个有益于人民的人。

师：通过朗读这个步骤，初步了解了文章的写法——叙议结合。叙是基础，再通过议来表现作者的情感和观点。下面我们就来概括各段的主要意思，通过概括，对课文的内容加以浓缩，吸收其精华。

设计并组织语文课堂上的"以读带讲"活动，对教师品味欣赏课文的能力提出了很高的要求。因为有的活动并不只是限于"读出层次"来，而是有更高的朗读、品析的学习要求。

如《白杨礼赞》教学片段的设计：

师：请同学们朗读下面一段文字：

那是力争上游的一种树，笔直的干，笔直的枝。它的干通常是丈把高，像加过人工似的，一丈以内绝无旁枝。它所有的丫枝一律向上，而且紧紧靠拢，也像加过人工似的，成为一束，绝不旁逸斜出。它的宽大的叶子也是片片向上，几乎没有斜生的，更不用说倒垂了。它的皮光滑而有银色的晕圈，微微泛出淡青色。这是虽在北方风雪的压迫下却保持着倔强挺立的一种树。哪怕只有碗那样粗细，它却努力向上发展，高到丈许，两丈，参天耸立，不折不挠，对抗着西北风。

1. 师：请同学们在"悟"的基础之上读出课文的层次。女同学读第一个层次，男同学读第二个层次。

2. 师：这段文字的第一个层次主要在句子的限制语上表达作者的赞美之情，试将它们读出重音。

3. 师：这段文字的第二个层次主要在句子成分的增加上表达作者的赞美之情，试将它们读出激情。

4. 师：这段文字有几个词写出了白杨树的形象与性格，试将它们读出来。

5. 同学们自由朗读课文，体味以上学习内容对自己的朗读有怎样的帮助。

生动演读
激动心灵

演读，就是表演式地朗读，就是角色朗诵，就是类似于艺术家们所表演的诗朗诵或者文艺节目中的散文、诗歌朗诵。

语文课堂上的演读，是朗读训练的最高层次，是具有艺术美的朗读。

语文课堂上的演读，大多数是集体活动，是比较公平的同学们都可以参与的语文实践活动。

语文课堂上的演读，是一种文艺性的文学活动，它有优美的文学氛围，每一位参与者都有身处其中的角色感。

语文课堂上的演读，是让所有参与者都有成功感的吟诵活动，每一个人都力求读出轻重、读出起伏、读出缓急、读出真情、读出韵味。

语文课堂上的演读，有时候就是教学中的"高潮"，气氛热烈，形式高雅，有声有色，能够激动心灵，让同学们充分享受审美的愉悦。

语文课堂上的演读，讲究"蓝本"的策划，讲究角色的分配，讲究内容的编排，能够提升学生的素质，培养学生的气质。

演读的方式，主要是领读、齐读。

课堂演读，需要精心设计好的"蓝本"。"蓝本"的设计，主要在于角色的分配，既要考虑到能恰切地表现文本的内容，又要考虑到角色活动

的匀称性。如普希金《假如生活欺骗了你》的演读"蓝本":

朗读基调设计:男声深沉,女声亮丽。

情感基调设计:男生读出平稳、深沉的语气,女生读出乐观亮丽的语气。

假如生活欺骗了你

男合(舒缓地):假如生活欺骗了你,

女合(亮丽地):不要悲伤,不要心急!

男合(沉稳地):忧郁的日子里需要镇静:

男女合(乐观地):相信吧,快乐的日子将会来临。

男合(平稳深沉地):心儿永远向往着未来;

　　　　　　　　现在却常是忧郁。

女合(响亮亲切地):一切都是瞬息,

　　　　　　　　一切都将会过去;

男女合(乐观稳重地):而那过去了的,

　　　　　　　　　就会成为亲切的怀恋。

课堂演读的"蓝本",有时应该是对课文进行过再加工的。这种加工,可以由教师进行,更多的时候是设计一个课堂活动环节,由学生来进行集体创作或者个人创作,以使教学过程更加深入文本,以使学生的活动更加充分。下面就是一份经过再加工的朗读材料。它的加工方式是"浓缩",当然,也还可以运用更加别出心裁的加工方法。

《安塞腰鼓》朗诵材料:

男领:看!——

女领:黄土高原上,爆出一场多么壮阔、多么豪放、多么火烈的舞蹈哇!

众合:好一个安塞腰鼓!

男女领:百十个斜背响鼓的后生,如百十块被强震不断击起的石头,狂舞在你的面前。

男合:骤雨一样,是急促的鼓点;

女合：旋风一样，是飞扬的流苏；

男合：乱蛙一样，是蹦跳的脚步；

女合：火花一样，是闪射的瞳仁；

众合：斗虎一样，是强健的风姿。

男领：百十个腰鼓发出的沉重响声，碰撞在四野长着酸枣树的山崖上，

众合：只听见隆隆，隆隆，隆隆。

女领：百十个腰鼓发出的沉重响声，碰撞在遗落了一切冗杂的观众的心上，

众合：也是隆隆，隆隆，隆隆。

女合：每一个舞姿都充满了力量。每一个舞姿都呼呼作响。

男合：每一个舞姿都是光和影的匆匆变幻。每一个舞姿都使人战栗在浓烈的艺术享受中，使人叹为观止。

众合：好一个安塞腰鼓！

男女领：容不得束缚，容不得羁绊，容不得闭塞。是挣脱了、冲破了、撞开了的那么一股劲！

众合：它使你从来没有如此鲜明地感受到生命的存在、活跃和强盛。那消化着红豆角角老南瓜的躯体，居然可以释放出那么奇伟磅礴的能量！

男女领：好一个黄土高原！

众四步轮读：好一个安塞腰鼓！好一个安塞腰鼓！好一个安塞腰鼓！好一个安塞腰鼓！

有时候，不仅仅要设计学生的演读活动，还应将教师的活动也设计进去。这种活动设计的意义在于，师生共享朗读教学的资源，师生都有高度的注意，师生共同演奏这和谐的教学乐章。

如《沁园春·雪》的演读编排：

沁园春·雪（1936年2月）

毛泽东

老师：北国风光，

千里冰封，

万里雪飘。

男合：望长城内外，
　　　惟余莽莽；
女合：大河上下，
　　　顿失滔滔。
众合：山舞银蛇，
　　　原驰蜡象，
　　　欲与天公试比高。
老师：须晴日，
　　　看红装素裹，
　　　分外妖娆。
众合：江山如此多娇，
　　　引无数英雄竞折腰。
男合：惜秦皇汉武，
　　　略输文采；
女合：唐宗宋祖，
　　　稍逊风骚。
众合：一代天骄，
　　　成吉思汗，
　　　只识弯弓射大雕。
老师：俱往矣，
　　　数风流人物，
众合：还看今朝。

课堂演读，很少用在课文教学的起始阶段，较多地运用在课堂教学的"中部"，有时也安排在课堂教学的收束之处，课文教学在美好的朗读之中戛然而止，留给师生以无尽的意味。

如《雪》的片段朗读，用于课文教学的收束，读完即下课：

师：但是，朔方的雪花在纷飞之后，却永远如粉，如沙，
合：他们决不粘连，撒在屋上，地上，枯草上，就是这样。
女：屋上的雪是早已就有消化了的，因为屋里居人的火的温热。

师：别的，在晴天之下，旋风忽来，便蓬勃地奋飞，在日光中灿灿地生光，

男：如包藏火焰的大雾，旋转而且升腾，

合：弥漫太空，使太空旋转而且升腾地闪烁。

（停两拍）

师：在无边的旷野上，在凛冽的天宇下，闪闪地旋转升腾着的是雨的精魂……

女：是的，那是孤独的雪，是死掉的雨，是雨的精魂。

男：是的，那是孤独的雪，是死掉的雨，是雨的精魂。

合：是的，那是孤独的雪，是死掉的雨，是雨的精魂。

课堂演读，其教学材料是有选择性的。有的材料只适合于"独诵"，如《再别康桥》，就不宜设计上述的演读形式。

38 顺势引申 丰满内容

请欣赏王君老师《岳阳楼记》的教学片段：

我们的朗读课，是在20个与"先天下之忧而忧，后天下之乐而乐"的主题相似的名句朗诵中结束的。我领诵，孩子们齐诵。从孟子的"乐以天下，忧以天下"到文天祥的"人生自古谁无死，留取丹心照汗青"，从谭嗣同的"我自横刀向天笑，去留肝胆两昆仑"到鲁迅的"寄意寒星荃不察，我以我血荐轩辕"，我们感动成山，我们激动成河。

第20句，最后一句了。

我高声领诵："毛泽东说——"

孩子们情在弦上，蓄势而发：

"为有牺牲多壮志，敢教日月换新天！"

"天"字落地，我没有给孩子们休息的机会，我紧接着高声诵道：

"我们说——"

孩子们愣了片刻，因为这是朗诵材料上面没有的。

我一字一顿："孩子们，认真想想吧……"

每一双眼睛都像要喷火，每一个孩子的表情都无比庄重。

…… ……

（摘自《中学语文》2005年第9期第22页）

引用这个例子，是为了说明，语文课堂上的朗读，有时候是可以由课文材料引申开来的。

由一篇课文引申出一类课文。可以从主题、体裁、内容、有关资料等不同角度引申，展示教师深厚的文化积淀，充分利用教学资源，丰富教学内容，激发学生的兴趣，拓宽学生的视野，增加学生的积累。

这种引申，其实是一种理性的教学设计，是从"实""活""美"的角度精心设计的教学内容与教学流程。

因此，"顺势引申"，就成了朗读教学设计的又一种设计手法，又一种设计技巧。课文材料和引申出来的朗读材料结合在一起，形成课堂上一条优美动人、内容丰满的"朗读链"。

如笔者的《白雪歌送武判官归京》诵读欣赏课的设计：

教学创意：以"边塞诗联读"的方式组织"顺势引申"式课堂朗读活动，让学生在朗读中感受：边塞诗是盛唐时代写边塞、从军、守边、战斗的诗歌，著名的边塞诗人有高适、岑参、王昌龄等。边塞诗表现着慷慨报国的英雄气概和建功立业的豪情，描述了边塞雄奇瑰丽的奇异景色，气势雄伟，意境开阔，情调激越，音韵铿锵，表现出动人心魄的阳刚之美。

主要教学流程：

朗读王之涣的《凉州词》：

黄河远上白云间，一片孤城万仞山。

羌笛何须怨杨柳，春风不度玉门关。

感受景物的荒寒，读出遥远苍凉的意味。

朗读王维的《使至塞上》：

单车欲问边，属国过居延。

征蓬出汉塞，归雁入胡天。

大漠孤烟直，长河落日圆。

萧关逢候骑，都护在燕然。

感受风光的奇丽，读出辽阔雄浑的韵味。

朗读王翰的《凉州词》：

葡萄美酒夜光杯，欲饮琵琶马上催。

醉卧沙场君莫笑，古来征战几人回。

感受沙场的豪壮，读出奔放的情感。

朗读王昌龄的《出塞》：

秦时明月汉时关，万里长征人未还。

但使龙城飞将在，不教胡马度阴山。

感受征战的悲壮，读出豪壮的情感。

朗读李贺的《雁门太守行》：

黑云压城城欲摧，甲光向日金鳞开。

角声满天秋色里，塞上燕脂凝夜紫。

半卷红旗临易水，霜重鼓寒声不起。

报君黄金台上意，提携玉龙为君死。

感受拼杀的惨烈，读出悲壮的情感。

最后，朗读课文《白雪歌送武判官归京》，感受战友的情怀，读出依依惜别的情感。

这样的朗读活动，书声琅琅，意境高远，气势雄浑，多角度、多方位地表现了边塞诗的艺术特色，俨然一部微型"史诗"，震撼着学生的心灵。

又如笔者的《山居秋暝》吟诵、欣赏课的朗读内容设计，在选材的形式上有所变化：

师：《山居秋暝》这首诗，闲适潇洒，表现出作者一种满足的感觉，应该读得舒缓一点。

师：这首诗的格调是轻松的，意境是宁静的，朗读时要读出一种清亮的味道。

师：读这首诗，还要表现出一种对山居生活十分陶醉的情怀。

同学们吟诵课文：

王维

空山新雨后，天气晚来秋。

明月松间照，清泉石上流。

竹喧归浣女，莲动下渔舟。

> 随意春芳歇，王孙自可留。

师：请同学们朗读《山居秋暝》的译诗。读译诗能够让我们从另一角度来理解原诗的内容。请大家对照讲义，进入诗中所描绘的意境，自由地轻声地朗读。

> 新雨过后山谷里空旷清新，
> 深秋傍晚的天气特别凉爽。
> 明月映照在幽静的松林间，
> 清清的泉水在碧石上流淌。
> 竹林中少女喧笑洗衣归来，
> 莲叶晃动处渔船轻轻摇荡。
> 春天的美景虽然已经消歇，
> 眼前的秋景多么令人神往。

师：有一种改写唐诗的手法叫"唐诗素描"，就是把诗改写成散文的形式，加以想象，融进改写者自己的感情。这是更巧妙地领会诗的意境的方法，读起来，你会觉得心旷神怡。请同学们轻声朗读、体会下面的文字。然后我们再进行角色演读。

男：雨说停就停了，山庄被冲洗得清清爽爽。袅袅娜娜的炊烟似山间寺院晚钟的声音，在秋天微凉的空气中缓缓游动。

女：月亮不知什么时候挂上了树枝。晶莹的光辉，在松针的锋芒下，碎得满地都是。清亮的细流潺潺地淌过石头，隐隐地流向远方。

男：溪边，竹林摇响着喧笑，月光下，长发飘扬的少女提着浣衣的竹篮，走进了各自的柴门。今夜，又有人会被梦中的王子拥进新房！

女：一阵渔歌牵动了莲荷；水波荡漾中，收网的汉子们驾着满仓的收成穿过夜色，沿流而返。他们知道，无论何时踏进家门，家里总会亮着温暖的灯。

合：时光如水，春芳消歇；宁静与闲适，让人真的好想做一个隐者，把这份淡泊，这份淳美，这份幽静而缥缈的景致，留在生命的深处。

这样的朗读活动，美感洋溢，韵味丰足，像一部抒情诗，像一部交响乐，滋润着学生的心灵。

39 读品结合 读说交替

有读有说的教学活动在语文课堂上多得是。

朗读与品评结合在一起的活动也不少,如我们常常让学生听听其他同学的朗读,然后进行评说、进行指正,然后再朗读。

本文所说的读品结合,是比较生动的教学形式,指的是将课文朗读与课文欣赏结合起来的教学方式。

如,先好好朗读课文,再共同品析课文;

又如,多次朗读课文,每次朗读之后都有"品评"。

这是一种将教学活动深深引入课文文本的教学手法。

这是一种变换、调整朗读教学节奏的教学手法。

这是一种从不同的角度培养训练学生语文能力的教学手法。

这是一种要求较高的、读说交替的课堂学习活动。

这种艺术的教学手法可以用于短小精致的文学作品,也可以用于课文的精段阅读。

如下面的微型设计:

在语言品析阶段,师生一起读、评《散步》的开头:

我们在田野散步:我,我的母亲,我的妻子和儿子。

读品结合，读说交替

读：用叙述的平静的语气朗读。
评：这是开门见山的开头。
这是倒叙的写法。
作者用简洁的语言展现了一个生活的画面。
读：用有情致的语气朗读。
评："散步"二字紧紧扣题。
全句点明了故事发生的地点、人物。
全句不用"三代人散步"而用现在的写法，表现出了浓浓的亲情。
读：朗读时可稍稍突出"我"字的重音。
评："我"这个字摆的地方很重要，暗示出一种责任感。
多次出现"我"，不觉得烦琐，倒是觉得有节奏感。
这个句子的句式很美，读起来给人富有诗意的感觉。
这样写很庄重，表现出"散步"在"我"心中是一件很重要的事情。
……………

这样的朗读与评说，有非常浓郁的语文气息；这样的课堂活动，往往会出现让人意想不到的"生成"，所以它对语文教师的课堂对话能力提出了较高的要求。说到底，教师在这样的活动中如果不能很顺畅地与学生对话，不能很准确很快速地应对学生的发言或者说评点学生的发言，问题还是出现在对教材的研读上。

所以，教师如果设计"读品结合"的课中活动，一定要在"评"字上多下一点功夫。

笔者的教例中，有让自己比较满意的一次"读品结合"的活动，即《狼》的三读三评。现浓缩介绍如下：

师：好，下面咱们再读，这次读，要读很长的时间，要读得你知道这篇文章是怎么样写的、文章的脉络是什么。下面开始第一轮的读，读法是全班齐读。

师：注意这样读：读完第一段之后，请一位同学为我们读教材的编者写的"评点"，然后再读第二段，再读"评点"，这样读下去。

生齐读：一屠晚归……缀行甚远。

生：写屠户遇狼，点明时间、地点和矛盾的双方。这是故事的开端。

生齐读：屠惧……并驱如故。

生：写屠户惧狼，表现屠户的迁就退让和狼的凶恶贪婪。这是故事的发展。

生齐读：屠大窘……眈眈相向。

生：写屠户御狼，表现屠户的果断抉择和狼的不甘罢休。这是故事的进一步发展。

生齐读：少时……盖以诱敌。

生：写屠户杀狼，表现屠户的勇敢警觉和狼的狡诈阴险。这是故事的高潮和结局。以上是第一部分，是故事本身。

生齐读：狼亦黠矣……止增笑耳。

生：作者发表评论，点明故事的主题。此为第二部分。

师：好，刚刚那位同学读了课文的"评点"。我在第1段的"评点"里面圈上了四个字：前两个字是"遇狼"，然后我又圈"开端"。你们迅速地往下看，你们应该圈什么？

生：应该是"御狼"和"故事的发展"。

师：挺好的，接着来。

生：第三个是屠户杀狼和故事的高潮和结局。

生：第四个是"发表评论"和"故事的主题"。

师：两个字。

生：评论，主题。

师：你们看，故事的脉络就出来了。但是，我们的学习不能就此而满足。我觉得，还可以从另外一个角度来说一遍；不从屠户的角度来讲，要从"狼"的角度来进行分析。

师：下面再来朗读一遍。哪位同学起来读自己的评点，要从狼的角度来。

生齐读：（读第1段）一屠晚归……

生：写两狼缀行。

师：好，继续。

生齐读：（读第2段）屠惧……

生：写两狼贪婪凶恶。

师：两狼紧追。好，第3段——

生齐读：（读第3段）屠大窘……

生：这一段写两狼逼人。

生齐读：少时……

生：这一段写两狼被杀。

师：好，坐下。这个任务很艰难，你们终于完成了。下面你们就轻松了。你们朗读，我来评。好不好？你们要读出情境来。"一屠晚归"，读——

生读：一屠晚归……

师：文章开门见山，写一人遇两狼，揭示险恶的情境，扣人心弦。

生读：屠惧……

师：投骨而不止狼，使人觉得屠户面临巨大的危险，后狼止而前狼又至，表现屠户随时有受到攻击的可能。

生：屠大窘……

师：屠户在情急之中占据有利的地形，准备与狼搏斗，人、狼形成紧张的对峙局面，情势难以预料。

生：少时……

师：狼一走一留。一狼洞其中，将危险性渲染到了极点。但是，人终于战胜了狼，化险为夷。

生：狼亦黠矣……止增笑耳。

师：这一段，读到这里来了，我问大家，这一段的表达方式是什么？一起说。

生：议论。

师：你看，叙议结合。

师：这是文章的一个妙笔。光写故事不写寓意的话，这个故事没有深度。没有记叙，这样的议论就没有基础。

在这个环节之后，是细腻的语言品析活动。有了这里的铺垫，语言品析活动将会更加顺利、更加活跃。

40 角度奇妙 兴味盎然

朗读教学设计,要想达到精彩的境界,必须讲究"角度"两个字。

一般的朗读教学要求,永远不会达到这样的境界。

怎样理解"角度"两个字,比较一下就知道了。

下面是《珍珠鸟》中描写小小珍珠鸟的片段:

它小,就能轻易地由疏格的笼子钻出身。瞧,多么像它的父母:红嘴红脚,灰蓝色的毛,只是后背还没生出珍珠似的圆圆的白点;它好肥,整个身子好像一个蓬松的球儿。

对这一段,一般的朗读要求是:请同学们自由地、有感情地朗读起来。

角度精细的朗读要求是:请同学们读出小鸟的稚嫩可爱,特别注意读出"它好肥"的味道。

角度不同,"味道"就不同。第二种朗读要求就那样轻轻地点示了一下,带来的却是一种全新的境界。

许多年前在武汉讲《狼》,在"武汉"这个特殊背景之下,笔者用"湖北评书"的方式有板有眼地给学生"讲"了"狼"的故事。提起此事,至今还有同仁大加赞许。

讲《纸船》,笔者请同学们读出温婉的语调,读出水一般的柔情,读出金子般的童心。这不仅暗合了冰心文学作品的表达风格，而且也让同学们的朗读表现出诗一样的美丽。

教学《假如生活欺骗了你》，安排了"用内心独白的方式来吟诵这首诗"的环节，全班同学朗读此诗的细微的沙沙声聚合在一起，像轻涛拂过，震撼着大家的心灵。

《夸父逐日》，一篇不到40字的课文，笔者竟然要求学生"读出波澜"。这四个字，真的将学生深深带入了课文；朗读起来，还真有故事的味道。

教学《沁园春·雪》，第一环节的朗读教学中使用了一种前所未有的朗读"指令"：吐字要有力度。此"令"一出，学生的朗读顿时昂扬了起来。

这些，都是"角度"的力量，都是"角度"的魅力。

寻求朗读教学的精细的角度，主要靠教师对教材的反复钻研、反复吟诵、反复体味，还要加上反复揣摩，然后设计出比较到位的教学方案。不仅如此，教师还应当能够指导朗读，能够进行有质量的范读。以此来看，朗读教学其实对语文教师的教学水平和个人素质提出了极高的要求。

因此，朗读教学设计要达到"角度奇妙"的境界，要让学生读得"兴味盎然"，教师在教材的研读品析上必须花费大的气力。

"角度"这东西，不经过"山重水复"的跋涉，是看不到它的；不达到"千呼万唤"的地步，它是不出来的。

教学《马说》，笔者研读教材不下几十遍，听读、吟读教材不下几十遍，终于发现了此课朗读教学的线索：语气。

"语气"一词"一线串珠"，精细地解决了《马说》的朗读问题：

师：《马说》表现的是深沉的感叹。你们看作者笔下的马，它的遭遇是不幸的，因此我们要将对千里马的那种同情读出来。那么如何读出那种情感呢？抓住两个字："语气"。

我们第一步学习用句子内部的停顿来表达语气。拿起笔，听老师读，做上记号。

（老师范读课文）

师：体会到老师读的句中停顿没有？

生：体会到了。

师：现在就来试一下。

（学生齐读）

师：第二步学习通过句中关键的词语来表达语气。老师给大家点一下，《马说》里有一个很关键的词语，叫作"不"。你们数一下有多少个？

生：（学生数后）11个。

师：朗读《马说》，就要把这11个"不"字读好，它表现了作者的不平，表现了千里马的遭遇，表现了作者的愤慨。下面就在掌握停顿的基础上，通过读好课文中的关键词语来表达文章的语气。

（学生朗读）

师：读得好！那么第三步咱们学习什么呢？通过句末的叹词——三个"也"字来体会文章的语气。听老师读。

（老师示范朗读"祗辱于奴隶人之手……不以千里称也"这一部分）

师：这里要读出惋惜的意味。

（老师示范朗读"且欲与常马等不可得，安求其能千里也"这一部分）

师：这个"也"表现出不平的语气。

（老师示范朗读"呜呼！其真无马邪？其真不知马也！"）

师：这个"也"字，要读出愤慨的语气。

（学生按要求朗读）

师：下面继续学习。这一次学习，要学会表现精段里的语气。第3段写得非常好，它里面包含了多种语气。"策之……""食之……""鸣之……"，这里是排比的语气；"执策而临之，曰：天下无马！"这是对食马者嘴脸的勾画，朗读时要很好地表现食马者"天下无马"的轻蔑语气，然后停顿一下，表达作者的愤慨："其真不知马也！"好像是数着读出来的，一个字一个字地读。听老师读一下。

（老师示读第3段）

师：大家来学一遍。

（学生模仿老师朗读第3段）

师：为了把这一段读好，我还要问一下，食马者是一副什么样的嘴脸？这么好的马就在面前，他为何还说"天下无马"？你们能不能用你们自己的体会来模仿一下"天下无马"这几个字的语调呢？或者是低沉的，或者是高昂的，总之，是瞧不起马、鄙视马的语气。它可以有很多种不同的表现方式，有没有同学来试一下？

……　……

41 积累字词 夯实基础

中学语文阶段的字词积累教学是读写教学中非常重要的内容之一。字词教学，重在理解、运用和积累，就学生而言，是知识的积累、语言的积累、基础的积累。因此，落实字词，积累字词，夯实学生特别是义务教育阶段学生的语文基础，有着非同寻常的意义。

字词积累教学是依托课文进行的基础知识教学。教师对教材的分析与研读，直接关系到教学内容的筛选与整合。所以，即使是大家认为十分基础的字词教学，也对教师研读文本的水平提出了很高的要求。

如对《大自然的语言》的字词梳理：

1. 常用词语：

次第　孕育　呈现　农谚　推移　灵敏　观测　来临　悬殊　短促　采集

2. 成语和四字词语：

冰雪融化　草木萌发　翩然归来　北雁南飞　田间草际　销声匿迹　衰草连天　风雪载途　年年如是　周而复始　草木荣枯　候鸟去来　花香鸟语　草长莺飞

3. 近义词组：

孕育—养育　应用—利用　差异—差别　损害—侵害　损害—损失
暖和—温和　丰产—丰收　播种—耕种　气候—气象　植物—作物
季节—时节　区域—区划　农时—农事

4. 与气候有关的词语：

立春　温带　亚热带区域　候鸟　农事　物候　农谚　物候学　观测
气温　湿度　纬度　大陆性气候　经度　内陆　沿海　谷雨　立夏
抽青　乔木　逆温层　丘陵　生物学　生态学　气象学

这种梳理整合，要花费一定的时间与精力。但它角度丰富，内容周全，为课文字词教学准备了用一般浏览的方法难以得到的教学资源，可供教师相机选用。

又如对《珍珠鸟》中一组近义词的发现：闪动、惊动、活动、摇动、跳动、颤动、扭动：

小鸟的影子就在这中间隐约闪动。

我呢？决不掀开叶片往里看，连添食加水时也不睁大好奇的眼去惊动它们。

起先，这小家伙只在笼子四周活动，随后就在屋里飞来飞去。

一会儿神气十足地站在书架上，啄着书背上那些大文豪的名字，一会儿把灯绳撞得来回摇动。

它就放开胆子跑到稿纸上，绕着我的笔尖蹦来蹦去；跳动的小红爪子在纸上发出"嚓嚓"响。

它完全放心了，索性用那涂了蜡似的、角质的小红嘴，"嗒嗒"啄着我颤动的笔尖。

天色入暮，它就在父母再三的呼唤声中，飞向笼子，扭动滚圆的身子，挤开那些绿叶钻进去。

这种梳理整合，达到了精妙的程度。这种资源有着重要的教学意义，它能让我们感受到什么是字词的运用、什么是对语言的锤炼。

字词积累教学讲究科学性，也讲究灵动有趣，教学方法不拘一格，以适用、实用为要。如笔者的几个教学片段：

《论求知》的字词积累教学，是作为读、写、背的教学任务来完

成的:

教学板块：读记雅词（10分钟）

落实字词，读写字词，听写下面的20个雅词：

消遣　装潢　运筹　偏执　愚鲁　羡慕　挑剔　吹嘘　炫耀　揣摩
梗概　蒸馏　博学　狡黠　掩饰　塑造　繁琐　敏捷　高谈阔论
自欺欺人

《神奇的极光》的字词积累教学，是作为一项技能训练来完成的：

师：咱们这节课主要的学习任务是筛选信息，刚才大家读的三个部分——古老的神话传说中的极光，科学研究状态下的极光，我们肉眼看到自然状态下的极光，这就是筛选。下面，我们再做一个训练，为后面的学习内容做好铺垫。

师：大家找一找，将课文中描写极光之美的四字词语找几个出来。

生1：多姿多彩、五彩缤纷、摇曳不定、变化万千、如烟似雾、时动时静。

生2：五光十色、千姿百态、形状各异、变幻莫测。

生3：翻手为云、覆手为雨、生花妙笔、众说纷纭、行云流水。

师：好啊。我来说几个。行云流水。"行云流水"，在另外一种语境下意思就不同，如文章写得流畅，可以说"行云流水"，语境不同，意思也就不同。变幻莫测。注意"幻"字的写法。叹为观止。这个词是表达赞美之意的。出神入化。"化"字的写法要注意，不要写成"画"。生花妙笔。它反过来也可以说"妙笔生花"。再一个是"众说纷纭"，还有"来龙去脉"，最后一个是"瞬息万变"，注意"瞬"字的写法。

《岳阳楼记》的词语教学，则是通过"迁移联想"之法来集聚"课文四字美词"的：

浩浩汤汤　横无际涯　朝晖夕阴　气象万千　淫雨霏霏　阴风怒号
浊浪排空　日星隐耀　山岳潜形　樯倾楫摧　薄暮冥冥　虎啸猿啼
春和景明　波澜不惊　上下天光　一碧万顷　沙鸥翔集　锦鳞游泳
岸芷汀兰　郁郁青青　长烟一空　皓月千里　浮光跃金　静影沉璧
重岩叠嶂　隐天蔽日　素湍绿潭　回清倒影　悬泉瀑布　飞漱其间

清荣峻茂	晴初霜旦	林寒涧肃	高猿长啸	空谷传响	两岸连山
风烟俱净	天山共色	从流飘荡	奇山异水	水皆缥碧	千丈见底
游鱼细石	急湍甚箭	猛浪若奔	夹岸高山	泉水激石	好鸟相鸣
横柯上蔽	疏条交映	高峰入云	清澈见底	两岸石壁	五色交辉
青林翠竹	四时俱备	晓雾将歇	猿鸟乱鸣	西日欲颓	月色入户
积水空明	藻荇交横	林壑优美	水声潺潺	峰回路转	野芳幽香
佳木繁荫	风霜高洁	溪深鱼肥	夕阳在山	人影散乱	树林阴翳
鸣声上下	芳草鲜美	落英缤纷	豁然开朗	土地平旷	屋舍俨然
良田美池	阡陌交通	鸡犬相闻	不蔓不枝	香远益清	亭亭净植

……………

有的课文的字词积累教学还可以另辟蹊径，采用更加生动有趣的方法，让学习的过程给学生带来乐趣、带来兴趣、带来雅趣。

42

智能练习
助学助读

课文阅读教学特别是文言文教学中,有时候是可以穿插"课堂智能练习"的。其目的在于对课文进行"助学助读"。

这种智能练习一般用于语言学习,或积累,或辨析,或运用;这样的活动能够将学生诗意地带进课文之中,能够充分利用课文文本的训练价值,能够体现教师注重语言教学的理念。

用于语言学习的课堂智能练习不同于一般的书面练习,不同于一般的检测性试题。它富于情感,用与学生对话的方式交流情感、点示方法;它更多地倾向于启迪学生的学习智慧,激发学生的学习兴趣;它艺术地留有教学空白,能将学生深深地引入课文。

如《狼》的课中练习,安排在对课文、对注释进行充分的朗读之后,由学生分小组"承包"完成。这份练习意在解决课文教学中字词理解的难点,同时帮助学生用最有实效的方式理解课文结构。

《狼》课堂智能作业

1. 请同学们进行联想,写出含"狼"的成语。
2. 下面的四组字词需要加深理解,请你试一试吧。

(1)标出拼音:窘(　) 倚(　) 瞑(　) 隧(　)

（2）指出含义：丘（　）　犬（　）　洞（　）　隧（　）

（3）区别词义：去（　）　股（　）　盖（　）　耳（　）

（4）解释意思：少时（　）　顷刻（　）　变诈（　）　几何（　）

3. 辨析下面多义词的意思，这个过程可以让你知道这也是一种学习方法。

（1）目似瞑意（　）暇甚 意（　）将隧入以攻其后

（2）恐前后受其敌（　）盖以诱敌（　）

4. 写出下面一句话的意思，说明它在文中的作用；于是你就了解了课文的结构特点。

狼亦黠矣，而顷刻两毙，禽兽之变诈几何哉？止增笑耳。

如《口技》课中练习，更加注重学习方法的点拨，更加注重练习内容的精致组合，语言表达更加富有情味。它作为一个"道具"，用于课文教学之中，时间总共大约15分钟左右，全体同学都动手，教学效果良好。

《口技》课堂智能作业

这是一份词语方面的"智能作业"。练习题中，有的是对课文预习的检查，有的需要在课文讲析过程中完成，有的则需要你去发现，去探求。不管它们的要求如何，它们的"结果"都是一个"板块"。因此，你将学会一种积累文言词语的方法——（　）法——它将激发你的兴趣，让你联想，让你搜寻，让你组合……

1. 指出用法特别的词的意思。

善（　）　宴（　）　乳（　）　一（　）　鸣（　）

2. 你一定能找出课文中表示时间的词语。

_____

3. 下面的词古今词义区别较大，试说说看。

但（　）　觉（　）　是（　）　毕（　）　目（　）　意（　）

少（　）　虽（　）　名（　）　色（　）　股（　）　走（　）

4. 解释词义之后，你认为题中的五个词属于：_____

妙：众妙（　）毕备　以为妙（　）绝

绝：以为妙绝（　）　群响毕绝（　）

指：手有百指（　）　不能指（　）其一端

坐：稍稍正坐（　）　满坐（　）宾客

起：大呼火起（　）　夫起（　）大呼

5. 瞧，课文中还可以找出不少的近义词呢。

群响毕绝——　　满座寂然——

变色离席——　　大啼——

一时齐发——　　中间……之声——

撒屏视之——　　惊觉欠伸——

又如《小石潭记》的课中练习，则更加体现出教学设计的智慧与教学设计的艺术性。其语言教学的内容是复合型、立体式的。除了课文本身的文言字词外，还有一组特别的近义词穿插进来；除了"读"的活动之外，还有"写"的活动，除了课文本身的内容以外，还有大家共同创造的优美的欣赏短文：

教学板块：趣味欣赏练习（约13分钟）

1. 教师提问，引出"清"字。

2. 请同学们说一说找到了哪些能够用来分析课文的以"清"字领起的词：

清新　清凉　清秀　清越　清澄　清脆　清亮　清澈　清幽　清冷

清寒　清寂　清净　清静　清朗　清冽　清凄　清丽　清湛　清纯

清晰　清楚（老师板书）

3. 同学们自由选用"清新""清凉""清秀"等形容词"写句"，以品析课文内容和作者的写作技巧。

4. 同学们发言、交流。

5. 教师归结，形成下面的欣赏短文。

《小石潭记》趣味欣赏

"闻水声，如鸣佩环"，水声叮咚，清越动人；

"下见小潭"，"尤"有清凉之感；

"青树翠蔓，蒙络摇缀，参差披拂"，景物多么清秀；

鱼儿"往来翕忽"，嬉戏在清澄的水中；

"影布石上"，可见潭水冰清玉洁，清澈透明；

小溪水声清脆，水色清亮，"明灭可见"，消失在远方；

"坐潭上，凄神寒骨"，不尽是寒气刺骨，还有坐在石上的清冷；

"其境过清"，环境是太清静了，太清幽了，这让作者更感到心境的清凄。

文章段落小巧，布局匀称，文面清丽；

多用四字短句，节奏和谐，读音清朗；

全文就像一幅青绿山水之画，画面清纯；

一处一景，一笔一景，有时甚至是一词一景，景物幽美清新；

有记事，有描写，有抒情，文笔精到，用语清雅，充满了诗情画意；

《小石潭记》秀美的文笔中，有多少美点尽收于我们的眼底！

这样的学习活动，有一点"妙手偶得"的味道，但一定是苦心经营的结果。它在教学设计中表现出来的艺术性，已经远远超越了"智能练习，助学助读"的高度。

43 词语品析
咀嚼回味

像下面这样的词句品析练习,教材里面有很多:

《山的那一边》练习二:联系上下文,品味下边诗句中加点的词语。

1. 我常伏在窗口痴想 (这个词在这里是什么意思?)
2. 山那边的山啊,铁青着脸 (这是写山的颜色吗?)
3. 当我爬上那一座座诱惑着我的山顶 ("山顶"的诱惑力在哪里?)
4. 一次次漫湿了我枯干的心灵 ("枯干"在这里是什么意思?)

《春》练习二:课文语言生动形象,富有表现力和感染力。仔细揣摩下列语句,回答括号中的问题。

1. 小草偷偷地从土里钻出来,嫩嫩的,绿绿的。(想象"小草偷偷地从土里钻出来"的情景,你能说出"偷偷地"和"钻"这些词语好在哪里吗?"嫩嫩的,绿绿的"本该用在"小草"前面,为什么放在句末?)

2. "吹面不寒杨柳风",不错的,像母亲的手抚摸着你。(春风"像母亲的手抚摸着你",这是什么感觉?春风除了像母亲的手,你觉得还像什么?)

在我们的课堂上,这样的练习从来都有矫健的身影。

词语品析,是指导学生理解、分析、品味、欣赏、运用字词的阅读教学过程，是永远不可忽视的学习语言的基本活动，是在特定的语境中进行的文本研读活动，是提高学生欣赏能力的语文味儿浓郁的学习活动；在任何课文的教学中，都要关注它的教学设计。

一般来说，字词品析内容的确定，主要有两种方法：一种是教师指定或者提出，一种是在一定的范围内由学生根据自己的理解自行选择。

如笔者在原人教版课标教材第一册第三单元复习课中组织的有关内容，对上述两个方面的内容都顾及到了：

活动三，品味一组奇字

在本单元中，学习内容之一就是要在大体把握文章大意的基础上，理解词语在上下文中的含义和作用。看看它们是怎样为作者表情达意服务的；揣摩精彩的词语、句子和段落。下面，我们就在"揣摩精彩的词语"上面下下功夫，看句中的动词分别写出了什么，它们为什么用得好。

①小草偷偷地从土里钻出来，嫩嫩的，绿绿的。
②花下成千成百的蜜蜂嗡嗡地闹着，大小的蝴蝶飞来飞去。
③人家屋顶上全笼着一层薄烟。
④树叶儿却绿得发亮，小草儿也青得逼你的眼。
⑤山尖全白了，给蓝天镶上一道银边。
⑥山坡上卧着些小村庄，小村庄的房顶上卧着点雪。
⑦月亮从那平静的大海里涌了出来。
⑧高粱说：秋是红色的，我就是叫秋气染红的。

请同学们进行课堂活动，然后自己再从课文中发现一些这样富有表现力的词语。

词语品析活动的组织，一般有两个基本要求：一是品析的活动主要由学生进行，二是教师应该有先行的示范与活动后的小结。

如笔者教学《生物入侵者》时，词语品析就是一个重要的教学板块：

（屏幕显示——欣赏：品味语言特色）

师：这篇课文的语言，规范、生动、准确，也很有情趣。现在请大家来发现两个层次的内容。第一层次：从语言学习的角度，我建议大家把一些好词记下来。这个层次比较简单。还有一个难的层次：进行字词品析。

比如说"安家落户"这个词用得好，作者没有说"就在这里生根了、发芽了"，而是用了"安家落户"这个带有拟人色彩的词，生动而又形象。再比如第3段里，"人们为了清理和更换管道已耗资数十亿美元"。"耗资"就是"花钱"，但是人家用的是"耗资"，是书面语，用得好。现在请大家自由选择你所发现的内容。

（生思考）

师：好的，让我们一起来品味课文字词。

生1：我认为"啸聚山林"这个词用得非常好，把"生物入侵者"比喻成盗贼团聚山林，为害一方，使读者可以形象地认识"生物入侵者"带来的危害。

师：比喻、拟人，而且有声响。"啸聚山林"，写出了那种猖狂的劲头。

生2：我还认为第6段中的"束手无策"用得好。"束手无策"的意思是像手被捆住一样，一点办法也没有。作者没有像我们平时说的"没有办法"，写出了人们对"生物入侵者"大量繁殖没有一点办法，非常焦急，很无奈。

师：对，成语用得准确、简洁、生动，而且含义很丰富。

生3："天堂"用得好，因为天堂就是仙境，大家都知道仙境里仙人过着什么样的生活。用在这里形容斑贝的生活，更可以看出"生物入侵者"在被入侵地为所欲为、不受约束。

师：没有约束，所以是天堂。用得多好，也是比喻的说法。

生4：我比较喜欢第5段的"很难保证没有漏网之'虫'"。这里用了打比方的说明方法，假如换成"疏漏"，我觉得就没有原词生动形象。

师：而且，"漏网之'虫'"的"虫"可指代很多东西。

生5：我认为第4段最后一句"在劫难逃"用得很好，比喻事情一定要发生，想避免也避免不了，这样就可以突出棕树蛇对鸟类的危害很大，使鸟类遇到很大的灾难。

师：而且它和"一旦"配合起来，就说明事物如果不注意的话，那么恶果一定会发生。

…… ……

生10:"五大湖内的疏水管道几乎全被它们'占领'了"一句中的"几乎"用得好,体现了说明文语言的准确性和严密性。"全"体现了"生物入侵者"的数量多,规模大。而"占领"所表达的内容,生动形象,使读者一目了然。

师:准确、生动,在这句话中都体现出来了。

师:好。文章字词运用的生动、简洁、规范,以及它们的情感色彩,都被我们体味出来了。

…………

44 句子品读 各有创意

句子品读与词语品析、段落欣赏是紧密地联系在一起的。所谓在具体的语言环境中品析欣赏文章的语言，与这三者都有关联。

语文教材中有大量关于"句子"的课后练习，这说明了句子教学的重要。句子品读，是一个看上去很小实际上很大的教学难题。其原因在于，需要品析、品读、品味的内容与角度实在太多，且有一些是我们在教学中难以用简练的语言尽述的。

比如常见的品析角度就有：

句子表达方式的判定，句子层意的划分，句中字词的品析，句中标点作用的分析，句子形式的欣赏，句子内容的赏析，句子表达优劣的比较，句中修辞手法的认识，句子表达特点与内在情感的品味，句子内涵、含义的揣摩，句子意味的品析，句子表达手法的探究，句子表达作用的研讨，句子表达效果的分析，等等，千姿百态，应有尽有。

如此丰富的内容与角度，加上品析中的不同难度，使得我们必须细心周全地考虑句子品读的不同内容、不同难度层次的教学设计，这就是所谓"各有创意"。

那么，课文句子品读的教学可以有哪些基本的"创意"呢？

1. 自由式。即现在大面积教学中使用的一种"开放式"的手法：请同学们选出自己喜欢的句子，说说它为什么好或者为什么喜欢它。一般来讲，由于品读内容的散乱，这种手法最好慎用。

2. 自设式。即由教师根据自己对课文的阅读体会与教学设计实况来安排句子品读教学的内容。这种手法因为有教师缜密的思考作为后盾而可以让教学内容集中、实在、真切。

如笔者《行路难》的教学创意：每个句子三次读。

一读，自读自译，明白"句"的全部内容。

二读，品味含义，体味"句"的内在情感。

三读，揣摩手法，研讨"句"的表达效果。

用这样的教学设计手法来教学精短的课文特别是文言课文，是比较实用的。

3. 选用式。即恰当选用课后练习中所设计的句子品析题，将其巧妙穿插在阅读教学的过程之中，以解决课文规定的句子品读方面的教学任务。

如人教版课标教材八年级上册《背影》的课后练习二就设计得很好：

一些语句，或者能标示事情的起因、经过、结果，或者在写人叙事状物方面富于表现力，或者含意深长，耐人寻味，或者最能表现作者的情意，这样的语句称为关键性语句。试联系上下文，指出下列关键性语句的表达作用。并从课文第6段中找出一些关键性语句，说说它们为什么是关键性语句。

（1）我与父亲不相见已二年余了，我最不能忘记的是他的背影。

（2）那年冬天，祖母死了，父亲的差使也交卸了，正是祸不单行的日子。

在课堂教学中选用这个练习，在适当的教学时间内突现这个练习的教学，能够既从理性上让学生知道某类句子的重要表达作用，又依凭课文第6段实践了对"关键性语句"的品读，同时突现了对重要段落的精细的研读，这样的教学，其效果好在双重，好在立体。

又如人教版课标教材七年级上册《论语十则》的练习设计：

（1）看注释，查工具书，把下列各句译成现代汉语，并解释加点词语的意思。

①学而时习之，不亦说乎

②吾日三省吾身

③温故而知新

④学而不思则罔，思而不学则殆

⑤士不可以不弘毅

⑥己所不欲，勿施于人

（2）"己所不欲，勿施于人"是最早由儒家提倡的待人接物的处世之道，对此，曾经有过不同看法。联系自己的生活体验，全班讨论：怎样看待"己所不欲，勿施于人"？

（3）背诵全文，并把文中成语、格言和警句摘抄在笔记本上。

将这个练习的内容充实一下，细化一下，就是一个很好操作的内容实在的《论语十则》"句子品读"教学方案。

4. 综合式。在充分展现自己教学创意的同时，又综合地考虑课文练习中提出的关于句子品读的教学要求，从而更全面、更深刻、更优化地完成课文句子品读的任务。

如《紫藤萝瀑布》教学主体部分中"美句欣赏"教学创意：

步骤一：品读课文开头"我不由得停住了脚步"这一句的表达作用与表达效果。

步骤二：完成下面美句欣赏练习：

揣摩下列语句，体会写景写物的妙处。

（1）从未见过开得这样盛的藤萝，只见一片辉煌的淡紫色，像一条瀑布，从空中垂下，不见其发端，也不见其终极。

（2）紫色的大条幅上，泛着点点银光，就像迸溅的水花。仔细看时，才知道那是每一朵紫花中的最浅淡的部分，在和阳光互相挑逗。

（3）每一朵盛开的花就像是一个小小的张满了的帆，帆下带着尖底的舱，船舱鼓鼓的；又像一个忍俊不禁的笑容，就要绽开似的。

（4）紫色的瀑布遮住了粗壮的盘虬卧龙般的枝干，不断地流着，流着,流向人的心底。

步骤三:欣赏"花和人都会遇到各种各样的不幸,但是生命的长河是无止境的"这句话的含义和它所表现出来的哲理。

这个教学创意中的"步骤二",就是课文的课后练习二。教材编者用这个分量不轻的练习告诉我们,品读语言优美、情感深厚的美文时,应当注意美句欣赏,可选一些句子,对它们的字词、手法、作用、妙处进行评析。而当我们从课文整体教学的角度对这样的练习进行"整合"时,教学创意就更加优美了。

45 精段阅读 注重效益

精段阅读，是课文阅读教学中最重要的教材处理方式之一。

阅读教学离开了精段阅读，在深入课文文本方面有可能失之于肤浅。

"精段"表现于教学范围的选取，主要有三种。一是单个的段落，如《背影》第6段；二是段的群落，如《老王》中写老王送香油鸡蛋的那一个完整的部分；三是分散在课文中的某几处内容或者某几个段落，如《孔乙己》中孔乙己的出场、在场与退场。

"精段"表现于阅读训练的内容，则是多种多样。如，训练学生的朗读能力、划分能力、辨析能力、概括能力、整理能力、欣赏能力、仿写能力，以及教给学生以知识等等。假设我们不厌其烦的话，这些内容都是可以在同一个"精段"的阅读教学中实现的。

"精段"表现于教学设计的理念，最好的则是：一举多得，注重效益。

即，阅读一个段落，不仅仅只是读懂了段的内容或者说对段进行了品词论句而已，而是利用这个段落，多方面多角度地进行阅读能力的训练。

或者，一个教学细节出来，不仅仅只是一个单项训练而已，而是做到在一次训练中达到双重或者多重训练的目的。

如《苏州园林》的第4段的阅读教学：

苏州园林里都有假山和池沼。假山的堆叠，可以说是一项艺术而不仅是技术。或者是重峦叠嶂，或者是几座小山配合着竹子花木，全在乎设计者和匠师们生平多阅历，胸中有丘壑，才能使游览者攀登的时候忘却苏州城市，只觉得身在山间。至于池沼，大多引用活水。有些园林池沼宽敞，就把池沼作为全园的中心，其他景物配合着布置。水面假如成河道模样，往往安排桥梁。假如安排两座以上的桥梁，那就一座一个样，决不雷同。池沼或河道的边沿很少砌齐整的石岸，总是高低屈曲任其自然。还在那儿布置几块玲珑的石头，或者种些花草：这也是为了取得从各个角度看都成一幅画的效果。池沼里养着金鱼或各色鲤鱼，夏秋季节荷花或睡莲开放，游览者看"鱼戏莲叶间"，又是入画的一景。

教学话题之一：作者将这段文字放在课文第4段的位置，这是合理的吗？

话题讨论结果：

这一段放在这里是合理的。

它与第2段的总说文字相照应，分说苏州园林"讲究假山池沼的配合"的特点。

从总说与分说的照应来看，其顺序其位置是正确的，表现出假山和池沼在园林结构中的重要性。

它与第3、5、6段文字一起，分说苏州园林布局、配合、映衬、层次方面等的主要特点。

还可发现第7、8、9段介绍的是苏州园林的次要特点。

从全文看，第3段到第9段，分成七类，从七种角度对苏州园林的特点进行说明。

全文呈现出一种"逻辑顺序"。

教学效益分析：将这个段摆在全文中，对其在全文中的位置以及与前后段的关系进行探究、发现，无疑是带动了对全文总说与分说、主要与次要内容的分析。看似简单的一个话题，其实带动了对本段内容和全文内容的理解，它省去了很多零细的步骤，牵一发而动全身，一举而多得；不仅如此，在其整个阅读过程之中还伴随比较复杂的思维训练活动。

教学话题之二：这段文字共有10个句子，试体味段中句子的表达作用。

话题讨论结果：

"苏州园林里都有假山和池沼"既是全段的总说句，又表现出"分类别"的说明方法，又点示了本段分说部分的顺序。

"苏州园林里都有假山和池沼"说明苏州园林离不开山和水，在这两种景物的处理上最能体现苏州园林的特点，因此作者把它们作为重点加以说明。

"假山的堆叠，可以说是一项艺术而不仅是技术"是段中第一个分说层次的中心句。"可以说是一项艺术而不仅是技术"表达的重点是"艺术"，领起了本层次中分说内容。

"或者是重峦叠嶂……只觉得身在山间"句层次分明，手法生动；既表明了假山无一不是精心堆叠，又说假山实在逼真，还从侧面表现了假山的艺术效果。

"至于池沼，大多引用活水"是段中第二个分说层次的中心句。"至于"表示层次的转折，"池沼"点出了说明的中心，后面的分说内容都围绕"池沼"而展开。"大多引用活水"，写出了一股生气，还给人以洁净、清新、流动的感觉。

"有些园林池沼宽敞……往往安排桥梁"句，讲的是因地制宜，印证了前面所说的"设计者和匠师们因地制宜，自出心裁"。

"假如安排两座以上的桥梁，那就一座一个样，决不雷同"句讲的其实也是避免对称，突出了设计者的艺术，表现了苏州园林的自然之趣。

……………

教学效益分析：这个话题有明确的指向，将学生带入句子作用品析的教学情境之中。学生面对10个句子，从"表达作用"的角度对每个句子进行品味，无疑地要关注到段的结构、说明的方式、说明的手法、说明的内容等等，既要分析，又要概括，还要品味，其阅读过程和思维活动都是比较复杂的，真正做到了一举多得。

假如还安排一个话题——试从准确性与生动性的角度对本段的字词进行品味，那么，这个"精段"的教学，不管是在课文内容理解上，还是在学生的能力培养上，还是在课堂知识的积累上，都可以说是有力度、有深度、有广度的。

本书配有"听音频，学语文教学技巧"服务

★ 原文音频讲解
★ 语文教学实录
★ 交流社群

◀ 微信扫码

46 美点寻踪 品位高雅

美点寻踪，妙点揣摩，妙要列举，指的都是品味、探求文章的美妙之处，是同一方法的不同说法。这种方法，人们在写文章时常常用到，如宋子江先生就写过不少妙点揣摩式的课文欣赏短论。

"美点寻踪"式阅读教学，是品位高雅的阅读欣赏活动——在教师的指导之下，同学们在研读、品味、探求、欣赏之中找出课文中自己认为写得恰切生动形象、给人强烈的美感、给人有力的感染、给人生动的启迪的好语言、好笔法、好画面、好形式等等内容。

所谓教师的指导，就是教师进行引导、指点与示范，教给学生一定的方法，让同学们学会从字词运用、句式表达、形象塑造、情节结构、描写方法、修辞手法、表达技巧、构思特点以及可以发现的其他方面体会课文中写得好的地方，写得精妙的地方，以使自己理性地品味、欣赏课文。

"美点寻踪"是一种审美的教学，是一种作品欣赏式的教学，它既可以运用于文学作品，也可以运用于一般社科文章。根据课文文本的不同，可以分别采用"美点寻踪""妙点揣摩""妙要列举"的说法，也可以直接说"课文内容好在哪里、美在哪里"。在教学中有机地适当地运用这种品读课文的方法，可以逐步养成学生的审美能力、艺术趣味和欣赏个性，提高学生学习语文的基本素质。

一般而言，"美点寻踪"在教学中有三种用法。

一是用于多角度的尽可能广泛地对课文整体进行的审美式阅读。此时是为了将学生引入课文，既从整体的角度对课文进行比较细致的研读与发现，又为下一环节更加深入的教学活动做好铺垫。

二是用于对课文局部（某一部分、某一片段或者某一精段）进行精细深入的审美式赏读。此时的教学目的就是为了文章的审美，就是为了训练学生的发现能力与欣赏能力，并让学生在阅读欣赏之中获得美的享受。

三是用于对课文内容的"专题"式的阅读，如专门欣赏课文的语言之美，专门欣赏课文的描写之美，专门欣赏课文的情感表达之美，等等。此时的目的既是为了欣赏，也是为了探究，同时也为了提炼或者发现规律，同时让学生在某一方面得到比较强烈的审美感受。

以上三种基本的用法，不论取哪一种，都与教师阅读教材有关。凡肤浅的阅读，凡粗糙的阅读，凡表面的阅读，凡单一角度的阅读，教师都很难应对由于"美点寻踪"而形成的品位高雅的教学过程，更难说给学生以切实的指导了。从这个角度看，"美点寻踪"式的品读教学对于提高教师研读教材的水平，也是很有作用的。

从备课的要求来看，组织这样的教学，教师应该准备比较详细的教案，以增加自己的积累，提高与学生的课堂对话水平。

下面是笔者《云南的歌会》"精段品读"这一部分的教学详案，由此可见教师的精心备课。

师：下面来细细地欣赏"在昆明乡下"这一段。

主问题：请同学们对这一段文字进行"美点欣赏"。

欣赏方法：两人为一组进行讨论，说说你们认为写得好的地方、写得美的地方、写得生动的地方。

师：应该说，这一段的每个句子都写得好，关键在于我们的理解与欣赏。

例子：每在晨光熹微中，却欢喜坐在人家屋脊上，"郭公郭公"反复叫个不停。

这个句子写得好。"晨光熹微"写出了时间，"人家屋脊"写出了地方，"郭公郭公"写出了声音，"欢喜"和"坐"将鸟儿拟人化了。

（同学们活动，教师深入学生之中）

（同学们发言，教师相机点评）

（教师进行课中小结）

师：同学们欣赏了这段文字的很多美点，我们也好像进入了文章的美好意境之中。现在老师将同学们的发言概括一下，让我们再次地对这段文字进行赏析：

师：1. 这段文字美在"有声有色"。花儿是那样美丽，粉蓝色报春花，在轻和微风里不住点头，鸟儿是那样可爱，戴胜鸟叫个不停，云雀不住地唱歌，还有赶马女孩子的歌声在飘荡……

师：2. 这段文字美在"点面结合"。写"各种山鸟呼朋唤侣"是略略的一笔，写戴胜鸟是简笔的勾勒，重点是写云雀，这是精致的描写，是工笔的描画。

师：3. 这段文字美在"层次明晰"。老马在地上慢吞吞地行走，报春花在山坡上开放，戴胜鸟在晨光熹微中欢喜坐在人家屋脊上，而云雀向碧蓝天空中钻去，仿佛要一直钻透蓝空。

师：4. 这段文字美在"详略有致"，写赶马女孩子唱着好听的歌是略，写美丽的景物是详。女孩子的歌在这种环境气氛里，不论唱什么，都充满一种淳朴本色美，这就叫作烘托，景美人更美……

师：5. 这段文字美在"烘云托月"，作者营造了一种天空大地融为一体，景在人身边人在图画中的美好氛围。文中让赶马女孩子在美丽的景色中唱歌，让小鸟的歌声和云雀的轻吟来应和赶马女孩子的歌声，这就是烘托……

师：6. 这段文字美在"情境交融"，字里行间，洋溢着赞美和喜爱之情，歌声是美妙有情的、是悦耳好听的，还充满一种淳朴本色美；山花的蓝色竟像是有意模仿天空而成，戴胜鸟姿态美丽，云雀是最有意思的小鸟……

课中设比
反复研读

有的课文,"生来"就是可以用"课中设比"的手法来进行教学的。

如:《从百草园到三味书屋》《在烈日和暴雨下》《孔乙己》《海燕》《岳阳楼记》《窗》《福楼拜家的星期天》《范进中举》《茅屋为秋风所破歌》《我的叔叔于勒》等等。

有的课文,在细细品味之中,也能够闪现出文中的可比之点,以让我们设计"课中比读"式教学。

所谓"课中设比",就是在同一篇文章的教学之中,巧设比较式教学内容。从思维的深度来讲,它的最大优点就是能够带动学生的反复研读,增加理解的深度与广度;"比较"与"反复",也是"生来"就联系在一起的。

"课中设比"用途多多。如,《马说》中的词义比读(学习语言),《故乡》中的人物描写方法比读(认识技法),《孔乙己》中的字词比读(推敲语言),《窗》中的人物形象比读(分析人物),《在烈日和暴雨下》中的景物描写比读(揣摩作用),《岳阳楼记》中的景物描写比读(感受画面),《雪》中两个部分的比读(理解内容),等等。

"课中设比",其教学视点大致有三。

一是细部比读。常常用于课中字、词、句的比读，教学中的常例如：《孔乙己》中"排"与"摸"的比读欣赏。

请见笔者《邹忌讽齐王纳谏》一个教学细节的设计：

教学活动之三：巧编练习

"比较式辨析"是一种辨析的方法，一种组合的方法，一种发现的方法，一种深化理解的方法。现请同学们用"比较"的方式，对词意进行辨析。例子请见课后练习。

要求：每位同学要编写出一个小题的练习。这个练习要求用比较法来辨析词意。

同学们活动，将会有很多答案。如：

孰　吾与徐公孰美　（谁）

孰视之　（通"熟"，仔细）

美　吾妻之美我者　（认为……美）

臣诚知不如徐公美　（漂亮）

甚　君美甚　（表示程度深，相当于"很""非常"）

王之蔽甚矣　（厉害，严重）

闻　闻寡人之耳者　（这里是"使……听到"的意思）

燕、赵、韩、魏闻之　（听说）

……　……

二是板块比读。即课文中两个部分、两个段落之间的比较阅读。教学中的常例如：《从百草园到三味书屋》中"百草园"部分与"三味书屋"部分的比读。

请见笔者《岳阳楼记》"板块比读"教学创意：

请同学们自选角度，对下面两个描写段进行比读欣赏。

若夫霪雨霏霏，连月不开，阴风怒号，浊浪排空；日星隐耀，山岳潜形；商旅不行，樯倾楫摧；薄暮冥冥，虎啸猿啼。登斯楼也，则有去国怀乡，忧谗畏讥，满目萧然，感极而悲者矣。

至若春和景明，波澜不惊，上下天光，一碧万顷；沙鸥翔集，锦鳞游泳；岸芷汀兰，郁郁青青。而或长烟一空，皓月千里，浮光跃金，静影沉璧，渔歌互答，此乐何及！登斯楼也，则有心旷神怡，宠辱偕忘，把酒临风，其喜洋洋者矣。

师生交流的内容可能有：

这是两个写景段、排比段、骈偶段；

两段都运用了绘景绘形绘声的写法；

两段都是先写景，后写情，情景交融；

两段都是由景及情，都表现出意境的美；

两段文字都用"登斯楼也"表现出明显的层次；

两段文字的内容一暗一明，一阴一晴，一悲一喜。

两段文字辞彩华美，音韵和谐；

前段写淫雨霏霏、凄凉阴森的秋景，后段写风光明媚、恬静愉快的春景；

前段写"浊浪排空"，后段写"波澜不惊"；

前段写"日星隐耀"，后段写"皓月千里"；

前段写"虎啸猿啼"，后段写"渔歌互答"。

前段文字极力渲染"悲"的情感，后段文字极力渲染"喜"的气氛；

前段写"因已而悲"，后段写"因物而喜"。

教师小结：没有这两段精彩的文字，无法回答上文的"览物之情，得无异乎"；没有这两段生动的描绘，无法引申下文流传千古的议论。它们，是为作者真正要说的话服务的。

三是选点比读。如课文中人物形象的比读，描写手法的比读，不同写法的比读，等等，这种比读不受课文句段的限制。教学中的常例如：《海燕》中海燕与海鸭等形象的比读。

如《窗》中关于人物形象的比读教学：

试用"概述"的方式，用一两句话表达你对文中两个病人进行"比读"探究的收获。

如下内容都是可以涉及的：

第一个病人支撑自己的生命，编织美好的梦幻，给他人带来生命的快乐与求生的力量。第二个病人，却以他人的生命换取自己的一睹之快。人物的美与丑形成鲜明对比。

近窗者主动地为远窗病友描述自己所"看"到的美好的事物。而那位远窗者却在分享美的过程中滋生了丑恶的欲念，以至于见死不救，这正是作者揭露的生活中的丑恶。

对于第一个病人，作者采用了口述见闻的写法，表现着他光明的内心世界；对于第二个病人，作者采用了内心独白的写法，表现着他阴暗的精神世界。

作者描写人物的笔墨比较集中，对于近窗者，是从美好描述的角度来表现其乐观热情开朗，对于远窗者，却是重在表现他的变态心理以及变态行为。二者之间有着鲜明的对比。

近窗病人"看"到的都是"美景"，他虽然死了，但他享受到了美丽与光明。远窗病人虽然活着，但他看到的只是"光秃秃的一堵墙"，这是作者给他安排的一无所获、悲凉寂寞的结局。

第一个病人眼中的生气勃勃的动人景象，是他热情高尚的象征；第二个病人眼中"光秃秃的一堵墙"，是他冷漠、阴暗的象征。

双篇比读
见解深刻

双篇比读是语文教师阅读教学中的常用思维模式和教学形式,也是常用的教学论文写作模式,其效果是于比较之中见广泛、见深刻。

双篇比读,就教学论文的写作而言,没有多少禁忌;而对于课堂阅读教学而言,则需要讲究技巧。如《范进中举》与《孔乙己》的比读文章,已经有很多人写,而这两课的比较阅读教学,却很少看到有人操作,就是这个道理。

双篇比读的教学设计,首要的技巧是选材——材料尽可能精致小巧一点,这样便于学生研习,也便于教师把握。

笔者第一次公开课讲的是《口技》和《天上的街市》。其中《天上的街市》有一个环节是"双篇比读",其选材比较容易把握。

教学材料:郭沫若《天上的街市》+毛泽东《蝶恋花·答李淑一》。

第一块教学的主要内容:

1. 教读——体味诗的音乐美。
2. 讨论——品析诗的图画美。
3. 品味——感受诗的情感美。

第二块教学的主要内容:《天上的街市》《蝶恋花·答李淑一》比较

阅读。

研讨之后，教师课堂小结的主要内容为：

两首诗词，都有音乐之美、图画之美、情感之美的特点。

它们都在美好的想象中表现追求理想生活的崇高主题。

前者是一首诗，后者是一首词。

前者的作者是诗人，后者的作者是领袖。

前者写作于贫弱不振的旧中国，后者写作于光明灿烂的新社会。

前者的想象在星空，后者的想象在月宫。

前者具有浅吟低唱的韵味，后者具有豪放雄浑的风格。

前者安谧宁静，神奇瑰丽；后者境界开阔，意境深远。

前者想象中的"美"是为了反衬，后者想象中的"美"是为了烘托。

前者表达了对美好的理想生活的向往，后者是对为理想而献身的先烈的颂扬。

把它们放在一起进行阅读，是多么和谐，是多么富有诗情画意。

这样的教学，因为材料的小巧及进行比较阅读，所以碰撞出了很多火花，能够做到见解深刻。

双篇比读的教学设计，技巧之二是选点——选点可能比选材更加重要。所谓选点，就是选择角度，比较阅读角度的选择要尽可能精致实用，即使某种角度可以发散出许多内容，但就"角度"而言，还是应当讲求精致。

如下面《使至塞上》《渡荆门送别》的比读角度，可以主要以突现不同点为目的，也可以主要以突现相同点为目的。求得相同点的目的，是发现文章结构的规律，以利于学生的背读：

使至塞上

王维

单车欲问边，属国过居延。

征蓬出汉塞，归雁入胡天。

大漠孤烟直，长河落日圆。

萧关逢候骑，都护在燕然。

渡荆门送别
李白
渡远荆门外，来从楚国游。
山随平野尽，江入大荒流。
月下飞天镜，云生结海楼。
仍怜故乡水，万里送行舟。

两首诗首联都写出行。前者写诗人塞外出使的经历，后者写诗人出蜀至荆门的游历。

第二联都写的是漫长的历程。前者写自己好像"征蓬"一样随风而去，又似"归雁"一般进入胡天；后者写两岸地势的变化，山峦从视野中消失，江水向着广阔的原野奔腾。

第三联都写了奇妙景物的独特风貌。前者以传神的笔墨刻画了奇丽壮美的塞外风光，后者用清雅的画面描写展现了江上的美景。

第四联都是含蓄地抒情。前者渗透出幽微难言的内心情感，后者则转入深沉的乡情之叹。

两首诗都是首联叙事，颔联、颈联写景，尾联抒情，根据这样的行文思路，背诵时就有规律可寻。

如人教版七年级上册课文《蝉》《贝壳》的比读角度，同样是以突现相同点为目的，同样是发现文章结构的规律，但这次探索的目的，则是用散文构思的规律来影响学生的写作。

蝉
小思

今年，蝉鸣得早。杜鹃花还没零落，就听见断续的蝉声了。近月来，窗外蝉更知知不休，使事忙的人听了很烦。（这是"引出事物"）

…… ……

17年埋在泥中，出来就活一个夏天，为什么呢？（这是"描叙事物"）

朋友说：那本来的生活历程就是这样。它为了生命延续，必须好好活着。哪管是90年，90天，都不过要好地活过。

哦！那是蝉的生命意义！

斜阳里，想起秋风颜色，就宽恕了那烦人的聒聒！（这是"因物抒情"）

贝壳

席慕蓉

在海边，我捡起了一枚小小的贝壳。（这是"引出事物"）

……………

但是，为了这样一个短暂和细小的生命，为了这样一个脆弱和卑微的生命，上苍给它制作出来的居所却有多精致、多仔细、多么一丝不苟啊！（这是"描叙事物"）

比起贝壳里的生命来，我在这世间能停留的时间和空间是不是更长和更多一点儿呢？是不是也应该用我的能力来把我所能做到的事情做得更精致、更仔细、更加一丝不苟呢？

请让我也能留下一些令人珍惜、令人惊叹的东西来吧。

在千年之后，也许会有人对我留下的痕迹反复观看，反复把玩，并且会忍不住轻轻地叹息："这是一颗怎样固执又怎样简单的心啊！"（这是"因物抒情"）

小结：

"引出事物"→"描叙事物"→"因物抒情"：一般来讲，这就是咏物抒情散文的写作模式。不管文章的主题相去多么遥远，不管作者的笔法是多么迥异，思路却大致是相近的。

这样的教学，因为材料的小巧，又因为在比较之中抽象出规律，所以，同样见解深刻。

变形阅读 别有情趣

有位老师在闻一多《最后一次讲演》的教学中指导学生尝试将文当诗来读。如下面这一"节"：

他只不过用笔写写文章，/用嘴说说话，/而他所写的，所说的，/都无非是一个没有失掉良心的/中国人的话！/大家都有一支笔，/有一张嘴，/有什么理由拿出来讲啊！/有事实拿出来说啊！/为什么要打要杀，而且又不敢光明正大的/来打来杀，/而偷偷摸摸地来暗杀！/这成什么话？

又如下面的一"节"：

他们这样疯狂地来制造恐怖，/正是他们自己在慌啊！/在害怕啊！/所以他们制造恐怖，/其实是他们自己在恐怖啊！/特务们，/你们想想，/你们还有几天？/你们完了，/快完了！

当我们根据文中划分的节拍朗诵时，就会感觉到，这些简短坚实、掷地有声的短句，有着鲜明的节奏，有着和谐的音韵，它燃烧着情感的火焰，抒发着作者那火山爆发式的愤怒的激情。

类似于这样改变文章行文格式、改变文章形态阅读，就是"变形阅读"。

变形阅读在教学中主要指"变文为诗""变诗为文"的阅读，但如

"文中嵌字""词序变动""段序重排""选句成文""重新分段"等，也可视为变形阅读。

变形阅读适用于那些语句精短、音调和谐、具有阳刚之气或柔美之情的，以及具有描叙之美的文章、文段，是一种别有情趣的阅读实践活动。将它用于阅读教学过程之中，起码有两大好处。首先，因为需要"变形"而牵动着同学们深层次地进入课文并专注地对课文内容进行分析体味揣摩；其次，因为文章的变形而让品味与阅读或朗读的过程变得有趣有味。所以，变形阅读在很多的时候是让美的文章、美的语言显示得更加美好的阅读。

变形阅读的"用法"之一，是"变文为诗"的朗读。如《藤野先生》中非常关键的一小段话语，用这种方式可以极好地表达出作者心中的怀念与感激之情：

有时

我常常想：

他的对于我的热心的希望，

不倦的教诲，

小而言之，是为中国，

就是希望中国有新的医学；

大而言之，是为学术，

就是希望新的医学传到中国去。

他的性格，

在我的眼里和心里

是伟大的，

虽然

他的姓名并不为许多人所知道。

这里的朗读，舒缓，深沉，激情，韵味十足。

变形阅读的"用法"之二，是"变诗为文"的能力训练。如诗歌《雨说》的教学中，请同学们改写课文：

雨说

当田圃冷冻了一冬禁锢着种子，我来了，我来采访四月的大地。孩子们，我是到大地上来亲近你们的，我是四月的客人带来春的洗礼。我来了，我走得很轻，而且温声细语的，我的爱心像丝缕那样把天地织在一起。请跟着我去踩田圃的泥土，去看牧场就要抽发忍冬的新苗，绕着池塘跟跳跃的鱼儿说声好，去听听溪水练习新编的洗衣谣。我要教你们勇敢地笑啊，当你们自由地笑了，我就快乐地安息，有一天，你们吃着苹果擦着嘴，要记着，你们嘴里的那份甜呀，就是我祝福的心意。

对《雨说》的改写过程，就是对《雨说》内容理解的过程，而改写之后的"短文"，又是体味语言、背诵积累的好材料。

变形阅读的"用法"之三，是在"变形"之中让学生更好地理解课文内容，获得更加强烈的审美感受。

如下面《湖心亭看雪》的"变形"文：

湖心亭看雪（五段）
〔明〕张岱

崇祯五年十二月，余住西湖。大雪三日，湖中人鸟声俱绝。

是日更定，余拿一小船，拥毳衣炉火，独往湖心亭看雪。

雾凇沆砀，天与云与山与水，上下一白；湖中影子，惟长堤一痕，湖心亭一点，与余舟一芥，舟中人两三粒而已。

到亭上，有两人铺毡对坐，一童子烧酒炉正沸。见余，大喜曰："湖中焉得更有此人！"拉余同饮。余强饮三大白而别。问其姓氏，是金陵人，客此。

及下船，舟子喃喃曰："莫说相公痴，更有痴似相公者！"

湖心亭看雪（六段）
〔明〕张岱

崇祯五年十二月，余住西湖。

大雪三日，湖中人鸟声俱绝。

是日更定，余拿一小船，拥毳衣炉火，独往湖心亭看雪。

雾凇沆砀，天与云与山与水，上下一白；湖中影子，惟长堤一痕，湖心亭一点，与余舟一芥，舟中人两三粒而已。

到亭上，有两人铺毡对坐，一童子烧酒炉正沸。见余，大喜曰："湖中焉得更有此人！"拉余同饮。余强饮三大白而别。问其姓氏，是金陵人，客此。

及下船，舟子喃喃曰："莫说相公痴，更有痴似相公者！"

对于《湖心亭看雪》，人们的赞美语很多，有的说它是"百年难遇以雪寄情的佳作"，有的说它是"如诗如画的小品精品"，有的说它是"对一种精致生活的追忆"，更有梁衡在《秋月冬雪两轴画》一文中赞叹它与《记承天寺夜游》是"我国古典文学宝库中"的"两轴精品"。

对于这样高雅的美文，用"变形"的方式，让学生在舒缓的节奏中体味它的飘逸、清新、秀美，不失为一种好方法。而课文原文只是划分为两段，相比之下，则显现出一种局促之感。

另外，有的课文，如《雷电颂》《海燕》《安塞腰鼓》《观舞记》《雨之歌》《浪之歌》等，因为它们的"形散"，因为它们文句的优美，在指导学生阅读时都有可能在不经意之中采用"变文为诗"的教学角度，这是可以让我们更加深入地进行教学思考的。

变体阅读 带来新意

　　人们常说,课文《岳阳楼记》的画面真美,《安塞腰鼓》是激情澎湃的交响乐,《山居秋暝》是清泉一样缓缓流淌的乐章,《变色龙》就像一场独幕剧,《观潮》是精彩镜头的剪辑……,这是在用美术的、音乐的、戏曲的、摄影的眼光看课文。

　　不从原来固有体裁的角度来分析、研读、欣赏文章,而是变换角度,从其他文体或者手法的角度来欣赏文章,可称之为变体阅读。《春》本来是描写文,是散文,不从散文的角度来分析它而从"图画"的角度来分析它,就带有"变体阅读"的味道。

　　变体阅读大量存在于作品欣赏之中,如《石壕吏》,就有这样的赏析:

　　《石壕吏》的写作特点,第一是用了写剧本的方法。

　　《石壕吏》中有四个人物:作者杜甫,老翁和老妇,加上一个抓壮丁的吏。四个人的"出场"和"退场"是这样交代的:

　　"暮投石壕村",作者出场;

　　"有吏夜捉人",吏出场;

　　"老翁逾墙走",老翁出场;

"老妇出门看",老妇出场。

"老妪力虽衰,请从吏夜归""夜久语声绝",吏带老妇退场;

"天明登前途",作者退场;

"独与老翁别",老翁独自一人留在场上。

这个"场"就是石壕村的那家农舍。剧本交代剧中人物的出场和退场,也是这样;不过剧本不把作者自己写进去,而《石壕吏》中首尾都有诗人自己。

再,剧本往往通过对话说明故事情节、表现人物性格。《石壕吏》也是这样。

它只有24句,却有13句写老妇的话,她的话说明她一家有什么人和全家人的遭遇,有"存者"和"死者","死者"固然"已矣","存者"也并不幸福,只是"且偷生"。她的话说明了战况激烈,死亡惨重,这就是吏为什么要"捉人",知道吏来捉人,老翁为什么要"逾墙走",老妇为什么要"啼"得"一何苦"。

(摘自石声淮《〈石壕吏〉简析》,《语文教学与研究》1979年第3期)

在这里,作者从"剧本"的角度分析了"诗"。

而我们也可以运用读写结合的方法来指导学生编写《石壕吏》课本剧,在这个过程中,将"诗"变成了"剧本"。

在这里,是把一首文言叙事诗当作一个微型"剧本"来读。

这样的品读过程,是不是比听那种一字一句的串讲要深刻得多呢?一幕一幕的场景会出现在我们眼前,"抓壮丁"的悲剧将给我们清晰、生动的印象,历久而不淡漠。

变体阅读在阅读教学的课堂上同样屡见不鲜。我们常常指导学生从"诗情画意""音乐之美"的角度去欣赏某一篇文章、某一个文段,就是如此。有的教参文字对课文画面的分析,甚至精深到了"专业"的程度。如《湖心亭看雪》教参中分析"雾凇沆砀"句的文字:"使用白描手法,宛如中国画中的写意山水,寥寥几笔,就包含了诸多变化,长与短,点与线,方与圆,多与少,大与小,动与静,简洁而概括,人与自然共同构成富有意境的艺术画面；悠远脱俗是这幅画的精神……"由此可见人们对文章"画面"欣赏的青睐。

笔者在《三峡》的教学中曾着意地引导学生欣赏过第3段文字的"画面"之美。

第一步，指导同学们学习从不同的角度感受作品中的画面之美：

阅读之中，有一种很重要的内容需要"感受"，那就是感受文字绘成的"画面"。

能够感受作品中的画面，就说明我们有了一定的语感。

下面一些角度都是可以尝试去感受的：

感受画面的动静之美，如"两岸青山相对出，孤帆一片日边来"。

感受画面的色彩之美，如"两个黄鹂鸣翠柳，一行白鹭上青天"。

感受画面的层次之美，如"三山半落青天外，一水中分白鹭洲"。

感受画面的映衬之美，如"天阶夜色凉如水，卧看牵牛织女星"。

感受画面的呼应之美，如"几处早莺争暖树，谁家新燕啄春泥"。

感受画面的点面之美，如"春潮带雨晚来急，野渡无人舟自横"。

感受画面的虚实之美，如"飞流直下三千尺，疑是银河落九天"。

感受画面的意境之美，如"月落乌啼霜满天，江枫渔火对愁眠"。

还可以感受作品中画面中的声音、速度、远近、高下、点面、线条等等；更重要的，我们还可以感受到画面中渗透的情感、情意和情趣。

第二步，指导同学们从不同的角度感受《三峡》第3段的画面之美：

美在景物的摄取，有山有水，有动有静，有声有色，展现着三峡的雄奇秀美。

美在景物层次的清晰，先写江水，再写山岩，最后总写一句，可谓景情交融。

美在视角的变化，先从俯瞰的角度写"素湍绿潭"，再从仰视的角度写"悬泉瀑布"。

美在线条的组合，清流回旋，高山矗立，怪柏展姿，飞瀑跌落。

美在景物的映衬，深潭之上有浮动的倒影，绝巘之巅有苍劲的怪柏，山水之间着挂白练一样的瀑布。

宛如一幅清丽的山水画，又像一首流动的山水诗。

作者写景，采用的是大笔点染的手法。连绵的群山，雄伟的屏障，高峻的山峰，汹涌的江流，雪白的急流，碧绿的潭水，回旋的清波，美丽的倒影，苍翠的怪柏，飞悬的瀑布，哀转的猿鸣，悲凉的渔歌，一个又一个画面，展示着三峡的奇美景象。

从"戏剧"的角度来赏读诗歌，从"绘画"的角度来欣赏散文，从"音乐"的角度来欣赏散文诗，从"议论文"的角度来欣赏说明文，从"诗"的角度来欣赏小说，这些都能显现人们在阅读过程中鲜明的个性，渗透着知识性与艺术性，高雅且充满情趣，灵动而又绽放着创造的火花，都是很可爱的阅读视角。

所以，变体阅读，带给课堂阅读教学的是盎然的新意。

精选资料
助教助学

这里所说的资料,主要指的是有一定价值、一定意义的文字资料。在阅读教学的适当环节中精选、利用、穿插进一点这样的资料,能够开阔学生的眼界,增加语文课堂教学的韵味,显现课堂教学的雅致氛围,同时表现出一种创新的教学手法。

一是单则资料的使用。

笔者在教学《湖心亭看雪》时,没有设计自己的"导语",而是引用梁衡的一段话,作为课文的开讲:

有一种画轴,且细且长,静静垂于厅堂之侧。她不与那些巨幅大作比气势、争地位,却以自己特有的淡雅、高洁,惹人喜爱。在我国古典文学宝库中,就垂着这样两轴精品,这就是宋苏东坡的《记承天寺夜游》和明张岱的《湖心亭看雪》。

(摘自梁衡《秋月冬雪两轴画》)

将这段文字投影出来,学生朗读一遍,然后顺势进入课文,非常自然,十分简洁,高雅得体,有力地引起了学生的学习关注。

具有异曲同工之妙的,是下面的一段话:

几位小同乡去拜见汪曾祺,他微笑着问:"跟高邮相比,还是北京大吧？"令人备感亲切。众人甚是崇敬地说："高邮除了秦少游，就是您了。"汪曾祺正色道："不对，高邮双黄鸭蛋比我名气大多了，我只能居第三位。"众皆粲然。

将它用于《端午的鸭蛋》，也能让教学有趣有味地进入课文。

二是双则资料的使用。

有趣的是，笔者教学《岳阳楼记》，在课文收束的时候又用上了与汪曾祺和梁衡有关的材料——教学小结是利用下面两则资料来进行的：

（范仲淹）流传后世的，除了几首词，最突出的，便是一篇《岳阳楼记》和《记》里的这两句话。这两句话哺育了很多后代人，对中国知识分子的品德的形成，产生了极其深远的影响。

（摘自汪曾祺《岳阳楼记》）

散文美的三个层次：描写的美，意境的美，哲理的美。
《岳阳楼记》就是这样：

描写美　客观　形象　直觉　暂时　景的陶醉
意境美　主观　心象　情感　持久　情的激动
哲理美　客观　抽象　思想　永久　理的光芒

《岳阳楼记》是篇三个层次都有的好文章。大量的绘声绘景是描写的美，由景及情写"满目萧然"、写"宠辱偕忘"，这是意境的美，最后情与景的积蓄一起迸发出来，点破一条哲理，这是千古至理名言，一读之后永远不忘。

（摘自梁衡《散文美的三个层次》）

这样的教学小结，言简意赅，视点新颖，手法生动，品位高雅，非教师的课堂小结语言所能及。

三是多则资料的集中使用。

如《有的人》的教学，简介课文内容之后，请同学们朗读多则资料，以渲染气氛、激发情感。

材料一：

今天天色不早，我愿用一句话来纪念先生，许多人是不战而屈，鲁迅先生是战而不屈。

师：这是我国著名社会活动家邹韬奋先生在1936年10月19日上海各界公祭鲁迅先生大会上的演讲。

材料二：

有些人死去，尽管闹得十分排场，过了没有几天，就悄悄地随着一道消逝了，很快被人遗忘了。有的人死去，尽管生前受到很不公平的待遇，但时间越过得久，形象却越加光辉，他的声名却越来越伟大。我想，大家都会同意，鲁迅是经受得住时间考验的一位光辉伟大的人物。因为他对中华民族的文化事业留下了宝贵的遗产。他是中国历史上最伟大的文学家。

师：这是闻一多先生《在鲁迅逝世九周年纪念会》上演讲的开头段。

材料三：

没有伟大人物出现的民族，是世界上最可怜的生物之群；有了伟大的人物，而不知拥护，爱戴，崇仰的国家，是没有希望的奴隶之邦。因鲁迅的一死，使人们自觉出了民族的尚有可为，也因鲁迅之一死，使人家看出了中国还是奴隶性很浓厚的半绝望的国家。

师：这是郁达夫的《怀鲁迅》的精彩片段。

材料四：

鲁迅先生的第三个特点是他的牺牲精神。他一点也不畏惧敌人对于他的威胁、利诱和残害，他一点不避锋芒地把钢刀一样的笔刺向他所憎恨一切。他往往是站在战士的血痕中，坚韧地反抗着、呼啸着前进。鲁迅是一个彻底的现实主义者，他丝毫不妥协，他具备坚决的心。

师：这是毛泽东于1937年10月19日延安陕北公学鲁迅逝世周年纪念大会上的演讲《鲁迅——现代中国的圣人》中的片段。

这些材料起着厚重的铺垫作用和烘托作用，这些出自名人口中笔下的深刻、精美、高度凝练而充满情感的语言组合，极有利于《有的人》的深入学习。

四是多则资料的穿插使用。

如笔者《沁园春·长沙》的教学，就有机地穿插了如下知识的教学：

1. "沁园春"词牌的知识。

2. 领字（一字豆）的知识。

3. "对仗"的知识。
4. "炼字"的知识。
5. "意境"的知识。

这些知识教学的穿插，生动地表现了诗词教学中知识厚重的特点，同时又形成了明晰的教学节奏以及步步深入的教学层次。

精选资料，既帮助教师的教学，又帮助学生的学习，同时又形成教学中的美好氛围，可以说是好处不少。但此种手法的运用，需要注意避免两个方面的技术弱点：一是资料的运用有悖于课文本身的情感氛围，这叫"不得体"；一是资料的运用呈大量堆砌的状态，这叫"不得法"。

另外要说的是，在日常教学之中注意适当选用优秀的资料，也是教师勤于学习、注重整合教学资源的表现。学问的积累只能依赖于平时坚持不懈的努力，精美的教学资料并非说要找就能俯拾可得的。

简说人物 形成氛围

将本文的标题解释一下就是:

阅读教学之中,有时可以用"简说人物"的方法将学生引入课文之中,有时可以用这种方法对人物形象进行多角度的评说。"简说",就是简单地简洁地说一说,更多的时候是"一句话"简说。

如,对于《台阶》中的"父亲",可以这样简说:

父亲是一个终年劳作的人,是一个老实厚道的人,是一个有生活目标的人,是一个认真做事的人,是一个有力量的人,是一个不怕千辛万苦的人,是一个为做新屋而兴奋的人,是一个尽一切力量为自己的新屋而奋斗的人,是一个好强的人,是一个终于在新屋建造中伤了身体的人,是一个在新屋建造后逐渐老去的人……

"简说人物"既是一种以学生为主、教师参与其中的教学活动,也是教师的一种教学手法。这种方法的主要作用有:给以抓手,引导学生从头到尾地读课文;提出要求,让学生从不同的角度感受与评说人物;创造机会,让同学们都来表达对课文中人物的看法。

在课堂教学的起始、中间与收束阶段,只要设计合理,都可以使用这种手法。由于是根据课文内容来说话,且要求比较简单,所以能形成比较生动流畅的课堂对话活动，形成一定的课堂教学氛围。

这种做法，在课堂教学的不同阶段，往往起着不同的作用。

课始，作为开课时的引导，迅速将学生的视点引向课文学习。

如《刷子李》的教学。

教师开讲：请同学们用一句话说说"刷子李"是什么样的人。

生："刷子李"是一个技艺高超的人，是一个有一手绝活的人，是一个派头十足的手艺人，是一天只刷一面墙的人，是粉刷技术出神入化的人，是刷墙动作优美的人，是给自己立下规矩来做活的人，是"刷浆时必穿一身黑，干完活，身上绝没有一个白点"的人，是"每刷完一面墙，必得在凳子上坐一会儿，抽一袋烟，喝一碗茶"的人，是一个让徒弟曹小三发现身上有"白点"的人……

师："刷子李"是一个很普通的人，是平俗世界里的人，是有奇妙绝活的人。他是"俗世奇人"。

教师顺势介绍小说集《俗世奇人》，介绍冯骥才，开始课文教学。

这样的做法就是"开课揭题，直入情境"，在极短的时间，扣住课文内容，让学生们带着很高的兴趣，迅速地进入课文学习之中。而且，由于在评说中需要回避与别人相近的说法，所以尽管是简说，学生思维活动也是非常活跃的。

课中，作为课中讨论及其小结，深化对人物形象的认识。

如《爸爸的花儿落了》的教学，在品读了课文中描写"爸爸打我"这一部分的内容后，请同学们对"爸爸"进行"一句话人物评说"。

同学们各抒己见。

教师进行"课中小结"：

"爸爸"是一个瘦瘦高高的人，是一个对孩子的要求十分严格的人，是一个对"我"的逃学行为不姑息的人，是一个用无言的行动表达对"我"的疼爱之情的人，是一个心细的人，是一个其实心地很软的人，是打了一次之后就让"我"懂事了的人，是一个在后续的课文学习中能够让我们感受到很有生活情趣的人……

这段话小结了学生的发言，由实到虚，由生活到精神，对人物进行了

"立体"的概括,深化了同学们对人物形象的认识。同时,它又作为前面学习环节的小结,预示着下一个学习环节的开始。

换一个角度看,这就是"适时打住,过渡小结"的教学技法。

课末,作为课堂收束阶段的评说活动,留下课文学习的余味。

如笔者《老王》收束时的教学。

师:课文《老王》的学习就结束了,我们回过头来,再看一下老王其人。请根据课文内容进行简说,说说老王是什么样的人。

学生话语纷纷:

老王是一个残疾人,是一个三轮车夫,是一个老实厚道的人,是一个一生凄凉艰难的人,是一个不被人重视的人,是一个孤苦伶仃的人,是一个知恩图报的人,是一个淳朴善良的人,是有一颗金子般的心的人,是一个在临死前还给"我"送香油和鸡蛋的人,是一个让"我"想起来就感到愧怍的人……

师:课文中的故事,是一个让作者感到愧怍的故事,也是一个让我们想到"愧怍"二字,就想到一个善良的人物形象的故事。

这里是一种热烈的课堂发言之后的冷静小结,课文教学戛然而止,就此收束,课文中的意味,似乎延伸到了教学之外。

这就是"生动收束,余味犹存"的教学技法。

需要说一下的就是,我们所说的"简说人物",能不能灵活地处理为"简说"其他内容呢?

这是完全可以的。相反,如果不能从"简说人物"中品悟到"简说其他",那也许就可以说我们在"活用"教学手法上还欠缺灵活性。

请看"简说"其他内容的一个例子。

《大雁归来》教学的起始阶段:

师:请同学们对课文进行发现,用一个短语或句子说说作者笔下的大雁。

生:这是三月的大雁。它们是从南方归来的大雁。这是春雁。宣告新的季节来临的大雁。直线飞行200公里的大雁。以家庭为主要组成单位的大雁。每年一度进行迁徙的大雁。每年三月,都要吹起联合的号角的大雁……

师：这是作者满怀喜爱之情描述的大雁。现在继续进行发现：找出字里行间渗透着作者对大雁喜爱之情的句子……

概说课文
训练能力

53

对于学生阅读能力的考查，课标在"精读的评价"一节中提出了这样的标准：根据各学段的目标，具体考查学生在词句理解、文意把握、要点概括、内容探究、作品感受等方面的表现。

由此可见"要点概括"能力的重要。

阅读教学之中，"概说课文"就是一种非常好的既能引导学生读懂课文又能对学生进行概括能力训练的好方法。

"概说课文"的角度多种多样，如段意的概括、文意的概括、人物形象的概括、事物特点的概括、写作方法的概括等。

"概说课文"的方式多种多样，如一句话概括、联语式概括、文段式概括、对话式概括等。

"概说课文"的活动要求也是多种多样。

下面主要看两个方面的例子。

要求一般的课文内容概说。所谓"一般"，指的是方向比较自由，形式也比较自由的"概说"。

如《走一步，再走一步》课文概括活动。

此课的教学创意是：

活动一：朗读活动
活动二：认识课文
活动三：赏析活动

请看"活动二"的内容：

师：学习课文，阅读文章，首先要认识它。要从整体上把握它，要从不同的角度去体会它。

这就叫作认识课文。

下面先请大家自主地阅读课文，说说这是一篇什么样的课文。每位同学要力求表达自己独到的看法，力争与别的同学说法不同。

点拨：可从故事内容、人物、文章结构、文章技法、文章给人的启迪等角度来认识课文。

同学们阅读，思考。

同学们课堂发言，表达对课文的认识，教师组织课堂交流活动，同学们表达见解，如：

这是一篇记叙文。

这是一篇故事。

这是一篇回忆性的文章。

这是一篇主体部分按时间顺序写的故事。

这是一篇以"我"的活动为线索的文章。

这是一篇一事一议的文章。

这是一篇写"我"童年时一次"脱险"的经历的课文。

这是一篇叙议结合、层次分明的文章。

这篇文章写了一个让"我"有深刻感悟的故事。

这篇文章写了一个有助于"我"一辈子有勇气对待生活的故事。

……………

教师小结，与同学们对话交流，重点突出如下五点：

这是一篇——

写"我"的"童年故事"的文章——回忆性。

先叙事再述感、层次分明的文章——清晰性。

基本上是由"细节"构成的文章——生动性。
通过一件小事表现多个人的文章——艺术性。
通过一件事表达生活感悟的文章——哲理性。

这里的"认识活动"是自由的,角度是开放的。师生完成了对课文不同角度的"概说",为切入后续的教学环节"赏析活动"进行了充分的铺垫。

要求特别的课文内容概括。所谓"特别",指的是要求比较明确,形式也有具体规定的"概说"。

如《泥人张》第一个教学环节的课文概说。

教师指出:这个环节,训练同学们的概说能力。

出示活动要求:

1. 从"内容"的角度来概说
2. 从"情节"的角度来概说
3. 从"人物"的角度来概说
4. 从"主题"的角度来概说

请同学们自选话题,用百字以内的篇幅,用"写"的方式对课文内容进行概说。

从"内容"的角度来概说:

一个雨天,天庆馆里,面对海张五的取笑,泥人张捏出了"一脸狂气"的海张五头像进行"回报"。第二天,泥人张使法大批"贱卖海张五"泥像。第三天,海张五将泥像连同泥模全部买走。

从"情节"的角度来概说:

天庆馆里"相遇"—海张五取笑泥人张—泥人张捏出海张五头像—海张五继续取笑—杂货摊"贱卖海张五"—海张五收购泥像与泥模。

从"人物"的角度来概说:

有一手捏泥人绝活的泥人张,面对盐商海张五的挑衅与侮辱,一言不发,镇定自若,凭借自己的手艺,以独特的方式一招制敌,显示了他超凡绝伦的技艺。

靠贩盐发家的海张五，倚仗自己的财势挑衅、侮辱捏泥人的泥人张，并以此为乐，不想被泥人张后发制人，结果落了个被世人取笑百年的下场。

从"主题"的角度来概说：

《俗世奇人》往往借一件极富戏剧性的小事来表现人物的大本领、大智慧。《泥人张》描写了泥人张与海张五的较量，塑造了泥人张技艺超群、维护尊严的智慧形象。

这里的"概说"活动，有比较严格的"话题"要求和表达形式上的要求，对学生的训练在力度上显得更强一些。

"概说"活动，不一定是需要独立地进行，也可以与其他教学手法结合起来。如下面《小石潭记》的"概说"活动：

师：下面再来进行一个活动，就是每读一段就停顿一下，这个时候一定会有一个同学起来，把这一段的意思概括一下。

（学生朗读第1自然段）

生1：这一段写的是小潭的出现和周围的景物。

师：把"出现"改为"发现"。老师写的是十个字：小小的石潭，奇异的景色。

（学生朗读第2自然段）

生2：第2段主要讲了潭中游鱼的状态。

师："游鱼的状态"，说得多好啊。老师概括的是：清澈的潭水，快乐的游鱼。

（学生朗读第3自然段）

生3：这一段主要是写潭水的源流。

师：写"潭水的源流"，写小溪。原来是：蜿蜒的小溪，参差的石岸。

（学生朗读第4自然段）

生4：这一段主要讲的是凄清的小石潭。

师："凄清的小潭"，"凄清"用得好。还可以有更好的概括：凄清的景色，孤寂的感受。真是"凄神寒骨"啊！

（学生朗读第5自然段）

生5：是写和作者一起游小石潭的人。

师：同游的人物，跟随的小生。

同学们看，我们就这样把课文内容很美地概括了一下。

像这样教学细节中的技巧，是很值得品味的。

54 课中之最 引人入胜

"课中之最"是一种课文寻读的活动,是一种有趣的"引"。由它"引"出来的结果便有"引人入胜"的效果,便需要"品"。所以,由它们所形成的学生活动是比较有效的、比较深入的课堂学习活动。

如《春酒》,从描写的角度来看,课文中"最美"的,是与"酒"有关的"细节"的描写美句:

1. 家家户户轮流的邀喝春酒,我是母亲的代表,总是一马当先,不请自到,肚子吃得鼓鼓得跟蜜蜂似的,手里还捧一大包回家。

2. 母亲给我在小酒杯底里只倒一点点,我端着、闻着,走来走去,有一次一不小心,跨门槛时跌了一跤,杯子捏在手里,酒却全洒在衣襟上了。抱着小花猫时,它直舔,舔完了就呼呼地睡觉。原来我的小花猫也是个酒仙呢!

3. 我呢,就在每个人怀里靠一下,用筷子点一下酒,舔一舔,才过瘾。

4. 花匠阿标叔也巴结地把煤气灯玻璃罩擦得亮晶晶的,呼呼呼地点燃了,挂在花厅正中,让大家吃酒时划拳吆喝,格外的兴高采烈。

5. 大家喝了甜美的八宝酒,都问母亲里面泡的是什么宝贝。母亲得意地说了一遍又一遍,高兴得两颊红红的,跟喝过酒似的。

它们之中渗透出来的是一种喜庆、愉悦的气氛，是一种快乐的生活情味。用"课中之最"的方法将它们"筛选出来"，进行评语言品析，就是一次实实在在的语言欣赏活动。

这样去做，也是有教材依据的。《春酒》的练习二有这样的活动设计：课文中有很多细节写得很有情趣，表现出作者对童年、对母亲、对家乡的浓浓情感。找出来，读一读，议一议。

这里安排了三个层次的活动——找一找，读一读，议一议。这样的课堂活动，动静有致，节奏分明，对话充分，好看有用。

如《丑小鸭》，请同学们找出课文中"最"生动的描写片段：

最美妙的外貌描写：

那只雄吐绶鸡一生下来脚上就有距，因此他就以为自己是一个皇帝。他把自己吹得像一条鼓满了风的帆船，来势汹汹地向他走来，瞪着一双大眼睛，脸涨得通红。

最美妙的对话描写：

但是他的这种态度，母鸡却忍受不了。

"你能够生蛋吗？"她问。

"不能！"

"那么就请你不要发表意见。"

于是雄猫说："你能拱起背，发出咪咪的叫声和迸出火花吗？"

"不能！"

"那么，当聪明人在讲话的时候，你就没有发表意见的必要！"

最美妙的景物描写：

这儿苹果树正开着花；紫丁香散发着香气，它那又长又绿的枝条垂到弯弯曲曲的溪流上。啊，这儿美丽极了，充满了春天的气息！

最美妙的情境描写：

花园里来了几个小孩子。他们向水上抛来许多面包片和麦粒。最小的那个孩子喊道："你们看那只新来的天鹅！"别的孩子也兴高采烈地叫起来："是的，又来了一只新的天鹅！"于是他们拍着手，跳起舞来，向他们的爸爸和妈妈跑去。他们把更多的面包和糕饼向水里抛去，同时大家都说:"这新来的一只最美!那么年轻,那么好看!"那些老天鹅不禁在他面前低下头来。

最美妙的心理描写:

他感到非常难为情。他把头藏到翅膀里面,不知道怎么办才好。他感到太幸福了,但他一点也不骄傲,因为一颗好的心是永远不会骄傲的。他想起他曾经怎样被人迫害和讥笑过,而现在他却听到大家说他是美丽的鸟中最美丽的一只。紫丁香在他面前把枝条垂到水里去。太阳照得很温暖,很愉快。他竖起羽毛,伸出他细长的颈,从内心发出一个快乐的声音:

"当我还是一只丑小鸭的时候,我做梦也没有想到会有这么幸福!"

这些美好的片段描写是多么"引人入胜",它们类型多样,笔法生动,语言精美,表达效果优美,表达作用深刻,抓住它们进行品读,正是所谓"长文短教"。

人教版语文教材中,片段描写最为丰富美好的课文是《云南的歌会》。它有:

生动美好的"事物描述"片段;

生动美好的"情景描写"片段;

生动美好的"事件描写"片段;

生动美好的"人物描写"片段;

生动美好的"景物描写"片段;

生动美好的"动物描写"片段;

生动美好的"场面描写"片段。

如果从另外一个角度看,在全套初中语文教材中,这篇课文对"美女"的描绘也是最丰富多彩的。

课文中还有:

最有诗情的生活,形式最为别开生面的对歌,最热闹的"金满斗会",参与面最大的传歌活动,最奇妙的传歌方式,最出色的歌师傅,最漂亮的银饰围裙,最特别的打秋千的习俗,最悠游自在的"赶车"方式,最淳朴本色的"超女"……

笔者在这一课的教学之中,在了解文意的基础之上,先用"课中之最"引出对全文中最精致的描写内容的朗读品味，然后将欣赏的视点放在第4段上，这一段中，有美丽的景物描写、动物描写、人物描写。

所设计的教学活动是：朗读品味，美点欣赏。

欣赏方法之一：朗读，读出层次，读出情感，读出快乐的味道。

欣赏方法之二：讨论，品析课文中写得优美的地方，写得生动的地方。

学生活动之后，教师进行课中小结：这一段，美在"有声有色"，美在"点面结合"，美在"高低错落"，美在"详略分明"，美在"情境交融"，美在"烘托渲染"……

这就是所谓"选点突破"。

55 设计蓝本 集体演读

语文教材中有不少诗歌是可以用来进行集体表演朗诵的，于是就需要进行朗诵设计。

用于集体表演的朗诵设计比较简单，大约有三个方面的要求：

首先，体味诗歌的内容，设计一下什么地方有人来领读、什么地方大家一齐读等。

其次，品味诗歌的意境与情感氛围，提出朗读速度、音高、快慢以及要表现出的氛围等等。

再次，进行表演艺术方面的设计，如写出诗歌朗读时的"领起词"，设计某个诗句的反复吟咏等，如果还有更高的要求，那就是还需要考虑背景音乐的安排。

下面就是《秋天》的诗歌朗诵设计：

（朗诵要求：轻声朗读，中速，读出欣赏的感觉，读出陶醉的感觉。）

女领：《秋天》是一首美诗。诗中那一个个生动鲜明的画面，构成一组绚丽多彩的乡村秋景图。让我们来轻声地朗读，沉浸到诗的意境中。这时你仿佛能听到诗人在深情絮语，仿佛能看见幽谷、农舍、渔舟、牧羊女……

男领：秋天

　　　　何其芳

女领：震落了清晨满披着的露珠，

　　　　伐木声丁丁地飘出幽谷。

男领：放下饱食过稻香的镰刀，

　　　　用背篓来装竹篱间肥硕的瓜果。

男女领：秋天栖息在农家里。

男合：向江面的冷雾撒下圆圆的网，

　　　　收起青鳊鱼似的乌桕叶的影子。

女合：芦篷上满载着白霜，

　　　　轻轻摇着归泊的小桨。

众合：秋天游戏在渔船上。

女领：草野在蟋蟀声中更寥廓了。

女合：溪水因枯涸见石更清冽了。

男领：牛背上的笛声何处去了，

男合：那满流着夏夜的香与热的笛孔？

女合：（反复）秋天梦寐在牧羊女的眼里。

　　　　秋天梦寐在牧羊女的眼里。

　　　　秋天梦寐在牧羊女的眼里……

"集体演读"是课堂教学中师生一齐参加的群情激动、撼动心灵的朗读活动，是一种偶尔可用的精美动人的课文诵读形式。

这种活动类似于文艺节目中的"诗歌朗诵"，非常有凝聚力，非常有震撼力，非常有语文的味道。

这样的朗读活动往往安排在课文阅读教学的尾声，以优美的气韵形成教学高潮，给人留下深刻的美感和久远的回味。

如果在课堂把"朗读设计"的事情交给学生来做，又与他们一起来体验"朗诵表演"，那是多么生动高雅的教学活动啊！

让学生进行"朗读设计",指导的内容也很简单,讲一下上述三个方面的要求,再进行分组活动,给学生一定的时间,就有大致可行的方案产生。

下面就是从学生的实践活动中产生出来的《星星变奏曲》的朗读方案:

(朗诵要求:轻声,中速,连贯,充满盼望与希望。)

女领:星星变奏曲
　　　　江河
男领:如果大地的每个角落都充满了光明
　　　谁还需要星星,谁还会
　　　在夜里凝望
　　　寻找遥远的安慰
女领:谁不愿意
　　　每天
　　　都是一首诗
女合:每个字都是一颗星
　　　像蜜蜂在心头颤动
女领:谁不愿意,有一个柔软的晚上
　　　柔软得像一片湖
男合:萤火虫和星星在睡莲丛中游动
女领:谁不喜欢春天,鸟落满枝头
　　　像星星落满天空
男女合:闪闪烁烁的声音从远方飘来
　　　　一团团白丁香朦朦胧胧

男领:如果大地的每个角落都充满了光明
　　　谁还需要星星,谁还会
　　　在寒冷中寂寞地燃烧
　　　寻找星星点点的希望

男合：谁愿意
　　　一年又一年
　　　总写苦难的诗
　　　每一首都是一群颤抖的星星
　　　像冰雪覆盖在心头
女合：谁愿意，看着夜晚冻僵
　　　僵硬得像一片土地
　　　风吹落一颗又一颗瘦小的星
众合：谁不喜欢飘动的旗子，喜欢火
　　　涌出金黄的星星
　　　在天上的星星疲倦了的时候——升起
　　　去照亮太阳照不到的地方

这样的集体演读，有着优美的意境，传达出美好的希望，表现出诗意的世界。

又如《有的人》的集体诵读表演，教师也参与其中：

有的人
　　——纪念鲁迅有感
臧克家

师：《有的人》是臧克家先生政治抒情诗中的代表作。这首诗是为纪念鲁迅先生逝世13周年而作的。它的独特之处在于表现富有哲理意义的主题：人是为了多数人更好地活着而活着。这一主题已经超出了歌颂鲁迅精神的范围，将读者引入了对人生的更深层的思考。现在，让我们一起来诵读这首语言朴素、对比强烈、形象鲜明、哲理深刻的诗歌。

男领：有的人活着
女领：他已经死了；
男领：有的人死了
女领：他还活着。
男合：有的人
　　　骑在人民头上："呵，我多伟大！"

女合：有的人

　　俯下身子给人民当牛马。

男合：有的人

　　把名字刻入石头想"不朽"；

女合：有的人

　　情愿作野草，等着地下的火烧。

男女领：有的人

　　　他活着别人就不能活；

众合：有的人

　　他活着为了多数人更好地活。

男领：骑在人民头上的，

男合：人民把他摔垮；

女领：给人民做牛马的，

女合：人民永远记住他！

师：把名字刻入石头的，

众合：名字比尸首烂得更早；

师：只要春风吹到的地方，

众合：到处是青青的野草。

男女领：他活着别人就不能活的人，

众合：他的下场可以看到；

男女领：他活着为了多数人更好地活着的人，

全班：群众把他抬举得很高——，很高——。

师：他活着为了多数人更好地活着的人，

全班：群众把他抬举得很高——，很高——。

这样的诵读，气氛庄重，场景动人，抑扬有致，憎爱分明，"歌颂真善美，鞭挞假丑恶"的教育意义渗透到师生的心灵深处。

56 认字识词 手法多样

语文教材中有不少诗歌是可以用来进行集体表演朗诵的。于是就需要进一步认字识词，这是课堂阅读教学的家常便饭，正是因为这个原因，我们在这个方面做得既不细腻也不美好，很多课都是用"检查预习"方法来简单地处理一下学生认字识词的问题。

这让学生的课堂积累受到很大的损失。起码，字词学习的过程是轻描淡写地进行的。

阅读教学中的认字识词活动，最好是让学生自己动手，教师应该做到给学生以充分的学习时间。如下面一些做法。

方法之一：自由选词，理解识记。

如《说"屏"》第一个教学环节的学习要求是：选一组词儿读一读。

同学们自读课文，自选雅词。师生交流，共精选出下面8个词，识记、理解、学用：

微妙：深奥玄妙，很难捉摸。

擅长：在某方面有专长。

点缀：衬托，装饰，使更好看。

装饰：装点修饰。

韶光：美好的春光，喻指美好的青春年华。

造型：塑造人或物体的形象。

得体：恰当，恰如其分。

休憩：休息。

方法之二：精巧组合，集中识词。

如《刷子李》的教学，导入课文之后，教师安排了这样的练习内容：请大家读准下面一段话的字音，理解其中6个词的意思。

刷子李的绝活是，刷完浆身上绝没有一个白点，但行内的生气愣说不信。这天，小三看师傅蘸浆刷墙。只见师傅的手臂悠然摆来，悠然摆去，如同伴着鼓点，和着琴音。一道道浆衔接得天衣无缝。刷过去的墙面，好比一面雪白的屏障。刷子李看着曹小三发怔发傻的模样，笑道："好好学本事吧！"

愣：非得（děi）。

绝活：独一无二的手艺。

悠然：徐缓、悠闲的样子。

天衣无缝：天仙做的衣服没有缝儿。形容事物完美自然，没有一点破绽或缺点。

屏障：像屏风那样遮挡着的东西。

发怔：发呆。

这样的设计非常有创意。教师巧妙地组合起一段文字，形成一定的语境，既集中了需要认读理解的字词，又为理解全文的内容做了一定的铺垫。

方法之三：比较辨析，理解词义。

如《马说》教学实录片段：

师：第二步是"辨析积累"。这是你们的活动了，怎么辨析呢？文言课文中有很多的词是反复地用，有的时候就表现出形同而义不同的情况，称之为一词多义。下面你们做一个这样的活动：每个人找一组这样的词，两个字的形状是一样的，如两个"之"、两个"也"等，但是它们的意义不同。要一组一组地找。

（学生在课文中找，教师巡视指导）

师：现在就开始交流学习所得。

生："食（shí）"和"食（sì）"，第一个是"吃"的意思，第二个是通假字，通"饲养"的"饲"。

师：一个"食（shí）"，一个"食（sì）"，形同，义不同，音也不同。

生："不以千里称也"和"策之不以其道"，前一个"以"的含义是"因为"，后一个"以"是"按照"的意思。

师：两个"以"不同，这是第二组。

生："其真无马耶"，"其真不知马也"，前一个"其"可以理解为"难道"，第二个"其"应理解为"那是"。

师：好！三组了。

生："策之不以其道"和"执策而临之"，第一个"策"是"鞭打"的意思，第二个"策"是"鞭子"的意思。

师：第四组。

生："祇辱于奴隶人之手"和"策之不以其道"的"之"，前一个是"的"，后一个是"它，代千里马"。

师：两个"之"的意思不同。

生："千里马常有"和"且欲与常马等不可得"的"常"不同。

师：大家看，又是一组！还有！

师：老师给你们提示一组。"而伯乐不常有"的"而"是"然而"，"执策而临之"中的"而"则表示两个承接的动作，这两个"而"也是不同的。

师：还有一组。"千里之能"的"能"与"鸣之而不能通其意"的"能"不同，前一个"能"指的是"能耐"，后一个则是"能够"的意思。

……………

师：你们看，通过这种辨析词义的活动可以找出很多组词义不同的词。反之，还可以找出很多组词义相同的词。它的方法就是两两相比，甚至三个相比，四个相比。大家看课后练习的设计，就是这样比出来的。因此，你们熟悉了这个操作方法之后，自己也就可以编练习了，就能找出很多组很多组词义不同的词，这就叫"辨析积累"。

方法之四：巧设练习，趣味识词。

如《三峡》的认字识词教学。

教师建议：来试一试趣味识字的方法。

请同学们找出带"山"旁的字并理解它们的意思。

巴东三峡　　峡：两山夹水的地方。

重岩叠嶂　　嶂：zhàng，高耸如屏障的山峰。
　　　　　　岩：巨石凸起形成的山峰。

绝巘怪柏　　巘：yǎn，极高的山峰。

清荣峻茂　　峻：jùn，高而陡峭。

再请同学们找出带"氵"旁的字并理解它们的意思。

沿溯阻绝　　沿：顺流而下；溯：sù，逆流而上。

素湍绿潭　　湍：tuān，急流的水。

悬泉瀑布　　瀑：从河床陡坡或悬崖倾泻而下的水流。

飞漱其间　　漱：shù，冲荡。

林寒涧肃　　涧：此指峡谷。

猿鸣三声泪沾裳　　沾：浸湿。

这是非常奇巧的角度，它的产生倚赖于教师对课文内容的精细阅读与提炼。

在教学实践之中，引导学生认字识词的方法和落实语言积累的方法还有很多，如用词写句、分类集中、词语接龙、词语卡片等等，只要多尝试，多实践，有益于认字识词教学的方法多的是。

57 句段评点 清新雅致

我在《中学语文教例品评100篇》中,介绍过一则很好的资料:

师:同学们知道,学习的工具有字典、有词典,我想,也应该有句典。今天咱们预习了《白杨礼赞》,我很希望大家为课文编一部"句典"。今天大家回家后,每人从文中选出一句或几句话,或自己理解,或查找资料,写出你所选句子的注解。这样的作品汇集在一起,不就成了《白杨礼赞》的句典了吗?现在我给大家示范一下。

白杨树实在是不平凡的,我赞美白杨树!

——起笔一句,直点礼赞对象,抒发了对白杨的崇敬赞美之情,"实在"一词充满了情感,"不平凡"点明了中心,感叹号表达了情感的丰厚。

第二天的课堂上,同学们纷纷发言。

扑入你的视野的,是黄绿错综的一条大毡子。

——一个"扑"字,生动地写出了景物迎面急速而来,"黄绿错综"总写黄土高原的粗犷平坦。

黄与绿主宰着,无边无垠,坦荡如砥。

——"主宰"写出高原色彩的"单调",与上文"黄绿错综"相呼应,"无边无垠,坦荡如砥"两个短语极写高原的辽阔和平坦。

那就是白杨树,西北极普通的一种树,然而实在是不平凡的一种树。

——"极普通"和"不平凡"构成"白杨树"的性格、身份的两个有代表性的侧面,"然而"和"实在"更加肯定了"白杨树的不平凡"。

那是力争上游的一种树,笔直的干,笔直的枝。

——这一句总写白杨树的外形特征。"力争上游"富有动感,它的奋斗结果就是两个"笔直"。

这是虽在北方风雪的压迫下却保持着倔强挺立的一种树。

——这是一个单句,句子的重点在复杂的定语,它生动描绘了白杨树在恶劣环境下坚忍不拔、顽强奋斗的品质。

它伟岸、正直、朴质、严肃,也不缺乏温和,更不用提它的坚强不屈与挺拔,它是树中的伟丈夫。

——八个形容词或者说八个褒义词语分三个层次表达,激情好浓、崇敬好深,好像在赞美白杨,实际上已经在赞美伟大的抗日军民。

……………………

这则资料表现的,一是教师的教学创意,二是教师的练习设计水平,三是学生的作业状况。

其实,这种编写"句典"的活动,就是语言欣赏的一种特别形式——句段评点。它是与语言品味有关的欣赏活动,是语言教学中内容高雅的学习活动;它文气浓郁,清新雅致,对培养学生的语感,对提高学生的语言欣赏能力很有好处。

课堂上的"句段评点"活动主要有两种。

第一种,品读欣赏的视点单纯。如,重在字词的理解与欣赏。

如,笔者在《沁园春·雪》教学的第三板块中引导学生进行字词欣赏:

师:诗人讲究炼句,炼词,炼字。简单说就是写作时反复斟酌、锤炼、推敲语句,使之精确简洁,生动传神,为诗文增色。请同学们自由品析,进行评点,说说这首词中哪些字用得好、哪些词用得好。

如,"惟"字用得好,强调了雪原的纯然一色;"顿"字用得好,有力地表现了严寒的力量……

同学们思考，表达，师生交流：

"封"字用得好，写出了宁静肃穆。

"飘"字用得好，写出了舒展柔美。

"舞"字用得好，写出了逶迤曲折。

"驰"字用得好，写出了奔腾壮烈。

"欲"字用得好，写出了勃勃雄心。

"竞"字用得好，写出了英雄风采。

"惜"字用得好，写出了超凡气概。

"看"字用得好，写出了豪情满怀。

教师小结：《沁园春·雪》——这是一支极富文采、高唱入云的英雄之歌！

第二种，着眼于多个细节内容的欣赏。就像上面《白杨礼赞》的"句典"，讲求从多个侧面来点评句子。

如《珍珠鸟》教学活动之一，设计了"句典编写"的活动。教师示例说明评点的角度：美字妙语，恰切动词，优美比喻句，生动拟人句，小鸟描写句，精彩的细节，情感的抒发，等等。同学们自选美句进行欣赏并实践"句典编写"的学习方法：

更小哟，雏儿！正是这个小家伙！

——三次称呼，三种角度，三种语气，作者的喜爱之情涌出笔端。

一会儿落在柜顶上，一会儿神气十足地站在书架上，啄着书背上那些大文豪的名字；一会儿把灯绳撞得来回摇动，跟着逃到画框上去了。

——三个"一会儿"，五个动词，一个"神气十足"，写出了小鸟的活泼好动、调皮可爱。

它先是离我较远，见我不去伤害它，便一点点挨近，然后蹦到我的杯子上，俯下头来喝茶，再偏过脸来瞧瞧我的反应。

——写出了小鸟的心理活动，传神地绘出了小鸟让人怜爱的神情。

只要大鸟在笼子里生气地叫一声，它立即飞回笼里去。

——拟人笔法，"生气"二字用得好，给人一种如见其"鸟"的感觉。

白天，它这样淘气地陪伴我；天色入暮，它就在父母再三的呼唤声中，飞向笼子，扭动滚圆的身子，挤开那些绿叶钻进去。

——拟人笔法，"淘气"写出了小鸟的性格特点，"再三"写出了大鸟的着急和小鸟的贪玩，"飞""扭动""挤开""钻"充满动感，写出了小鸟的活泼可爱。

扭头看，这小家伙竟趴在我的肩头睡着了，银灰色的眼睑盖住眸子，小红脚刚好给胸脯上的长长的绒毛盖住。

——"小家伙"写出了"我"对珍珠鸟的亲昵和喜爱；"竟"，出乎意料，没想到受到如此信赖。色彩的描写表现出小鸟的美丽可爱。

…… ……

课堂阅读教学中的"句段评点"活动，讲究"选点"，并不是课课都适用；讲究示范，教师要教学生如何做；讲究给时间，让学生把话写好、写美。

58 巧挪文句 牵动品析

课文之中,常有句子摆放的地方不对,或者说这样的句子到底应该放在文章或者文段的什么地方,是值得斟酌的。这恰巧为阅读教学设计的机巧性提供了契机,提供了极好的阅读品析和思维训练的有用材料。

像《松鼠》,在某个教材的版本中,它的第一段是这样的:

松鼠是一种漂亮的小动物,驯良,乖巧,很讨人喜欢。它们虽然也捕捉鸟雀,却不是肉食兽类,常吃的是杏仁、榛子、榉实和橡栗。它们面容清秀,眼睛闪闪发光,身体矫健,四肢轻快,非常敏捷,非常机警。玲珑的小面孔,衬上一条帽缨形的美丽的尾巴,显得格外漂亮;尾巴老是翘起来,一直翘到头上,身子就躲在尾巴底下歇凉。它们常常直竖着身子坐着,像人们用手一样,用前爪往嘴里送东西吃。可以说,松鼠最不像四足兽了。

这一段中,句子组合是有问题的。

可以这样设问:为了使这段文字思路清晰,内容紧凑,需要删去或者移动哪个句子?

对于"段"的阅读来说,这是一个"主问题"。它牵动了对全段内容的深刻分析,不仅要从概括的角度理解这段文字的主要内容,还需要分析层次与层次之间、句与句之间的关系，才能得出正确的结论。可以说，这是阅读分析训练，也是思维训练。

研讨的结果是："它们虽然也捕捉鸟雀，却不是肉食兽类，常吃的是杏仁、榛子、榉实和橡栗"这个句子放在这里显得不伦不类，既与上句接不上，也与下句接不上，也与全段所表达的中心意思没有什么关联，需要删去或者移动地方。

可以用另外一套教材的版本来证实这样做是可行的：苏版七年级下册的《松鼠》中，这个句子被移到了第3段——这一段是讲松鼠住与吃方面的生活习性的。

有意思的是，在苏教版的《松鼠》中，却又有一个段落为我们提供了训练的机会，这是课文的第5段：

松鼠的窝通常搭在树枝分叉的地方，又干净又暖和。它们搭窝的时候，先搬些小木片，错杂着放在一起，再用一些干苔藓编扎起来；然后把苔藓挤紧，踏平，使那建筑物既宽广又坚实，可以带着儿女住在里面，既舒适又安全。窝口朝上，端端正正，很狭窄，勉强可以进出；窝口上有一个圆锥形的盖，把整个窝遮蔽起来，可以使雨水向四周流去，不落在窝里。

这一段的表达，理路不清晰，层次之间的语言衔接显得生硬。

可以这样设问：为了使这段文字更加流畅，更有层次感，需要将这段文字中的一个句子变成全段的总结句，请你试一试并润色这段文字。

这同样是一个"主问题"，同样牵动了学生的阅读活动和思维活动。

交流的结果是，这个段落可以这样修改：

松鼠的窝通常搭在树枝分叉的地方，又干净又暖和。它们搭窝的时候，先搬些小木片，错杂着放在一起，再用一些干苔藓编扎起来；然后把苔藓挤紧，踏平，使那建筑物足够宽广，足够坚实。它们建造的窝，窝口朝上，端端正正，很狭窄，勉强可以进出；窝口上做有一个圆锥形的盖，把整个窝遮蔽起来，下雨时雨水向四周流去，不会落在窝里。这样，它们可以带着儿女住在里面，既舒适又安全。

原来，"既舒适又安全"这几个字才是全段文字所要表达的中心意思，宽广坚实的窝是舒适的，能够遮挡雨水的窝是安全的，这样一改，这段文字才更加漂亮，思路才能得以完全畅通。

这个活动，牵动了对全段文字的细致分析；同时，也是很好的写作修改训练。

再来看课文《故宫博物院》。

这篇课文中的第7段是一个长句，多年以来不断有人指出它出现的位置不对。

先来看看课文的内容：

……　……

第4段，作者用了一个大段重点说明介绍"三大殿"。

第5段，作者用了一个大段对三大殿之一的太和殿进行总介。

第6段，又用了一个大段对太和殿的"大殿"进行重点的介绍。

第7段，作者写道：

三大殿建筑在紫禁城的中轴线上，这条线也是北京城的中轴线，向南从午门到天安门延伸到正阳门、永定门，往北从神武门到地安门、鼓楼，全长约八公里。

既然出现了这一段，那么可以说，对三大殿的介绍应该是到此为止了。

但接下来的第8段仍在继续介绍太和殿的用途：

太和殿是举行重大典礼的地方。皇帝即位、生日、婚礼和元旦等都在这里受朝贺。每逢大典……

第7段，它切断了课文对太和殿的介绍，它出现的位置让人费解。

于是可以设问：根据全文说明顺序的安排，《故宫博物院》中的第7段最好放在什么地方？

这是一个牵动全文品读的"主问题"。学生要对课文重点部分进行反复的研读，弄清楚全文的说明顺序，划分说明内容的层次，并由此得出如下结论：可以将这一段放在课文第10段的后面，这时对"三大殿"的说明介绍已经完毕。如：

中和殿后面是保和殿。雍正后，这里是举行最高一级考试殿试的地方。

三大殿建筑在紫禁城的中轴线上,这条线也是北京城的中轴线,向南从午门到天安门延伸到正阳门、永定门,往北从神武门到地安门、鼓楼,全长约八公里。

从保和殿出来,下了石级,是一片长方形小广场,西起隆宗门,东到景运门……

像这样的教学创意,带有一点"侧面入手,正面解读"的意味,做的是将一个句子挪动一个地方的事,带动的却是对一个段或者一篇文章的细细品析。

59 利用课题设计活动

在阅读教学中，利用课文标题来形成学生的活动，是一种比较精致的手法。如宁鸿彬老师有时让学生给课文标题加上副标题，一下子就将学生的阅读引向了对课文内容或者主题的概括。

"利用课题"的手法，不如"读写结合"的手法那样好用，我们不必过多地使用它，但得讲究每用一次都尽力地做到角度精致、形式美观、效果显著。

如，利用课文标题中的文字而自然有趣地导入课文。

以《荷叶　母亲》为例。

课始，老师请同学们写一个想象句：荷叶是＿＿＿＿＿＿＿＿

同学们写句：

荷叶是我们的帽子。我们戴着荷叶帽，快乐地玩耍。

荷叶圆圆的，绿绿的。小蝴蝶说："荷叶是我的舞台。"小蝴蝶立在荷叶上，展开五颜六色的翅膀，跳起了优美的舞蹈。

荷叶是露珠的床，露珠一觉睡到天亮。

荷叶是青蛙的伞，青蛙用它遮挡雨和阳光。

荷叶是我的扇子，它给我带来绿色的清凉。

荷叶是小水珠的摇篮。

荷叶是夏天的衣裳。

荷叶是藕的宝宝。

荷叶是个大美女。

荷叶是我的遮阳帽，荷叶是我的小船，荷叶是我的芭蕾舞裙。

荷叶是夏天里一首清凉的小诗，荷叶是阳光下跳动的音符。

教师顺势引出：荷叶是母亲——请看冰心的美文《荷叶　母亲》。

于是，教学顺势进入课文，非常恰切，非常有趣，非常自然。

如，利用"变换"课文标题而带动对课文的全面扫读。

以《呼兰河传（节选）》为例。

苏教版的课文《呼兰河传（节选）》选自萧红的小说《呼兰河传》，节选的内容生动有趣，写的是"我"的童年时代一段自由的富有诗意的生活。可惜教材的选编者简单地将课文的标题定为"呼兰河传（节选）"，毫无内容指向，毫无情感色彩，显得粗糙、随意、马虎。

于是可以设计一个环节的教学活动：

请同学们诗意地给课文换一个标题。可以用自己的话，也可以用课文中的话。

同学们读课文，拟标题：

我家有一个大花园；美丽的后花园；小的时候；我的快乐的世界；我和我的祖父；愿意；太阳底下；草帽·谷穗·阳光；太阳也不知道；天空蓝悠悠的；要做什么，就做什么；我玩累了；再也回不来了的日子……

这样的活动，带动了对课文标题的审美，带动了对全文内容的扫读与概括。"变换"二字，角度细腻，很有吸引力，学生的课堂活动自然、深入。

如，利用"再拟"课文标题而带动对课文的文意把握。

以《散步》为例。

师：现在开始第一个阅读活动。

（屏幕显示：请试着给文章再拟一个标题，并说明你的标题能够表示你读出了课文的味道。）

师：大家看，老师并没有这样说——"这个标题表示你读出了这篇课文的主题"，而是说——"这个标题表示你读出了课文的味道"，这个味道要通过你拟的标题来表现。

（生考虑片刻，纷纷举手。）

生1：我拟的标题是"分歧"。

师：你是抓住了课文里的波澜、故事里面的一个曲折，来表示你读出了课文的味道。

生2：我认为可以拟标题"美"，因为课文很美，里面有爱。

师："美"字也可以表示你读出了课文的味道。但是从这个标题看，表现的范围大了点，可以给这个标题加个起限制作用的词。

生3：可以用"关爱"两个字，因为这一家人都互相关爱着。

师：关爱之美——因为有三代人浓浓的亲情。

生4：我拟的是"温情的春天"。

师：有诗意。春天暗示一种生命力，一种暖意。

生5：可以把标题拟为"大路还是小路"，因为一个分歧更能表现决定的重要性，更能体现责任感。

师："大路还是小路"，建议你把"还是"两个字去掉。

生6：我拟的是"爱·责任"。

师："爱·责任"，很新颖。

生6：因为这篇文章表现了三代人浓浓的爱和"我"的责任重大。

师：表现了中年人的责任感。

师：还有很多好的标题呢，如：幸福的家庭，亲情无边，分歧，大路小路，责任，背起整个世界；又如：春意，呵护，生命、生命，小事情深，选择，温馨瞬间……

师：我们拟的标题，与"散步"一起，共同表现着《散步》的美好内容：亲情，孝敬，关爱，责任感……

给课文再拟标题，生动地初步地带动了对课文内容的品析欣赏，不仅让学生初步感知了课文内容，更是让学生多角度地准确地感受到了课文所表现出来的思想情感倾向。

如反复利用课文标题引出话题，引导学生理解课文内容。

以苏版九年级下册的《热爱生命》为例。

教师的教学创意是：

请联系课文内容说说课文标题"热爱生命"含义。

精彩片段研读之一

精彩片段研读之二

精彩片段研读之三

精彩片段研读之四

请同学们再结合课文说说课文标题"热爱生命"的含义。

教师在课始和课末都设计了根据课文内容解说"热爱生命"的含义，可谓独具匠心。这是一种巧妙的反复，又是一种巧妙的深化，同时又显得出课堂教学的结构之美。

利用课文标题来设计活动，角度多种多样。在笔者所写的这个文章系列里面，另有几篇文章也谈到了这种手法。如《开课揭题，直入情境》中的《夏天也是好天气》例，介绍了用"朗读"标题的方法进入课文学习；如《巧妙导入，自然得体》中的《小石潭记》例，说明了将标题"变形"的方法在课堂激趣中的运用。

还是那句话："利用标题"的手法，讲究每用一次都尽力地做到角度精致、形式美观、效果显著。

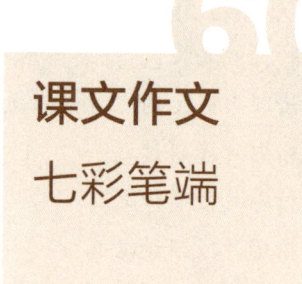

课文作文
七彩笔端

课文作文,就是以"课文"为素材的作文活动。

课文作文是阅读教学中"读写结合"的重要手法之一。可以说它是阅读教学的一种侧面手法,即通过"写"的方式来"读"懂课文;也可以说它是一种既能培养思维能力又能训练写作能力的训练活动。

课文作文对学生训练的最有力的地方在于它需要"动手",这种强度比读一读、说一说、议一议要大得多。所以,它是一种比较实用的教学手法。

从一般的写作形式来看,改写、缩写、续写、扩写、补写等方式都可以运用于课文作文,写读后感、写评论等等也可以运用于课文作文,但仅此还不行,还需要寻求新的视角、创造新的形式。

如《端午的鸭蛋》的课文作文方案设想——体现角度的变化。

教学创意:用多个角度不同、身份不同的"假设"来让学生成为课文中的角色并进行写作,从而形成课堂写作的非常意趣。

假如你是推荐《端午的鸭蛋》的作者,请写一篇课文简介。

假如你是课文中的小朋友,请你以"家乡的咸鸭蛋"为题写几句话。

假如你是高邮的厨师,请你说说"咸鸭蛋吃法之一二三"。

假如你是课文中的小朋友，请你以"乐在端午节"为题写一段回忆。

假如你在高邮长大，请你以"童年的端午节"为题写一段抒情的话。

假如你是课文中的小朋友，请你以"我的鸭蛋络子"为题写一段说明文。

假如你是课文里的中学生，请你以"请到我的家乡来"为题写导游词。

假如你是《端午的鸭蛋》的高邮读者，请你以"我为家乡而自豪"为题写话。

从教学形式看，这种活动融阅读、写作、思维训练于一体，既是一种"课文作文"的形式，也是一种"创境作文"的形式。课文作为教学中的一个例子，既为学生的阅读提供了范本，也为学生的写作提供了美好的素材。

这样，我们就运用了"多向假设"的手段，从更多细节性的角度引导学生理解了文章内容。

又如《罗布泊，消逝的仙湖》的课文作文教学设计——体现形式的变化。

教学创意：课文小作文

教师指导之一：

所谓"课文小作文"，主要是指在课堂上读大文写小文，读长文写短文，读此文写彼文；读一文写多文，这是一种自读课文的好方法。

教师指导之二：

作文的要求是：每位同学根据课文内容自拟一个小小的作文题——如"美丽罗布泊""可怕的罗布泊""胡杨的诉说"等等，题目越新颖、内容越实在越好。充分利用课文的内容与语言写一两百字的小作文。

教师指导之三：

同学们可从概括内容的角度写，可从说明事物的角度写，可从描述事物的角度写，可从抒发情感的角度写，可从表达感受的角度写，可从欣赏课文语言的角度写。可以用自己的话语来写，如进行课文概括、表达读文感受等。可以重点利用课文中的某个片段进行改写，如抒发情感等。可以自由地组合课文的文句，形成一段短而完整的文字，如描写景物、讲述故事等。

同学们进行课堂写作并交流，请见下面实录：

生：醒醒吧，人类的慈悲心

过去，这里是牛马成群绿树环绕河流清澈的生命绿洲，现在这里却成了寸草不生连鸟也不愿飞过的死亡之地，罗布泊昔日的美丽已荡然无存。这出悲剧的始作俑者是人，三十年，仅仅只是三十年，人间仙境转瞬变成了戈壁沙漠，正是人类盲目地增加耕地用水、盲目地修建水库截水、盲目掘堤引水、盲目建泵站抽水导致的。这一切的一切难道不能说明什么，醒醒吧，人类的慈悲心！不要让悲剧再在现实中重演，不要再给自己带来遗憾！

师：非常精妙的课文语言的组合，浓缩了全文的基本内容，突现了主题内容而且富有情感。

生：倾听胡杨的诉说

我是一棵胡杨，生长在罗布泊旁边的胡杨，我曾经是多么茂盛啊！可如今，由于人类的破坏，养育我的母亲罗布泊由于得不到塔里木河的水，日趋干涸。我们虽然号称千年不死，但也经不起这般折磨，终于我们坚持不住了。我们虽然已经死了，但我们的灵魂依旧存在，为的是让人们了解到他们的暴行，为的是帮助他们改过自新，为的是不让他们受到大自然的惩罚，为的是我们可怜的、共同的地球母亲。

师：这个点选得好，手法也用得好，而且对课文的内容进行了组合，朗诵的情感也在让我们的心弦颤动。

生：神秘的罗布泊在哭泣

罗布泊曾经是一个牛马成群绿树环绕河流清澈的生命绿洲，它像花季少女一样绽放着青春的魅力，而如今它不再有美丽的眼睛，它被干涸而吞噬，它被叫作沙漠的老巫婆而吞噬，它失去了美丽。仙湖，罗布泊为它曾经拥有的美丽而哭泣，罗布泊在呼吁，呼吁着人们不要把它最后的眼泪也掠夺。醒醒吧，人类的良知，睁开眼睛看看，看看罗布泊渐渐干涸的眼泪。

生：我，一棵奄奄一息的胡杨

我，是一棵奄奄一息的胡杨，孤单地站在罗布泊旁，我的伙伴都已离我而去，留在我身旁的只是那干枯的木乃伊，那奇形怪状的枯枝，那不愿倒下的身躯，似乎就是我的下场。啊，谁能来救救我？每日每夜我千百次无力地呻吟着，呼唤着，谁能来救救我？但回答我的只是广阔沙漠中那张狂的狂风和漫天的飞沙，这像是嘲笑也像是挑战，但我已筋疲力尽，已无力反击，啊，谁能来救救我？

　　师： 情感是那样真实，丰富！代表无数失去生命的胡杨，表现了它们心中的悲哀。

　　……　……

　　真可谓：课文作文精心写，巧遣七彩上笔端。

61 展开想象 生动描述

展开想象，生动描述，是读写结合教学手法之中的一种。

这种手法可以用于文言诗歌的教学。充满画面之美的诗句，能够让学生充分地展开自己的想象，能够让学生的脑海中酝酿出或朦胧或清晰或平面或立体的画面。它也可以用于故事类作品的教学，它们之中的空白，留给了学生尽情想象的空间。

想象，然后用文字进行描述，用笔墨勾勒出摇曳生姿的画面，用文句叙说出生动的故事。这些，都是能力训练。

如《晓出净慈寺送林子方》的教学。

教学创意：多角度点拨

活动方式：想象画面，描述画面。

教师点拨：想象式阅读，是阅读诗歌的好方法之一，它会让你神思飞越，浮想联翩。现在让我们带着美好的想象来读杨万里的《晓出净慈寺送林子方》。

我们可从许多方面来"展现""接天莲叶无穷碧，映日荷花别样红"所表现出来的画面。如从直觉的角度想象：阳光照耀，粉红色的荷花在碧绿的莲叶的映衬之下显得格外娇艳。如从嗅觉的角度想象、从触觉的角度想象、从景物层次的角度想象、从景物烘托的角度想象、从远观的角度想象、从特写镜头的角度想象、从身处其中的角度想象等等；可以从"动景"的角度去想象，从"静景"的角度去想象，从"太阳升起"的角度去想象，从"夕阳西下"的角度去想象，从"俯视"的角度去想象，从"仰视"的角度去想象……

同学们写作句子，课堂交流，教师的对话穿插其中：

辽阔的西湖上，莲叶无边，延伸到远方，与天相接。

朝阳照耀，粉红色的荷花在碧绿的莲叶的映衬之下显得格外娇艳。

莲叶的清香沁人心脾，荷花的幽香令人陶醉。

触一触莲叶，莲叶给人一种充满生命力的感觉；摸一摸荷花，荷花瓣就像小姑娘的手那样柔嫩。

莲叶立于水面，像一片碧绿的海洋，荷花有的在莲叶边绽放，有的高高挺立，它们相互映衬，错落有致。

几片碧绿的莲叶高低错落，簇拥着一枝嫩嫩的尖尖的就要开放的花蕾。

莲叶与荷花上面，不时有白色水鸟飞过。

层层的莲叶中间，绽放着水草的小小白花。

青蛙卧在水面的莲叶上，享受着花影下的清静。

人们在湖边走过，欣赏着莲与荷的美妙组合，幽香清香阵阵袭来，使人感到清凉舒坦。

夏日里，阳光下，划着轻舟在莲叶与荷花的海洋里缓行，莲叶摇曳多姿，荷花清新淡雅，微风送来清香，让人心旷神怡。

这种手法，也可以用于叙说类作品的教学。

在这里，教师的点拨非常重要，有了"角度"的启迪，就有了丰富的画面描述。

如童话《七颗钻石》的教学。

课文教学的第三个环节的创意：利用课文空白，创编微型故事。

教师出示读写训练要求：想一想，轻轻地描述小姑娘的一个好梦。

教师点拨：利用故事中的"空白"来展开自己的想象，要在两个关键上面做文章。一是"合情合理",既合乎情节的发展,又符合人物的性格。二是"想象奇妙",表现出童话的文体特点。

教学对话实录如下:

师:描述什么好梦,描述什么场景,老师都不讲,你们自己决定。好,请同学们默想几分钟,开始编故事。

(同学们构思)

生1:小女孩梦见一个神仙走到她面前。这个神仙因为被她以前做的那些好事所感动,所以对小女孩说可以答应她两个要求。于是,小女孩说,现在正有一场大灾难,请让所有的人都能喝上水,而且让所有的人都能健康地活下去。这位神仙对小女孩说:"我可以满足你的要求。"然后就走了,而小姑娘也醒了。

师:这个同学理解了这篇童话的深意。

生2:我描述的也是一个梦:梦仙子把小姑娘带到一个非常美丽的地方。这个地方有花有鸟,有树有草,有奔腾的小河,小姑娘突然想起了还在病床上的妈妈。小姑娘想,我的小水罐呢?我一定要给妈妈舀水。这时,梦仙子飘到她的面前,对她说:"我可以给你一罐水,但你要好好利用这罐水,如果你好好利用这罐水,它会给你一个惊喜的。"小姑娘就醒来了,这时,她就看到小水罐中装满了水。

师:对,果然小姑娘很好地用了这罐水。很好,你想象的内容能和情节巧妙地接起来。

生3:小姑娘梦见自己变成了一条小河,然后流到了地球的每个角落,所有的花草树木都恢复了生机,动物也恢复了生命的活力。然后,她妈妈就喝到了她变的那条河的水,她自己也感到非常高兴,因为她拯救了整个地球。

师:噢,神奇的梦。

生4:小姑娘梦见自己继续寻找水。这时飞来一只鸟。这只鸟开口说话了:"请让我喝一口水吧。"于是小姑娘就毫不犹豫地给它喝了一口水。这时候,鸟说:"滴水之恩当涌泉相报,我喝了你一口水,当然要还你一罐水。"小姑娘就这样惊醒了。

师：真的，这一罐水就变成了涌泉。七颗钻石从罐子里跳出来，罐子里涌出一股巨大的清澈的水流。这水流干什么用的？就是大家喝的。小姑娘的爱心使大家都喝上了水并感受到喝水的乐趣，大家的生命也得到了挽救。

…… ……

在这里，教师的话题设计恰到好处，这样精彩的角度，点燃了学生思维的火花，动人的故事在他们的心中流淌。

阅读教学之中，可以让学生"展开想象，生动描述"的"点"不知道有多少，它们等待着教师有创意的挖掘与开发。

62 给词写话 趣读课文

阅读课的教学任务主要是：知识积累，语言学用，能力训练，方法传授，情感熏陶。

就一般情形下的教学而言，"读懂课文"不是目的。

"读懂课文"永远不能放在阅读教学任务的首位。

所以，在教学设计中应该多想一些方法，有意地多设计一些得体得法的"绕着弯儿走"的活动，让学生在活动中经受历练，既能受到能力的训练，又能够积累知识，同时解决课文理解的问题。

"给词写句"，或者"给词写段"，或者"给词说话"，就是一种灵动的趣读课文的活动，一种"绕着弯儿走"的能力训练活动。

所谓"给词"，就是给学生"点出"所教学课文中的若干词语；所谓"写句"或"说话"，就是请学生运用这些词语来创造性地表述本课的内容。

这是很有趣的阅读活动，是有趣的说或写的活动，是面向所有学生的集体训练活动，是能够把学生深深引到课文之中的思考与表达的活动。

如《生命 生命》教学中的一次"课文概说"的活动：指导学生在"用词说话"中把握课文文意。

课文中有这样的语句：

……但它挣扎着，极力鼓动双翅，我感到一股生命的力量在我手中跃动，那样强烈！那样鲜明！飞蛾那种求生的欲望令我震惊，我忍不住放了它！

……　……

有一次，我用医生的听诊器，静听自己的心跳，那一声声沉稳而有规律的跳动，给我极大的震撼，这就是我的生命，单单属于我的。我可以好好地使用它，也可以白白地糟蹋它。一切全由自己决定，我必须对自己负责……

我点出文中"震惊""震撼"两个词，请同学们运用这两个词来概说全课的内容。要求每位同学都要准备，要求每位同学都要"对自己说""对同桌说"。

同学们说得多好啊：

飞蛾那种求生的欲望和小瓜苗不屈向上的精神令作者震惊，作者静听自己的沉稳而又有规律的心跳，给自己以极大的震撼。于是作者懂得了要珍惜生命、不让自己的生命白白地流失、必须对自己负责的道理。

"我"为小飞蛾的求生欲而震惊，"我"为小瓜苗不屈向上的精神而感动。"我"静听自己的心跳，那一声声沉稳而有规律的跳动，给"我"极大的震撼。"我"下定决心，一定要珍惜生命，决不让它白白流失，使自己活得更加光彩有力。

让作者震惊的，是小小飞蛾那强烈的求生欲望，是那小小瓜苗在没有泥土的砖缝中不屈向上的精神；让作者震撼的，是他居然听到了自己的心脏那一声声沉稳而有规律的跳动。于是他深深地感受到：虽然生命短暂，但是，我们却可以让有限的生命体现出无限的价值。

……　……

"给词写句"或"给词说话"活动的开展，需要教师着力钻研课文文本，提炼出有训练价值的"抓手"；同时需要教师自己先进行实践，了解其中的深与浅并尝试其可能性，以保证课堂上的写与说的活动顺利进行。

在《说"屏"》的一个课时的教学中，我设计了两次活动。

一次是"课文内容再表达",解决文意把握的问题。

一次是"课文内容巧表达",解决多角度细节性地理解课文内容的问题。

"课文内容巧表达"运用的就是"给词写句"的教学手法:

给同学们四组词语,请各自任选一组,就课文内容写几句话,要求生动地表述课文内容而又不是照抄原文——

诗意　情境　向往　微妙

擅长　功能　美感　称道

帷幕　装饰　书斋　休憩

造型　轻巧　绘画　得体

这四组词语,每组都是四个词。其实原来的设计,每组都是五个词,在我自己事先进行的写作尝试中,觉得难度比较大,于是调整为每组四个词。

课堂上,同学们写出来的"作品"可谓五彩缤纷:

屏的造型十分轻巧,却能将室内分割成两个独立的空间;屏上的绘画与书法,表现出一种深厚的文化底蕴,用它来装饰室内,既得体、美观而又不失情趣。

屏是富有诗意的名词,屏这种物品十分微妙,能带给我们如诗如画般令人陶醉的情境。"银烛秋光冷画屏,轻罗小扇扑流萤",每当听到这样的诗句,都让我心生向往之情。

屏的造型是轻巧的。屏的绘画色彩丰富,富有诗意。屏的设置,要在多方面都做到得体,才能使其更加微妙。我们的先人真是了不起,能够在屏这件事物上做出功能与美感相结合的文章。

屏与帷幕起着相同的作用,不同的屏可装饰不同的地方。有些人喜欢把屏放在书斋中,累了,可以在欣赏中休憩,引发诗兴,引发遐想。

屏,一种微妙的有着文化传统的用具,在起着多种作用的同时,还能够表现出诗意的情境,让人对屏上画中的世界心生向往之情。

屏是极富有诗意的。它仿佛能渲染出一个极富有文化底蕴的情景,令人充满了向往。它的微妙无处不在,从功能到内涵,无不展现出古代人们的才华与智慧。

我们的先人,擅长在屏上赋诗作画,这样使本质上功能齐全的屏更加富有美感,令外国人惊叹不已,连声称道。

屏,一种本身就富有诗意的事物,虽然与帷幕起着相同的作用,但其中的情趣,自然比前者要超出许多,在书斋内置一屏,不但能够装饰环境,也可起一点文化休憩的作用……这美丽的屏,真会让人产生无限的遐想。

屏的功能极为广泛,既可以作为艺术的点缀,又可以挡风,既可以放置于室外,又可以放置在室内。但是无论安放在何处,它都好似一篇功能与美感相结合的文章,凡是观赏过屏的人都会齐声称道。

……………

63 句式学用
求美务实

句式训练是阅读教学中一个有趣的话题。

日常课堂教学中很少涉及它，很少落实它。

但考试却是乐此不疲，不管是中考还是高考，年年都考句式题。

2010年高考，不止一个地方考查句式写作，尽管变着花样，但是万变不离其宗，就是要"写"。

看看安徽省的题：

某校开展"名著导读·我喜爱的作品"活动，三位同学交流了各自的看法。请仿照甲同学的表述，将乙、丙同学的发言补写完整。（5分）

甲同学说：我喜欢有丰富知识的作品，这样的作品能开阔我们的视野，增长我们的见识。

乙同学说：我喜欢有深刻思想的作品，这样的作品能_____。

丙同学说：我喜欢有审美情趣的作品，这样的作品能_____。

再看看湖北省的题：

欣赏漫画《低碳生活》（"低碳生活"指低能耗、低污染、低排放的生活方式）。请仿照画面二、三的文字，补写其余两处。要求：①紧扣画面内容；②写两个5字句；③句末押韵。（4分）

画面二：食物少煎烤　清蒸油烟少

画面三：住房环保型　节能灯照明

从高考试题的角度来看，它们都设计得比较幼稚，但却能够给我们以启示：句式学用，是读写能力的一个训练点。

所谓句式学用，就是学习课文或者选文中的句式，品味句子的表达作用或表达效果，并进行句式写作的基本功训练。

句式学用的过程一定是训练的过程；这种过程既求美又求实，学生既能得到表达能力的训练，又积累了美好的语言。

即使是对教师而言，也是这样。

我觉得，对句式的研究，是语文教师语言教学研究的最美好最实在的内容之一，充满文趣，充满雅趣。

下面是我曾经研究过的一种"句式"的细节，确实有些味道：

例句：

最使我难忘的，是我小学时候的女教师蔡芸芝先生。

汽车在望不到边际的高原上奔驰，扑入你的视野的，是黄绿错综的一条大毡子。

我最急于告诉你们的，是我思想感情的一段重要经历。

最使我吃惊的，后边几排一向空着的板凳上坐着好些镇上的人，他们也跟我们一样肃静。

赏析：

请看上面第一个句子，它也可以这样进行表达：

我小学时候的女教师蔡芸芝先生，是最使我难忘的老师。

这样的表达为什么不如原句那么富有韵味？

这是因为：第一，原句将"最使我难忘的"放在句子之首，不仅内容简洁，不仅富有悬念，更重要的是为了表示突出，是为了表现出一种情与感的力度。第二，"最使我难忘的"后面有一个逗号，在这儿必须停顿，不仅表现了一种强调，而且表现出音节的响亮和音调的抑扬。同样的道理，我们可以体味上面的第二、三、四句；而且可以发现，"最……的"可以形成一种表达规律。

教学中，句式训练的主要方法是读写结合，其教学设计常用的有三种形式：

一是就某一篇句式比较丰富的课文，进行比较专门的句式读写训练。

二是在日常教学中结合课文的阅读教学有机地进行句子读写训练。

三是在阶段性的复习课中进行"句式学用"专题训练。

请看一次比较专门的句式读写训练设计：

课文《论求知》（人教版原大纲教材），从议论文的要素来讲，没有明晰的论点、论据、论证；从课文的层次来讲，只能做大致上的划分；从课文的内容上来讲，论说的角度非常多。所以放弃从文体角度进行分析教学，"专攻"它最为突出的美点。

《论求知》最为突出的美点在于它的"三列式"的语言表达方式。它的很多的句子，它的不少的段落，是由三个结构基本相同的并列成分构成。如：

狡诈者轻鄙学问，愚鲁者羡慕学问，唯聪明者善于运用学问。

求知太慢会弛惰，为装潢而求知是自欺欺人，完全照书本条条办事会成偏执的书呆子。

这是一种具有广泛用途的语言表达形式，它表现出一种力度，一种气势，读起来给人一种排比的美、角度的美和层进的美。《论求知》中的这种"句式"的例句，还可以找出不少，它们大多都具有明显的语言标志，如：

求知可以作为消遣，可以作为装潢，也可以增长才干。

当你孤独寂寞时，阅读可以消遣；当你高谈阔论时，知识可供装潢；当你处世行事时，正确运用知识意味着力量。

读书使人的头脑充实，讨论使人明辨是非，做笔记则能使知识精确。

有的书只须读其中一部分，有的书只须知其中梗概，而对于少数好书，则要精读，细读，反复地读。

一个思维不集中的人，可以研习数学，因为数学稍不仔细就会出错。缺乏分析判断力的人，可以研习经院哲学，因为这门学问最讲究烦琐辩证。不善于推理的人，可以研习法律学。

如此等等。

于是就在教学中设计了"背名言，学句式"的教学环节。

读背的时候书声琅琅，写作的时候一片寂静，交流的时候气氛活跃：

拥有青春，就拥有了一份潇洒和健美；拥有青春，就拥有了一份自信和自豪；拥有青春，就拥有了一份灿烂和辉煌。

凭着健壮的体魄，你可以支撑起一方蔚蓝的天空；凭着旺盛的精力，你可以开垦出一片神奇的土地；凭着坚强的信念，你可以走出一条金色的大道。

人生的书，各有不同：有的光彩，有的苍白；有的壮丽，有的平庸；有的充实，有的单薄……

拥有诚实，就舍弃了虚伪；拥有充实，就舍弃了空虚；拥有踏实，就舍弃了浮躁。

再看中考、高考的句式考查，大多数都是针对着这样的形式。

64 段落教学 练读练写

段落教学，应该是初中和小学语文课堂阅读教学研究的重头戏。

"段落教学"的含义是：在整体理解课文文意的前提下，将阅读教学的内容切入到课文的精彩段落中去，或进行精段的品读教学，或进行段式的仿写教学，或进行段式示范下的口头表达训练。

举例来说：

为什么我国的石拱桥会有这样光辉的成就呢？首先，在于我国劳动人民的勤劳和智慧。他们制作石料的工艺极其精巧，能把石料切成整块大石碑，又能把石块雕刻成各种形象。在建筑技术上有很多创造，在起重吊装方面更有意想不到的办法。如福建漳州的江东桥，修建于八百年前，有的石梁一块就有二百来吨重，究竟是怎样安装上去的，至今还不完全知道。其次，我国石拱桥的设计施工有优良传统，建成的桥，用料省，结构巧，强度高。再其次，我国富有建筑用的各种石料，便于就地取材，这也为修造石桥提供了有利条件。

这是《中国石拱桥》中的一个看似不起眼的段落。

但是如果利用它进行段落教学，起码有如下方面的训练意义：

从阅读常识来看，可以让学生知道"总分式"段落的一种特别形态：

段的总说句是一个问句。

从阅读能力训练来看，既可以训练学生的速读能力，又可以训练学生精读能力。速读，就是抓住"首先""其次""再其次"来迅速理解段意；精读，就是品词论句，品味段中语言表达的准确性。

从段式学用看，可以训练学生学会运用一种说明思路——这个段的段式形态叫作"总分主次式"。整体上是"总分"的，分说部分是"由主到次"的。

从说话训练看，这个段落形式也可以用来训练学生的说话能力——有条理、有重点、有详略地进行口语表达。

从考试测评看，我们甚至可以从高考语文试题中语言运用题的设计看到这种语段阅读的训练意义。

可以说，段落教学，不仅仅只是练读练写，还可以练说练思。

段落的阅读教学，在日常教学中已经是很熟练的了；下面重点谈一下段落教学中的"写作"训练。

利用段落来训练、提高学生的写作能力，叫作"段式学用"。

所谓"段式"，就是段落的写作构思模式，就是段落的结构形式，也是段落展开的模式。段式所表现出来的，不仅仅只是语言的简明或者生动，更重要的还有思维的条理性、逻辑性。

能够在自己的习作中写好精致通畅的段落，是文章写作中必须具有的技能。

而精致美好的段落形式，在课文中、在读物中，比比皆是，它们是极好的语言表达的训练材料。

利用它们，可以训练学生：学写结构严密的段，学写用词生动的段，学写句式精美的段，学写辞格丰富的段，学写描写细腻的段，学写情感丰富的段，学写说明准确的段，学写议论有力的段，学写手法独特的段，等等。

"段式学用"的教学有几条基本的要求。

1. "段式学用"的教学主要是在阅读教学中进行的。它表现出来的是一种实用表达能力的训练，同时又表现出教学节奏的变化和学生活动形式的变化。

2. "段式学用"有比较高的"选材要求",所选段落,既要规范,又要适合学生的年龄特点。

3. 需要师生共同提炼出所学段落的表达规律,特别要有教师的准确指导。

4. 课堂上应该有足够的时间让学生写作,应该让所有的学生都安心地进行"段式学用"。

下面谈谈人教版七年级上册课文《看云识天气》教学中的"段式学用"。

《看云识天气》的段落表达非常讲究,它讲究规范的表达,讲究生动的表达,讲究有序的表达,不论于阅读于写作,都是教学的好材料。

这是一篇教读课文,计划用两个课时进行教学。

主要安排读写训练活动。

活动一:文意把握。学生阅读全文,找出课文中能够总说全文内容的两个句子,找出能够领起文中分说部分的两个句段。

活动二:选点精读。用"多角反复"的方式精读课文第6段。

活动三:段式学用。用"段落摹写"的方式学习课文第4段:

当那连绵的雨雪要来临的时候,卷云聚集着,天空渐渐出现一层薄云,仿佛蒙上了白色的绸幕。这种云叫卷层云。卷层云慢慢地向前推进,天气就要转阴。接着,云越来越低,越来越厚。隔着云看太阳和月亮,就像隔了一层毛玻璃,朦胧不清。这时的卷层云得改名换姓,该叫它高层云了。出现了高层云,往往在几个钟头内便要下雨或者下雪。最后,云压得更低,变得更厚,太阳和月亮都躲藏了起来,天空被暗灰色的云块密密层层地布满了。这种新的云叫雨层云。雨层云一形成,连绵不断的雨雪也就开始下降。

学生讨论,教师指导:

这一段的层次非常清晰,关键词非常明显。

它显现出来的是"分步描述"的结构。

分步描述,就是有先有后地说明、描述事件的进程和事物的特点。在行文中，它往往有明显的时间标志和步骤标志。它的主要特点是，一步一步地、步步相连地描述"进行"中的事件和"发展"中的事物；它会将每一步都说得很清楚，各"步"之间又有内在的承接式的联系。

在实际运用中，分步描述有许多用途，如描述事物的演变、发展，说明操作过程，叙说认识、观察过程，描摹游览过程等；它既可以用于"宏观"的说明与描述，又适用于"微观"的说明与描写。

课堂上同学们自由取材，学用此种段式。

65 微型写作 点染课堂

阅读教学的课堂上,常常有"微型写作"的活动出现。

它们点染着课文的阅读教学,使课堂上呈现出一种特别的美感。

这种美感的形成,主要是由于下面的一些原因:第一,学生的活动方式改变了;第二,由此而改变了课堂教学的节奏;第三,学生的写作成果给人以愉悦的审美感受;第四,课堂教学的氛围由动到静,由静到动……

从教学设计的角度看,课堂"微型写作"强调活动的和谐、雅致,注重与课文内容有着天然的联系,且写作的内容要小巧生动。

最重要的是要顺势而作,自然而然,如此才能叫作"点染"。

如《大雁归来》教学中的"课文创编":

活动内容:请同学们运用课文中的材料,组合成一段话,表现三月大雁的"说话"声,体味作者对大雁的喜爱之情。

优秀的创编的"文章"如下:

三月,我们的大雁又回来了。

它们顺着弯曲的河流拐来拐去,穿过现在已经没有猎枪的狩猎点和小洲,向每个沙滩低语着,如同向久别的朋友低语一样。

它们低低地在沼泽和草地上空曲折地穿行着,向每个刚刚融化的水洼和池塘问好。

一触到水，我们刚到的客人就会叫起来，似乎它们溅起的水花能抖掉那脆弱的香蒲身上的冬天。

第一群大雁一旦来到这里，它们便向每一群迁徙的雁群喧嚷着发出邀请。不消几天，沼泽地里到处都可以看到它们。

从早到晚，它们一群一群地喧闹着往收割后的玉米地飞去。

每次出发之前，都有一场高声而有趣的辩论，而每次返回之前的争论则更为响亮。

返回的雁群，不再在沼泽上空做试探性的盘旋，而像凋零的枫叶一样，摇晃着从空中落下来，并向下面欢呼的鸟儿们伸出双脚。那接着而来的低语，是它们在论述食物的价值。

…… ……

教师小结：作者多用拟人手法描写大雁，表达了对大雁的喜爱之情。大雁的形象，在作者笔下，跃然纸上，声情并茂，像人类一样具有灵性，让人如见其形、如闻其声。

这次活动出现在课文教学的最后阶段——语言品析阶段。教师运用"微型写作"的手法组织起学生的集体活动，在学生的交流活动之中尽显课文的语言之美并把课堂教学推向高潮。

如《沁园春·雪》中的"联语写作"：

教师示例：理解这首词的文意，可以用"联语"的方式来进行。如——

写景，纵横千万里，大气磅礴，旷达豪迈；
议论，上下几千年，气雄万古，风流豪壮。
请同学们用"联语"写作的方式，概说课文内容。
同学们写作、交流：
上阕写景，情景交融
下阕议论，评古论今
上阕写景，画面壮美
下阕议论，气势恢弘

上阕写景，洋溢着热烈奔放的情感

下阕议论，展现出前无古人的气概

上阕描写无边雪景，展现山河的壮丽

下阕纵论历代帝王，抒发诗人的豪情

上阕写景，侧重写空间，展现了北国冬景雄伟壮丽的画卷

下阕议论，侧重写时间，表现了俯仰古今豪情满怀的气概

……………

这次写作活动安排在课文内容的理解阶段，要求学生用"联语"写作的方式对课文的内容进行概括，既训练了学生的能力，又暗合了"沁园春"这种词牌的写作中对称句多的特点。

如《假如生活欺骗了你》教学中的"自由写诗"。

请见下面教学实录片段：

师：继续我们的学习——"第三乐章"。假如生活重新开头，我们该怎样对待新的生活。我们这一步的学习，首先要求结合你对生活的体会自由写诗，然后欣赏人家的诗。请你用"假如生活重新开头"作为第一句，写一节小诗，展示你的思想和才华。

同学们自由地写诗。教师组织交流：

生1：假如生活重新开头，

不要迷茫，不要不知所去，

瀚海大地，苍茫天空，

哪里都有你生活的意义。

让你的灵魂飞离这虚伪的世界，

用婴儿般纯真的笑脸，

迎接你新的开始。

（掌声）

师：生动，多好，他大概用了两分钟就举起了手。

生2：假如生活重新开头，

不要骄傲，不要自满，

要让一切恶习没有生存之地，

要让一切优点温暖大地。
要热爱一切一切，
带着无限的欢乐，
成为生活的开始。

师：（感慨地说）生活是多么美好！

生3：假如生活重新开头，
我们要诚实守信，坚强乐观，
新的生活需要不断努力，
只有这样，生活才会更加充实。

师：他在跟我们谈心吗！谢谢。

生4：假如生活重新开头，
要以崭新的面貌去迎接，
因为新生活也是崭新的。
假如生活重新开头，
要用真诚的心去面对，
因为新的生活需要自己去开拓。

师：多好，用了反复的手法，用两个诗节来表达自己的心声。

生5：假如生活重新开头，
要吸取前车之鉴，
要对生活充满希望，
要努力去实现你的人生目标。
假如生活重新开头，
要热情拥抱它，享有它，
要诚实踏实地过每分每秒，
不要让生活在你的人生中反复地重新开头，
因此要让自己努力创造一个新生活，
才是精彩的成功。

师：我喜欢你的一句诗：不要让生活在你的人生中反复地重新开头。
多好！

生6：假如生活重新开头，

我不会再哭泣，

我要勇敢地前进，

我相信生活不再将我抛弃，

所以我要更加努力。

生活总要继续，

阳光总会来临，

拭去眼角的泪，

勇敢向前去。

师：（抚着这位身材娇小的女生的头亲切地说）你会美丽地长大！

…………

这次写作活动安排在美诗品读的起始阶段，先请学生写诗，尽情抒发自己的心声，然后品读诗人写作的用同样的方法开头的小诗，让学生在先写后品的活动中得到双重的美的感受。

精彩画面 读写抓手

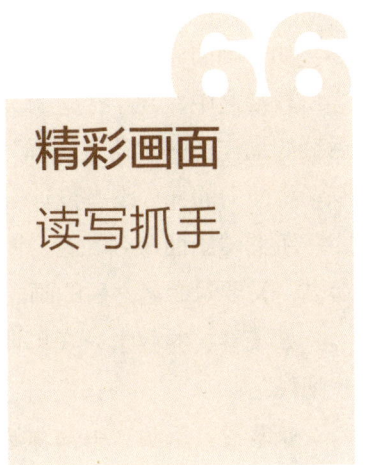

诗文中的美好"画面",往往是教学的众矢之的。

它们受到教师的青睐,成为读写训练的抓手之一。

甚至连高考也不会放过它们。

2010年湖北省的高考语文试题中,有一道出得很蹩脚的语言题,取了半联诗,设计了这样的考题:

请根据王维的诗句"竹喧归浣女"写一个场景。要求:①想象合理;②语言生动;③不超过50字。

日常教学中,最起码的做法都是用整联诗让学生去展开自己的描述的。如:

竹喧归浣女,莲动下渔舟。

夜间,寂静的竹林里传来了欢声笑语,那是天真无邪的姑娘们洗罢衣服笑逐着从水边归来;亭亭玉立的荷叶纷纷向两旁披分,那是顺流而下的渔舟划破了荷塘月色的宁静。在这青松明月之下,在这翠竹青莲之中,生活着这样一群无忧无虑、勤劳善良的人们。

这样的画面描述活动,在阅读教学中司空见惯。笔者在《展开想象,生动描述》一文中已经做了阐释。

对于"画面"的教学，还可以设计形式更加精致美好的教学活动。

如，画面命名，诗意阐释。

教学之中，让学生进行"画面命名"的教例多的是，可惜一般都没有后续的动作——"诗意阐释"。这就往往显得功亏一篑，最美的、最能训练学生能力的部分没有设计出来。

所谓"画面命名，诗意阐释"，就是既要求学生对诗文中的画面进行命名，又要对命名之后的画面进行诗意的阐释。

如《春》的教学，在单调的"××图"的命名后面，要求有诗一般的"阐释"：

春草图：承接"一切都像刚睡醒的样子"而来，写的是初春——春天刚刚到来时候的景物，写的是刚刚萌发的小草。写的是青青小草给人们的美好惬意的初春感受。

春花图：天气更暖和一些了，显示天气"更暖和"的景物就是花。"桃树、杏树、梨树，你不让我，我不让你，都开满了花赶趟儿"，一片温馨热烈的美好春光。

春风图：天气愈加暖和了。从哪里可以看出来？"新翻的泥土"，"牛背上牧童的短笛"，还有"呼朋引伴地卖弄清脆的喉咙"的鸟儿。这时候，农人已经开始耕田、开始播种、开始育秧了，春天的大地，是充满美好希望的大地。

春雨图：时令已经到了晚春。"像牛毛，像花针，像细丝，密密地斜织着"的春雨是什么样的雨啊？是霏霏细雨，是滋润万物的雨，是无数生灵喜爱的雨。

迎春图：这里由写"景"变为写"人"。这一"变"非常重要，由于"人"的出现，文中就充满了生活的气息，就充满生命的气息。

如，课中集美，诗意命名。

先课文集美，再诗意命名。

非常有审美意味、非常有文学韵味的课堂读写活动。

偶一为之，有时可以让四座惊艳。

多少创造都在这样的活动中产生。

在这里，"画面命名"教学手法悄然发生了变化，"命名"的对象已经不是课文中现成的描写片段了，它们需要学生在课文中去搜寻，去整合，去形成课文中所没有的画面。这就是"课中集美，诗意命名"。

下面是《珍珠鸟》的全新画面：

小鸟素描

它好肥，整个身子好像一个蓬松的球儿，红嘴红脚，银灰色的眼睑，灰蓝色的毛，后背有着珍珠似的圆圆的白点；鲜红小嘴儿从绿叶中伸出来，传出的笛儿般又细又亮的叫声。

情意

渐渐它胆子大了，就落在我的书桌上，绕着我的笔尖蹦来蹦去，跳动的小红爪子在纸上发出"嚓嚓"响。我不动声色地写，默默享受着这小家伙亲近的情意。这样，它完全放心了，索性用那涂了蜡似的、角质的小红嘴，"嗒嗒"啄着我颤动的笔尖。

这里是《春》的全新画面：

温馨的春风

"吹面不寒杨柳风"，不错的，像母亲的手抚摸着你。风里带来些新翻的泥土的气息，混着青草味儿，还有各种花的香，都在微微润湿的空气里酝酿。天上风筝渐渐多了，地上孩子也多了。牛背上牧童的短笛，这时候也成天嘹亮地响着。

春色

小草偷偷地从土里钻出来，嫩嫩的，绿绿的。园子里，田野里，瞧去，一大片一大片满是的。野花遍地是：杂样儿，有名字的，没名字的，散在草丛里，像眼睛，像星星，还眨呀眨的。风里带来些新翻的泥土的气息，混着青草味儿，还有各种花的香，都在微微润湿的空气里酝酿。鸟儿将巢安在繁花嫩叶当中，高兴起来了，呼朋引伴地卖弄清脆的喉咙，唱出婉转的曲子，跟轻风流水应和着。牛背上牧童的短笛，这时候也成天嘹亮地响着。

如，一句一景，连点成片。

也就是请同学们用一句话概说课文中的画面，多位同学说的多句话集中起来，就是对文中美好画面的总的描述。这样的活动或者用于课文教学的开头，或者用于课文教学的收束，美感浓郁，生动活泼。

如笔者《三峡》的课文收束教学：

师：作者写景采用的是大笔点染的手法，连绵的群山，……老师在这打了省略号，请你们将省略号变成5个字，什么的什么，如"入云的高峰"。这其实就是让你们把课文中写的三峡的景点分别用5个字表现出来……

学生思考，表达：

生1：飞流的瀑布

生2：白色的急流

生3：怪异的柏树

生4：回旋的清波

生5：秀丽的山峰

生6：清澈的流水

生7：碧绿的深潭

生8：倒悬的瀑布

……………

师：我把大家的说法加上老师的说法扩展成一篇短文，我们一起欣赏：

生读：三峡之美，美在画面。连绵的群山，雄伟的屏障，高峻的山峰，汹涌的江水，雪白的湍流，碧绿的潭水，回旋的清波，美丽的倒影，苍翠的怪柏，飞悬的瀑布，初晴的山涧，披霜的空谷……它们或雄奇或秀丽或峻美或优雅，展示着三峡四季的奇美景象。

师：大家是不是有了一次美好的三峡之旅？好吧，下课！

替换一处 牵动全篇

改写,作为一种以写作训练为主要内容的教学活动,深得语文教师的喜爱。

它的身姿无处不在。

变换人称、变换文体、变化叙述方式、改变文章的顺序、改变叙事的视角等等,都是改写文章的角度。

"替换"也是改写

阅读教学中,常常用到"替换式改写"。

从其训练的深度与高度而言,用得好的"替换一处",往往能够"牵动一篇",这就是"动"一处而"动全身"的教学细节设计。

所谓"替换一处,牵动全篇",就是让学生用自己写的句段"替换"课文中的一个句子或一个段落。而为了写出新的句或段,学生需要再将课文好好地读,反复地读:如果不结合具体的语境,写出来的句段又有什么用呢?

这样的教学细节中,有学生的高强度的思维活动,有学生的高难度的读写活动;所以这是有效的、高效的读写活动。

请看课文《蚊子和狮子》:

蚊子和狮子

蚊子飞到狮子面前，对他说："我不怕你，你并不比我强。要说不是这样，你到底有什么力量呢？是用爪子抓，牙齿咬吗？女人同男人打架，也会这么干。我比你强得多。你要是愿意，我们来较量较量吧！"蚊子吹着喇叭冲过去，专咬狮子鼻子周围没有毛的地方。狮子气得用爪子把自己的脸都抓破了。

蚊子战胜了狮子，又吹着喇叭，唱着凯歌飞走，却被蜘蛛网粘住了。蚊子将要被吃掉时，叹息说，自己同最强大的动物都较量过，不料被这小小的蜘蛛消灭了。

这故事适用于那些打败过大人物，却被小人物打败的人。

教学的最后一个环节，就是请同学们用一个句子"替换"文中最后一句话：这故事适用于那些打败过大人物，却被小人物打败的人。

只有再读课文，感受、品味"蚊子和狮子"故事的寓意，才可能有如下的"创作"成果：

这个故事告诉我们：不要被一时的胜利冲昏头脑而得意忘形，自鸣得意的后面也许是灾难。

这个故事给我们以这样的警示：有了小小的成绩之后，不要飘飘然，否则有可能撞到意想不到的致命的"网"上。

本文启示我们，世上万物，各有长处与短处。若扬长避短，就可能以小胜大、以弱胜强。如果失去清醒的头脑，以自己的短处去较量别人的长处，就可能走向失败。

这则寓言告诉我们：发挥自己的优势针对对方的劣势就可能取胜，忽视自己的劣势不避对方的优势就可能失败。

蚊子打败狮子是一个偶然事件，但是其中存在必然因素——蚊子有胆量，有智慧。蚊子落入蜘蛛网也是一个偶然事件，但是其中也有必然因素——蚊子的骄傲自满、得意忘形。这就是：智者胜，骄者败。

为了更好地表现这种教学细节那种令人惊叹的美，我在这里引用一篇做了删节处理后的课文：

海水为什么是蓝的

1921年,碧波万顷的地中海。

印度科学家拉曼在英国皇家学会上做了声学与光学的研究报告后,取道地中海乘船回国。阳光融融,暖风徐徐,深蓝色的海面上跃动着鳞片状耀眼的光斑。

甲板上漫步的人群中,一对印度母子的对话引起了拉曼的注意。

"妈妈,这个大海叫什么名字?"

"地中海!"

"为什么叫地中海?"

"因为它夹在欧亚大陆和非洲大陆之间。"

"那它为什么是蓝色的?"

年轻的母亲一时语塞,求助的目光正好遇上了在一旁饶有兴味倾听他们谈话的拉曼。

拉曼告诉男孩儿:"海水之所以呈蓝色,是因为它反射了天空的颜色。"

但不知为什么,在告别了那对母子之后,拉曼忽然对自己的解释产生了疑惑。那个充满好奇心的稚童,那双求知的大眼睛,那些源源不断涌现出来的"为什么",使拉曼深感愧疚。作为一名科学家,他发现自己在不知不觉中丧失了男孩儿那种在"已知"中追求"未知"的好奇心,他的心不禁一震。

失去好奇心是科学发现与发明的最大忌讳,即使是一个颇有作为的科学家,也会因此而变得闭目塞听、止步不前。

拉曼回到印度后,立即着手研究海水为什么是蓝的。首先,他发现瑞利的解释实验证据不足,令人难以信服;接着,他从光线散射与水分子相互作用入手,进行了深入的研究,终于运用爱因斯坦等人的涨落理论,获得了光线穿过净水、冰块及其他材料时散射现象的充分数据,证明出水分子对光线的散射使海水显出蓝色的原理,与大气分子散射太阳光而使天空呈现蓝色的原理完全相同。也就是说,海水看上去呈蓝色的原因,不是因为海水反射了天空的蓝色,而是海水对阳光进行了散射。后来,拉曼又在固体、液体和气体中，分别发现了一种普遍存在的光散射效应。他发现的这种光散射效应，被人们称为"拉曼效应"，为20世纪初科学界最终接受光的粒子性学说提供了有力的证据。

1930年，地中海轮船上那个男孩儿的问号，把拉曼领上了诺贝尔物理学奖的奖台。

那个有着无穷问题的男孩子的故事，在不断地提醒人们：永远不要放弃你对"已知"的好奇心，也许新的发现就在你"已知"的"未知"之中。

请注意课文中加粗了笔画的承上启下的那句话。

在我的教学中，设计了这样一次训练：

请阅读体味全文内容，用你写的句子替换文中的这个过渡句。

这是"一石激起千层浪"的阅读分析活动。

下面是学生写作的句子之一：

也许他没有想到，这个小男孩的一个无意中的提问不仅震动了他的心灵，也在以后的科学界产生了一次"强震"。

将它放到原句的那个位置上，再结合上下文来读一读，就能感受到这样的写句活动是多么美妙。

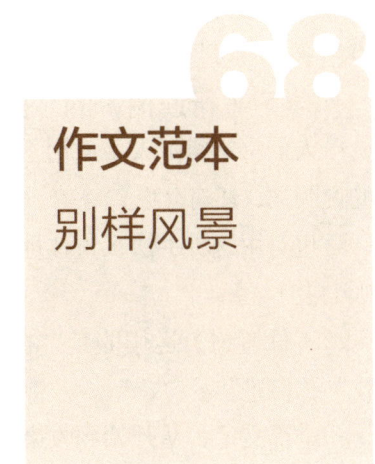

作文范本 别样风景

教材中,有一些课文是可以作为学生作文的范本的。

如果有这样的看法与做法,教材的利用价值就会更进一步提高。

如果有这样的看法与做法,阅读教学设计的理念与手法就会发生新颖、微妙的变化。

不仅如此,教师研读教材、提炼教材的技能就会因此得到更好的锻炼。

变读为写,这种做法是可行的。

我有时候就选用小学教材中的课文给初中生上中考作文指导课。

有一次我教学《散步》,第一节我上的是阅读赏析课,第二节我上的是"读《散步》,学作文"的指导课。

有一次我教学《观舞记》,主问题就是请同学们发现课文中能够给大家以启迪的"微型记叙文"。

用"学习写作"的方式来教学阅读课文,一是能表现出"侧面入手,正面解读"的手法,二是能表现出"以写带读,读写结合"的手法。

从教学效果看,它表现出来的是一种综合效应、一种高效教学。

所以说它是"别样风景"。

下面是我的一次利用课文指导作文的备课笔记，它也许可以表现出一点"变读为写"的"别样风景"。

学习《行道树》的"拟人自述"构思法

人们常常将拟人手法用于对文章的整体构思，如寓言、童话、知识类的说明文，还有儿歌，等等。

也有用这种手法来整体地构思叙事散文的，如课文《行道树》（人教版七上）。

《行道树》运用的是"拟人自述"构思法，既"拟人"，又让"人物""自述"。

全篇文章，从开始到收束，都是以树们的自述来形成文章的基本内容的，以树们的自述来表现一种生活，以树们的自述来表现一种思想境界。

那么，从学作文的角度看，这篇短短的精致美文在构思方法和具体写作上能给我们哪些启迪呢？

第一，观察力求细致一点。

选用"行道树"来作为文章的主人公，通过不起眼的"行道树"的自述表达一种心声，实在是非常美妙。行道树是默默无闻的，是朴实无华的，是坚守岗位的，是制造清新的，它们就是社会上那些勤勤恳恳、忍苦为人、乐于奉献的一类人的象征。作者很细心很细致地观察到了"行道树"的这种特点并展开了美妙的联想，于是就有了这样的表达：

我们唯一的装饰，是一身抖不落的烟尘。

这种命运事实上是我们自己选择的，否则我们不必在春天勤生绿叶，不必在夏日献出浓荫。

神圣的事业总是痛苦的，但是，也唯有这种痛苦能把深沉给予我们。

我们这座城市总得有一些人迎接太阳！如果别人都不迎接，我们就负责把光明迎来。

或许所有的人都早已习惯于污浊了，但我们仍然固执地制造不被珍惜的清新。

这分明是在以树喻人，这分明是在表现人的精神境界，但由于这些话是树们的"自述"，表达就非常自然，十分容易让人接受。

这，就是巧妙构思的魅力。

第二，手法力求新颖一点。

作者为了让文章表达的角度更加精美一些，采用了先"拟人"再"自述"的方法。

构思之初，作者可能就考虑到了运用"拟人"的手法。但"拟人"手法也可以有不同的表达方式，如"对话"法就是一种。但作者没有运用"对话"而是运用"自述"的方法，就让文章内容的表达更自然、更从容、更简洁、更容易让"人物"吐露心声。

请听下面的话语：

我们唯一的装饰，正如你所见的，是一身抖不落的烟尘。

在这个充满车辆与烟囱的城市里，我们的存在只是一种悲凉的点缀。

这种命运事实上是我们自己选择的，否则我们不必在春天勤生绿叶，不必在夏日献出浓阴。

我们苦熬着，牙龈咬得酸痛，直等到朝霞的彩旗冉冉升起，我们就站成一列致敬。

神圣的事业总是痛苦的，但是，也唯有这种痛苦能把深沉给予我们。

因为它们是树们的自述，所以这些话语即使是直接地表达出来，也撼动着我们的心灵。

第三，表达尽量精美一点。

课文中的精美表达，表现在三个方面。

一是文章主旨的表达。作者只突现了一点：神圣的事业总是痛苦的，但是，也唯有这种痛苦能把深沉给予我们。这就是作者明确的表达目的，决不芜杂，决不旁逸，所以感人至深。

二是故事味道的表达。

尽管是在"拟人"前提下的"人物自述"，作者还是有血有肉地写出了故事的味道，这种故事的味道是通过树们的忧与乐表现出来的。

可以说，如果不写树们的忧，不写树们既不能吸露，也不能玩凉凉的云，不写树们唯一的装饰"是一身抖不落的烟尘"，不写树们在寂静里、在黑暗里、在不被了解的孤独里的那种苦境，那文章内容可能就是专门写

"乐"，那就是在说大话，那就没有什么意境、没有什么味道了。

三是语言的表达。

这篇文章的语言很美，很简洁，很生动，很动听。这也是文章感人的重要原因之一，仅从"修辞手法"的角度看，就能够感受到文章丰美的文采：

拟人——全篇文章的构思和表达的手法。

对比——"我们的同伴都在吸露，都在玩凉凉的云"，而"我们唯一的装饰……是一身抖不落的烟尘"。

比喻——直等到朝霞的彩旗冉冉升起，我们就站成一列致敬。

对偶——不必在春天勤生绿叶，不必在夏日献出浓荫。

排比——我们在寂静里，我们在黑暗里，我们在不被了解的孤独里。

回文——我们是一列树，立在城市的飞尘里。立在城市的飞尘里，我们是一列忧愁而又快乐的树。

精警——神圣的事业总是痛苦的，但是，也唯有这种痛苦能把深沉给予我们。

…… ……

这样美的语言，这样美的表达，文章就有吸引读者的力量。

所以，本文在构思与写作上能够给我们以启迪，它告诉了我们写简单的"以物喻人"抒情短文的一种方法。

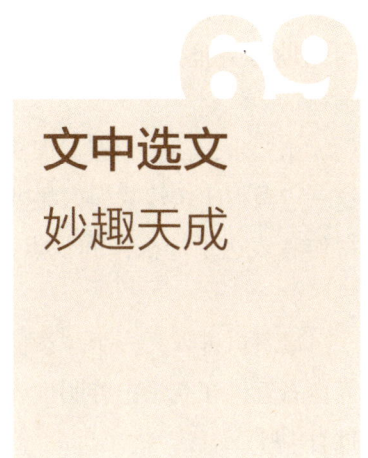

文中选文
妙趣天成

文中选什么"文"？选写作的范文。

这就叫"节选"。

既然用"节选"的方式能够编写课文或者选编读物，那么，也是可以用"节选的方式"从课文中选出学生作文的范文的。

用"文中选文"的方法，在阅读教学中呈现给学生以精致的"范文"，主要有两种角度。

一种是从"写作"出发，教给学生写作的知识，并指导学生进行习作练习；一种是从"阅读"出发，请学生自己进行"文中选文"的活动，并指导学生从"写作"的角度进行分析。

用这种方法偶尔点缀一下课堂阅读教学设计，是很能显现教师的智慧的。特别是能够让学生兴致勃勃——课文中居然还有这样的美妙！

我在一次讲课中遇到很大的麻烦，别人让我讲《中国人失掉自信力了吗》，但是却将学生请错了，安排的是七年级的学生且没有预习课文。

学生说，对这篇课文他们一点都看不懂。

我随即在黑板上板书了四个大字：读懂一点。然后开始了我的教学。

第一步，仍然是非常细致的铺垫，作家，作品，文体，读音，词义，一个细节一个细节地做过来。在文体的介绍中，巧妙地让同学们在文章不同的地方旁批上"驳论"与"立论"的字样，为以后的教学内容做好铺垫。

第二步，请学生默读课文并根据注释与课文说说这篇文章为何而写。这一点做得比较浅易但效果非常好。读懂了文章为什么而写，就基本上懂得作者表达了什么样的观点，这对于七年级的学生而言，就是比较理想的了。

接着再进入又一个"读懂一点"的教学，告诉同学们这一次学习是读懂作者怎样在立论中鲜明地表达自己的观点，于是与前面学生所进行的旁批有了呼应。

此后就是比较长时间的反复朗读。

然后我将课文进行了"变形"，给学生们讲了关于"立论"的知识：

我们有并不失掉自信力的中国人在。（论点）

我们从古以来，就有埋头苦干的人，有拼命硬干的人，有为民请命的人，有舍身求法的人，……虽是等于为帝王将相作家谱的所谓"正史"，也往往掩不住他们的光耀，这就是中国的脊梁。（概说式论据之一：古）

这一类的人们，就是现在也何尝少呢？他们有确信，不自欺；他们在前仆后继的战斗，不过一面总在被摧残，被抹杀，消灭于黑暗中，不能为大家所知道罢了。（概说式论据之二：今）

说中国人失掉了自信力，用以指一部分人则可，倘若加于全体，那简直是诬蔑。（结论）

讲完之后让学生当场演练：

论点：我们喜欢余老师。

（学生）论据：余老师讲课的方法非常好，让我们听得懂。……

（学生）论据：余老师很和蔼，很风趣，我们上课一点也不紧张。……

（学生）结论：余老师真好。

"妙趣天成！"这是当时一位听课的老师对我说的话。

在《观舞记》教学中，我设计了"自读训练课"课型，安排了两个主要活动：

1. 知识板块的积累——积累课文中的美句雅词。

2. 写作范文的撷取——让我们一起来发现：《观舞记》中的一篇微型《观舞记》。

第二个活动在课堂上进行得非常生动。

所有的学生都深深地进入到了课文之中，都在分析，都在提取，都在斟酌。

师生一起，终于从长长的课文中"撷取"了一篇这样的美文：

观舞记

朋友，在一个难忘的夜晚——

帘幕慢慢地拉开，台中间小桌上供奉着一尊湿婆天的舞像，两旁是燃着的两盏高脚铜灯，舞台上的气氛是静穆庄严的。

卡拉玛·拉克希曼出来了。真是光艳地一闪！她向观众深深地低头合掌，抬起头来，她亮出她的秀丽的面庞和那能说出万千种话的一对长眉、一双眼睛。

她端凝地站立着。

笛子吹起，小鼓敲起，歌声唱起，卡拉玛开始舞蹈了。

她用她的长眉，妙目，手指，腰肢，用她鬓上的花朵，腰间的褶裙，用她细碎的舞步，繁响的铃声，轻云般慢移，旋风般疾转，舞蹈出诗句里的离合悲欢。

我们虽然不晓得故事的内容，但是我们的情感，却能随着她的动作，起了共鸣！我们看她忽而双眉颦蹙，表现出无限的哀愁；忽而笑颊粲然，表现出无边的喜乐；忽而侧身垂睫表现出低回婉转的娇羞；忽而张目嗔视，表现出叱咤风云的盛怒；忽而轻柔地点额抚臂，画眼描眉，表演着细腻妥帖的梳妆；忽而挺身屹立，按箭引弓，使人几乎听得见铮铮的弦响！

像湿婆天一样，在舞蹈的狂欢中，她忘怀了观众，也忘怀了自己。她只顾使出浑身解数，用她灵活熟练的四肢五官，来讲说着印度古代的优美的诗歌故事！

这是一篇多么美妙的作文范文啊！

它的开头是那样美丽而自然，极好的"一句话开头"的方式。

它的场景是那样美丽而庄严，一个小小的段落，在文章中起着生动的烘托作用。

人物的出场描写就是一次美妙的特写。

但并不急着写人物的舞蹈，还要再进行音乐响起来的铺垫。

在足够的铺垫之后，是略写，舞蹈家开始了她的旋舞。

接着是详写，抒情式地描写，美好的语言组合，尽情地表现着舞蹈家的艺术和作者的赞美。

最后是评价、议论、抒情。

这样的"范文"，既有形式美，又有内容美。

于是教师小结：我们发现的是一篇有着层层精细的铺垫和详略有致的精彩描写来表现人物、赞美人物的好范文。

串写课文 摇曳生姿

70

请读下面一段文字:

《闻官军收河南河北》首联直接叙写喜讯。诗人通过写他的泪如泉涌、洒满衣襟的样子,表达出他悲喜交集的心情。诗的第二联,恰当地把诗人大喜欲狂的心态逼真地表现出来。"喜欲狂"既是初闻惊喜的结果,又是由惊喜而引发展望的原因。因"喜欲狂"故而纵酒放歌,遂生青春做伴、乘舟返乡的遐想,于是诗篇便有了第三联,诗人把内心的狂喜之情,做了进一步的渲染与升华。尾联是想象中的具体还乡路线,"巴峡"是出发之地,"巫峡"是必经之处,"襄阳"和"洛阳"是诗人的原籍和故乡。这一句准确地表现了诗人归心似箭和为收复失地而喜悦的心情。

这段文字,从诗歌的第一联、第二联、第三联写到第四联,简洁地"串"讲了杜甫《闻官军收河南河北》的基本意思。

再请读下面一段文字:

幼时的鲁迅不喜欢放风筝,并认为"这是没出息孩子所做的玩艺"。他管束着弟弟,不但不准他放,而且将他偷偷做的风筝当面给踏毁了。多年以后,当鲁迅从一本外国书上知道了"游戏是儿童最正当的行为,玩具是儿童的天使"之后,先前那"精神的虐杀"的一幕,便在眼前展开,心像铅块一样,"很重很重地堕下去了"。然而弟弟对此事的"忘却",更让他的心"只得沉重着"。

这段文字,按照《风筝》的行文顺序,高度简洁地概述了它的基本内容。

像上面这样用"写"的方式、按照课文的表达顺序简洁地串讲、介绍、评说、欣赏课文的写法,叫作"串写课文"。

"串写",是文言诗歌赏析中共用的手法,无数的诗歌赏析文章都遵循这种写法。

一个人,如果具有了"串写"文章内容的能力,就有了高层次的概括与表述能力。可惜初、高中语文课后练习中,几乎没有设计过这种能够对学生进行有力训练的练习;用此种方式方法在教学中训练学生的读写能力,极少有人尝试去做。

在教学实际中,是可以运用此种方法来训练学生对文意进行整体的把握和表述的。

这种训练方法适用于精短的文质优美的短篇课文,特别适合于文言诗文的阅读理解训练。

如《夸父逐日》的学习,朗读、认读课文之后,可以要求所有的学生写"内容简说":

在《夸父逐日》这篇神话中,巨人夸父是一位善于奔跑的巨人,他与太阳"逐走",口渴如焚。虽然接连喝干了黄河和渭水,但仍不解渴,又"北饮大泽","未至,道渴而死"。他遗下的手杖,化为一片桃林,为人类继续造福。夸父真是一位气概非凡、本领神奇的人物。

如《记承天寺夜游》的学习,在理解、欣赏课文的内容之后,可以请同学们以"心情"为话题"串写"课文:

"元丰六年十月十二日夜",时值冬初,寒意森森。作者"解衣欲睡"之时,月色悄然入户,于是"欣然起行"。在兴奋愉悦之中,又"念"及"无与为乐者",表现出孤寂之感。在"遂至承天寺寻张怀民"之后,知道"怀民亦未寝",这让作者心中更加高兴。于是两人"相与步于中庭",在月光下的漫步,心情是多么恬静愉悦。"庭下如积水空明,水中藻、荇交横,盖竹柏影也",这是作者笔下的月夜美景,也是作者宁静美好心情的写照。然后作者轻轻感叹:"何夜无月?何处无竹柏?但少闲人如吾两人者耳。"这寥寥数语,意味深长:贬谪的悲凉,人生的感慨,赏月的欣喜,漫步的悠闲——种种复杂的感情,尽在其中。

如教学《答谢中书书》,朗读、品析之后,可以从下面各种难度不同的"串写"要求中选择出一种,对学生进行训练。

1. 用"串写"的方式,对课文内容进行概说:

文章起笔点出"山川之美,古来共谈"的话题,接着对"山川之美"进行刻画,对山峰、河流、石壁、树木及清晨的山林、傍晚的河流进行描绘。最后以无人与之共赏山川之美的感叹结束。全文68个字,高山、清流、朝林、夕水,无不行于笔底!

2. 用"串写"的方式,对课文内容进行描述:

山川景色的美丽,自古以来就是文人雅士共同赞叹的啊。巍峨的山峰耸入云端,明净的溪流清澈见底。两岸的石壁色彩斑斓,交相辉映。青葱的林木,翠绿的竹丛,四季长存。清晨的薄雾将要消散的时候,传来猿、鸟此起彼伏的鸣叫声;夕阳快要落山的时候,潜游在水中的鱼儿争相跳出水面。这里实在是人间的仙境啊。自从南朝的谢灵运以来,就再也没有人能够欣赏这种奇丽景色了。

3. 用"串写"的方式,表达对课文内容的欣赏:

作者开篇抒发感慨:"山川之美,古来共谈",接着描绘山川之美。"高峰入云,清流见底",一仰一俯之间,写出了山河的壮丽与秀美,"两岸石壁,五色交辉",不仅写出了两岸山岩的陡峭,还描绘出了它斑斓的色彩,呈现出一派绚烂辉煌的气象。"青林翠竹,四时俱备",让我们感受到"翠竹"的亭亭玉立和摇曳多姿。而"山川之美"的最佳时刻,自是一朝一夕。"晓雾将歇,猿鸟乱鸣;夕阳欲颓,沉鳞竞跃",由静景转入对动景的描写,整个画面充满了生机与活力。这样的山川之美,哪里去寻找。于是作者面对这人间的天堂,发出了"自康乐以来,未复有能与奇者"的感叹。

还可"串写"对课文语言的赏析……

于是，不同的要求，不同的角度，不同的写法，在创造性的教学设计之中，尽显婀娜身姿。

扣住一词 带动全篇

"扣住一词,带动全篇"是一种颇为讲究技巧的教材处理方式。

我曾经给这种教材处理方式进行过这样的命名:一词经纬。

"一词经纬"是一种写作、构思的方法,指的是用一个关键的词或短语去谋划写作的方案,营造文章的建架,突出文章的主旨,抒发作者的情感。例如《愚公移山》中的"平险"、《核舟记》中的"奇巧"、《口技》中的"善"、《江城子·密州出猎》中的"狂"、《安塞腰鼓》中的"好一个安塞腰鼓"、《白杨礼赞》中的"不平凡"等。

把"一词经纬"借用到课文阅读的教学设计上,指的巧妙抓住课文中可以贯串全文的词或短语去设计教学方案,力求用这一"词"去纵横连贯全课的教学内容,带动对全篇课文的阅读品析。

"一词经纬"教学设计,更重要的是表现出一种课堂阅读活动的方式。

它主要有两个方面的含义。

一是:一篇文章的教学,或者一节阅读课的活动,基本上围绕课文中的一个"词"来进行。

二是:一篇文章的教学,或者一节阅读课的活动,主要围绕课文中的

"词"来进行。此时的"词"不止一个,但"词"一定是进行课堂阅读教学的抓手。

围绕一个"词"来进行教学的案例,我已经在《围绕线索,牵动品读》一文中谈过。

下面举一个围绕课文中的"词"来开展阅读训练活动的案例。

请先阅读下面课文:

海洋——21世纪的希望
金涛

你知道吗?当飞上太空的宇航员回眸我们的地球时,他们发现,地球是茫茫宇宙中一颗美丽的蓝色"水球"。

蔚蓝色的海洋,波涛汹涌,无边无际。自从人类社会诞生以来,人与海洋的关系就非常密切。海洋给人类提供了航行的便利;它慷慨地给予人类丰富的水产品和每日不可缺少的食盐。但是,海洋发起脾气来,也会无情地掀翻船只,冲垮海堤,毁灭沿海的城镇,给人类带来可怕的灾难。

千百年来,人们热爱海洋,又敬畏海洋。在喜怒无常的海洋面前,人们只能"望洋兴叹"。

今天,由于科学技术的飞速发展,人类正在迎来开发海洋、利用海洋的新时代。

科学家发现,海洋是个聚宝盆,它蕴藏着丰富的石油、天然气、煤、铁、铜、锡、锰、硫等。目前陆地上的煤、石油等矿藏,由于长期开采,已越来越少,世界上许多地方都在闹"能源危机"。为了解决这个问题,人类便把目光转向海洋,致力于海洋矿产资源的开发。如今,一座座海洋石油平台已矗立在海涛之中,一艘艘海洋考察船已驶向大洋深处,先进的海底探测器也已潜入深海大显神威。

由于世界人口的急剧增长,加上土地沙化和生态环境的恶化,人类正面临着食物匮乏的威胁。科学家们早就呼吁:人类应该向海洋索取食物!可以预料,21世纪人类的餐桌上,将会有越来越多的高蛋白食品来自海洋。

海浪和潮汐的能量过去都白白浪费了,如今利用海水的运动来发电已经不是梦想。潮汐发电站、海水温差发电站的建立,将会给人类带来无穷无尽而又价格低廉的电力。

此外,用海水淡化的方法缓解地球上许多干旱地区的水荒,在海底建设城市,以开拓人类的生存空间,也都将要由幻想变成现实。

不过,人类要开发和利用海洋,首先必须保护海洋,珍惜海洋资源。只有这样,海洋才会乐于做出它的奉献。

再请欣赏下面的教学设计。

教学创意:词

活动一:识记一组词

这次活动的目的,是初步熟悉课文,认字识词。

匮乏:缺乏;贫乏。

索取:讨取,要回。

潮汐:由于月亮和太阳引力所造成海洋水面定时涨落的现象。早潮称潮,晚潮称汐。

缓解:使程度减轻;状况好转。

开拓:扩展,使开阔。

活动二:解说一个词

这次活动的目的,是将学习的视点引入到课文之中,并对全文进行文意把握。

话题:根据课文,说说"海洋——21世纪的希望"中"希望"指的是什么。

交流对"希望"的理解:

人类将致力于海洋矿产资源的开发。

将有越来越多的高蛋白食品来自海洋。

海洋将会给人类带来无穷无尽的电力。

人类将用海水淡化的方法缓解地球上许多干旱地区的水荒。

在海底建设城市,将由幻想变成现实。

活动三:分析一个词

这次活动的目的,是为了理解课文结构,关注课文重点。

话题：观察课文结构，说说由"今天"领起的第4自然段在全文中有什么作用？

　　结论：由于"今天"一词的出现，课文内容便自然分为两个层次，第一层次概写海洋与人类的关系，第二层次写人类将对海洋进行的开发与利用。

　　活动四：揣摩一个词

　　这次活动的目的，是品析课文重点部分的逻辑顺序，并对学生进行思维训练。

　　话题：第8自然段的段首用了"此外"一词，那么，假设要在第5、6、7段的前面分别加上能够与之相照应的一个词，应该如何加？

　　同学们思维被激活，交流了"首先""其次""再次"等多种说法。

　　活动五：学用一组词

　　这次活动的目的，是语言学用，概说全文。

　　任务：试用"蕴藏""匮乏""索取""缓解""开拓"中的三个、四个或者五个词写一段话，表达人类对海洋的开发与利用。

　　教学小结：

　　这一节课，是关于"词"的课文阅读实践活动。

　　应该说，笔者的这个课例的设计是比较精致的，特别是用"词"来形成课文的阅读实践活动，角度比较美妙。

　　介绍完这个课例，想强调一下我关于教学设计的一个观点：

　　教学设计的角度也好，教学手法的运用也好，就一种方式而言，都是偶尔可用，不可常用的。只有"偶尔可用，不可常用"，才能让我们不落入俗套、不落入平淡，才能让我们总有新的追求、总有新的尝试、总有新的进步。

72 以句带篇 品读欣赏

我在本书的《句段评点,清新雅致》一文中介绍过《白杨礼赞》的一个课例——编写句典。这是一个很讲究创意的课例。

其创意就在于"以句带篇",以品析句子为主要内容,带起了对全篇文章的理解。

"以句带篇"中的"句",是教学活动关注的中心,是牵连教学过程的线索。

"以句带篇"的阅读分析活动,是角度细腻的活动,是视点集中、线条单纯的活动,是能够让一个班级所有的学生都能进入的活动,是能够很自然地训练学生阅读能力的活动。

可以用"以句带篇"的方法来引导学生整体感知课文。

如《跨越海峡的生命桥》第一个课时的教学:研讨品析三个句子。

第一个句子:课文的开头句——"1999年9月22日,早晨7时30分,阳光洒满了美丽的杭州市,桂树还没有开花,晨风中已经飘来甜丝丝的香气。"这个句子在全文中的作用是什么?

第二个句子:"小钱是幸运的,几经辗转,终于在台湾找到了这样的人。"这个句子在全文的结构上有什么样的作用?

第三个句子:"两岸同胞的心是连在一起的,那血脉亲情如同生命的火种必将一代一代传下去。"结尾这个句子的作用是什么?

这三个句子就是文章的枢纽。开头不仅仅是点明了时间,不仅仅是点明了地点,而且还有一种美丽的气氛洋溢在里面。第二个句子是说下面就要写到有关台湾好人的故事了。第三个句子就是全文内容的深化,是文章的议论点题的部分。

研讨三个句子,全篇课文的脉络一清二楚。

可以用"以句带篇"的方法来形成速读活动、略读活动。

如《神奇的极光》教学中的"选句训练":每位同学都可以从这篇4000余字的课文中选取6到8个句子,以概述全文内容:

① 极光是天空中一种特殊的光,是人们能用肉眼看得见的唯一的高空大气现象。这种光是由高空大气中的放电辐射造成的。②出现在南半球的叫做南极光,出现在北半球的叫做北极光;南北极光泛称极光。③极光被视为自然界中最漂亮的奇观之一。按其形态特征分为极光弧、极光带、极光片、极光幔和极光芒等五种。④形成极光有三个必不可少的条件:大气、磁场和太阳风。⑤来自空间的电子束,打入极区高空大气层时,会激发大气中的分子和原子,导致发光,人们便见到了极光。⑥极光不仅是个光学现象,而且是个无线电现象。

这样的活动,在不少的说明文课文的阅读教学中都可以进行,如果是散文的教学,这种形式就可以称为"课文集美"。

可以用"以句带篇"的方法来进行精读活动、美读活动。

如李白《行路难》的教学。

学习活动一　话题:说说你感受到的诗中美句

长风破浪会有时,直挂云帆济沧海:乘风破浪,沧海扬帆;意境开阔,壮思飞扬;千古雄句,激荡人心。

学习活动二　话题:说说你对诗中难句的理解

闲来垂钓碧溪上:我想闲暇时坐在溪边垂钓。这一句运用了吕尚垂钓时遇周文王的典故……

忽复乘舟梦日边：忽然又梦见乘船从白日边经过。这一句运用了商朝伊尹的故事……

两次诗句品析活动，一美句一难句，实际上已经解决了本课教学的核心问题。

在文言诗歌的教学中，"以句带篇"的最难、最美的活动是指导学生写"诗联赏析"。

可以用"以句带篇"的方法来进行"多角反复"教学。

如《说"屏"》的教学，进行三次"选句"活动：

选句——趣味引读课文

请同学们从课文中自选一个句子，作为全文的引读句。

选句——显现课文要点

请同学们再选句，看哪些句子能够概括这篇文章的要点。

选句——说明事物特征

现在我们将课文浓缩，用课文的语句来说"屏"。

这一种提炼式的选句，也就是综合全文的内容进行表述，我们要综合全文的内容，用100字左右的篇幅，说清楚什么是"屏"。

就在这"三选"之中，一篇课文的教学任务就基本上完成了。这就叫作"多角反复"。

可以用"以句带篇"的方法来形成一个最简明的教学设计。

如《我的信念》的教学。

第一步：初步理解文意。

第二步：文中美句欣赏。话题：妙在这一句……

于是，很多美句及对美句的品析就从同学们的品咂中涌现了出来：

生活对于任何人都非易事，我们必须有坚忍不拔的精神。

最要紧的，还是我们自己要有信心。

我们必须相信，我们对每一件事情都具有天赋的才能，并且，无论付出任何代价，都要把这件事完成。

像它们一样，我总是耐心地把自己的努力集中在一个目标上。我之所以如此，或许是因为有某种力量在鞭策着我正如蚕被鞭策着去结茧一般。

近五十年来,我致力于科学研究,而研究,就是对真理的探讨。

我永远追求安静的工作和简单的家庭生活。为了实现这个理想,我竭力保持宁静的环境,以免受人事的干扰和盛名的拖累。

诚然,人类需要讲究现实的人,他们在工作中获得很多的报酬。但是,人类也需要梦想家。

我认定科学本身就具有伟大的美。

一位从事研究工作的科学家,不仅是一个技术人员,而且是一个小孩儿,好像迷醉于神话故事一般,迷醉于大自然的景色。

这种科学的魅力,就是使我能够终生在实验室里埋头工作的主要原因。

…… ……

一个小小的话题,就这样牵动了全篇文章的品读。

"妙在这一句",就这样美妙地"以句带起了篇"。

微型话题 各抒己见

阅读教学中"微型话题"的设置,与"主问题"的研究与运用有直接的关联。

"主问题"设计研究,实际上是课堂提问研究。我在提问研究上的创意是:在阅读教学中,用尽可能少的关键性的提问、问题、话题引发学生对课文内容更集中更深入的阅读思考和讨论探究。

"主问题"能够非常好地帮助我们实现上述创意。

什么是"主问题"?

阅读教学中的"主问题",指的是对课文阅读能起"牵一发而动全身"作用的重要的提问、问题、话题,有时候,也直接用"任务""活动"的方式呈现。

"设置主问题"是一种教学策略,也是一种教学设计手法。"主问式"手法或"话题式"手法是进入新课程以后阅读教学的全新手法,能够生动地阐释课标中的一个基本理念——阅读是搜集处理信息、认识世界、发展思维、获得审美体验的重要途径;阅读教学是学生、教师、文本之间对话的过程。

从"主问题"的运用价值看,它有如下鲜明的特点:

1. 在课文理解方面具有整体品读的牵引力。
2. 在教学过程方面具有教学板块的支撑力。
3. 在课堂活动方面具有让学生共同参与的凝聚力。

如蒲松龄《狼》的教学：

一屠晚归，担中肉尽，只有剩骨。途中两狼，缀行甚远。

屠惧，投以骨。一狼得骨止，一狼仍从。复投之，后狼止而前狼又至。骨已尽矣，而两狼之并驱如故。

屠大窘，恐前后受其敌。顾野有麦场，场主积薪其中，苫蔽成丘。屠乃奔倚其下，弛担持刀。狼不敢前，眈眈相向。

少时，一狼径去，其一犬坐于前。久之，目似瞑，意暇甚。屠暴起，以刀劈狼首，又数刀毙之。方欲行，转视积薪后，一狼洞其中，意将隧入以攻其后也。身已半入，止露尻尾。屠自后断其股，亦毙之。乃悟前狼假寐，盖以诱敌。

狼亦黠矣，而顷刻两毙，禽兽之变诈几何哉？止增笑耳。

为了指导学生理解、品读这篇短文，设计了如下三个"问题"：

1. 朗读课文，从小说要素的角度简析课文。
2. 《狼》表现了屠户和狼的斗争，故事情节层层相扣、紧张曲折。请举例进行分析。
3. 请同学们对课文进行"字词品析"，举例分析《狼》的字、词、句的表达作用。

将三个问题恰当地安排在一节课不同的教学阶段之中，能让同学们从整体上反复地理解与品读课文，这三个问题，就是能"牵一发而动全身"的"主问题"。

"主问题"的变用，就是反其道而行之，设置"微型话题"。

"微型话题"也叫作"话题群"，就是众多的、发散的、可"自由选择"用于阅读理解的小话题。

"微型话题"能够使阅读教学的过程细节化、个性化。

用于阅读课堂教学的"微型话题"，其作用是在课文的阅读教学中中引出同学们内容广泛、形式自由、带有创见、带有思想与情感特点的谈话；有了为数不少的"话题"，就有了思考探究，有了各抒己见的课堂交流，有了有趣有味的课中对话，当然也就有了让学生真正占有课堂时间的保证。

如果能够这样，学生的阅读思考、表达见解的活动就会占据课堂教学的大部分时间，学生的能力提高和智力发展训练成为课堂教学活动的主体，有利于形成生动活泼的多向交流的课堂教学结构，从而增大课堂教学容量，提高课堂效率。"微型话题"的设置有利于教师水平的提高。教师在这样的教学中，既要具备高层次的阅读分析能力和审美鉴赏能力，反复地、多角度地阅读钻研教材，发现教材的不同侧面、不同层次的美点，又要具备一定的"统筹"思考和精细安排的教学设计能力。

又如《狼》的教学，可以用如下"话题群"形成课堂教学上生动深入活泼的教学局面：

1. 从小说要素的角度简析课文。
2. 读课文，分析课文层次，说说各个部分的作用。
3. 有人说，这篇小说写狼必写人、写人必写狼，是吗？
4. 《狼》表现了屠户和狼的斗争，故事情节层层相扣、紧张曲折。请举例进行分析。
5. 《狼》篇幅短小，结构紧凑，语言简洁生动。"语言简洁生动"表现在哪些地方？
6. 请同学们对课文进行"字词品析"，举例分析《狼》的字、词、句的表达作用。
7. 请简短分析《狼》中之"狼"。
8. 请以"狡猾"与"机智"为话题，谈谈你对这个故事的理解。

为了更加生动周全有效地设计"微型话题"，教师需要做好如下方面细节性的研究工作：

多角度地、反复地研读品析课文，从能力训练的角度感受课文的教育教学价值。

提炼、整合自己阅读钻研教材的各种所得，从"牵一发而动全身"的角度审视它们在课文阅读教学中可能起到的作用。

研读欣赏有关某课课文的若干论文资料，从中发现具有美感、具有训练性的品析角度，将其转化为可供教学之用的"话题"。

下面是我对课文《一滴眼泪换一滴水》（《巴黎圣母院》的节选）阅读教学"微型话题"的设置。

这是一次对课文进行精心研读的尝试，我对很多小话题都写出了自己的赏析短文。

这是一次对"微型话题"进行细化研究的尝试，设置了角度丰富的小话题：

"课文概说"话题：

1. 展现《一滴眼泪换一滴水》的最简略的缩写
2. 一波未平，一波又起——课中"波澜"概说

"人物素描"话题：

1. 我眼中的伽西莫夫
2. 我眼中的爱斯梅拉达

"技法探究"话题：

我发现的课文中的"对比"

课文中的"议论"赏析

"内容欣赏"话题：

课文中"哄笑"描写赏析

课文中"叫骂"描写赏析

伽西莫夫"称呼"欣赏

关于伽西莫夫的"比喻"探微

伽西莫夫的"脸色"描写

伽西莫夫的"眼光"描写

三声"要水喝"欣赏

巧妙地插一笔——神父的出现

蓄势于前，急转于后——说说故事情节的重大转折

"送水喝水"情节分析

课文片段的语言欣赏

"体味感悟"式话题：

说说"美与丑的看台"

"趣味发现"话题：

《一滴眼泪换一滴水》中人物"出场"的描写欣赏

《一滴眼泪换一滴水》中"道具"的描写欣赏

有了上述"微型话题"，这个课无论怎么教学，都是别有创意、别有天地的。

74 美选美用 增加文气

这里说的是课堂阅读教学中的非课文资料的选用问题。

关于资料的运用,我已经在《精选资料,助教助学》一文中论及。

然而意犹未尽,于是再次例说。

在课堂阅读教学中美选、美用资料,可以为课堂增色,可以给教学增加文气。

从大面积阅读课的教学情况来看,教师选用的资料主要集中在如下三个方面:一是音像资料,二是作家作品资料,三是文言文的译文资料。比较单纯,不够雅致。

我们要从"美"的角度对教学资料进行选用。如:

"诗词素描"资料。

如在杜甫《旅夜抒怀》的教学中运用"唐诗素描"资料:

一杆孤耸的船桅,突兀在微风细草的岸,使幽静的夜泊,也显得孤清而惨淡了。

一轮皎洁的明月,翻涌在湍流奔急的浪间,使瑰奇的江景,也增添了动荡与不安。

人们常称叹"星垂"二字"开襟旷远",殊不知在出蜀漂泊的已届晚年的诗人心中,翻起的却是"名岂文章著,官应老病休"的无限悲慨!

星辰璀璨,无语地照耀着空旷无际的平野;月色茫茫,天水间唯留孤独的沙鸥绕桅惊飞,——当诗人在结句突发奇想,将自身与沙鸥作比的时候,你所体味的诗境,究竟是"旷远"的自慰,还是凄楚的自叹?

(摘自徐旭文《中学生阅读》高中版,1998年第10期第39页)

这样的资料远比单纯的译文资料来得优美、雅致。其内容既在诗中,又在诗外;既有解说,又有评点;既能表现教师的手法创新,又能给学生带来审美的享受。

"名人作品"资料。

如苏轼《念奴娇·赤壁怀古》教学中,在介绍作家作品时可引用如下资料:

(在黄州)他给天下写出了四篇他笔下最精的作品。一首词《赤壁怀古》,两篇月夜泛舟的前后《赤壁赋》,一篇《记承天寺夜游》。单以能写出这些绝世妙文,仇家因美生妒,把他关入监狱也不无道理。

(摘自林语堂《苏东坡传》第16章)

引导千古杰作的前奏已经鸣响,一道神秘的天光射向黄州,《念奴娇·赤壁怀古》和前后《赤壁赋》马上就要产生。

(摘自余秋雨《苏东坡突围》)

这样的资料片段出自名家之手,表达优雅深刻,胜于一般的教参文字,能够对教学内容进行厚重的铺垫,也能够开阔学生的视野,增加学习中的美感。

"诗文联读"资料。

为了教学内容的厚实与教学形式的优美,我们有时候运用"课文联读"的方式增加教学的容量。此时就可以精选"联读"资料。

如教学余光中的《乡愁》,就可联读舒兰的《乡色酒》、彭邦桢的《月之故乡》、于右任的《望大陆》、席慕容的《乡愁》等。更好的还有纪弦的《一片槐树叶》:

一片槐树叶
纪 弦

这是全世界最美的一片,
最珍奇,最可宝贵的一片,
而又是最使人伤心,最使人流泪的一片,
薄薄的,干的,浅灰黄色的槐树叶。

忘了是在江南,江北,
是在哪一个城市,哪一个园子里捡来的了,
被夹在一册古老的诗集里,
多年来,竟没有些微的损坏。

蝉翼般轻轻滑落的槐树叶,
细看时,还沾着些故国的泥土啊。
故国哟,啊啊,要等到何年何月,
才能让我回到你的怀抱里
去享受一个世界上最愉快的
飘着淡淡的槐花香的季节?……

这样的联读材料用于诗歌教学,表现出一种联读手法,增加了课文学习中文学欣赏的内容与角度,特别是在"朗读活动"上能够更显力量与美感。

"学术文献"资料。

运用学术文献资料一是为了开阔教师的视野,二是为了带给学生更加优美的教学资源。在文学作品或文言诗文的教学中,可以用穿插手法有机地恰切地引用一点这样的资料。

如教学杜甫的《登高》所引用的资料:

这首诗约写于公元767年在夔州时。起、颔联写登楼所闻所见,声宏势阔。声宏,是从听觉效果看:秋风凛冽,峡猿悲啼,落木萧萧,江涛轰鸣;势阔,是从视觉效果看:秋空寥廓,渚清沙白,百鸟盘旋,落木无边，长江滚滚。颈、尾联抒发浩荡的悲思：漂泊天涯的孤独，百病缠身的痛苦，万万多难的时代悲音，交汇在一起。诗中主观情思和自然物象相互蕴含，相互激射，意与境高度浑成统一，苍凉激越，悲风飒飒。形式上，全诗句句皆律，一句之中字字皆律，四联对仗，一意贯串，一气呵成。

（选自湖北教育出版社《中国古代名诗200首》）

在艺术表现上，这首诗有以下特色：首先是通篇对仗，而首联又是当句对，"风急"对"天高"，"渚清"对"沙白"。其次是句法交错而又相接。前四句是一、三句相接，都是写所闻；二、四句相接，都是写所见。后四句是五、七句相接，六、八句相接。在意义上是互相紧密联系的，因"风急"而闻落叶萧萧；因"渚清"而放眼滚滚长江；因"悲秋"而勾起"苦恨"，因"多病"而引起"停杯"。再次是不仅写景具有巨大的艺术概括力，而且是触情于景，浑然一体，有着较强的感人力量。

（选自人民文学出版社《新选唐诗300首》）

在教学之中穿插如此精致、美好、厚实的学术资料，一定有锦上添花的效果。

"课文边角"资料。

课文前有单元说明，还有课文阅读导语，课后有练习，还有课文附录中的各色资料，都可以让我们在教学设计中动脑筋、想办法。

人教版初中语文课标教材附有"课外古诗词背诵"的篇目，每首诗前都有几句导读的文字。它们是训练学生写简短的诗歌赏析文的极好材料。

如晏殊《浣溪沙》前面的导读文字：

这首词是伤春感时之作，传达出一缕若有若无的淡淡闲愁，意蕴幽微，淡雅温厚。"无可奈何花落去，似曾相识燕归来"两句，情致缠绵，音调谐婉，对仗工稳，宛如天成。

如果设计"读写结合"的文言诗歌教学活动，这就是很优美的范文。

在教学中，还可以适当地选用"作者小故事""作家谈课文""文化小资料"等材料，选用的原则是优雅、精致、有用、不堆砌。

75 短文巧教 精致高效

千字以下的课文可以称为短文。

短文在语文教材中占有的比例很大，研究短文教学的艺术性、训练性与实效性，就显得很有意义。

短文是最便于进行教材处理的课文，一篇千字以下的文章，用一个课时来进行教学，可以比较顺利地完成教学任务。

但即使是这样，短文教学设计的诸多奥妙我们还是很少去探究尝试。

"短文巧教"的"巧"，其含义比较丰富。细教、美教、深教、趣教、快教等，都可以归入"巧"字的门下。

"精致高效"四个字，是一切阅读课的理想境界，更是短文教学所要追求的美好境界。我们在这四个字上可以做出内容丰富的教学设计研究的文章。

短文，正是因为"短"，才让我们在教学设计上有着更加丰富的想象力，才让我们对训练学生的能力、提高学生审美素养有更美的追求。

那么，对于"短文巧教，精致高效"的教学设计，需要有哪些思考呢？

我的看法是：

尽量做到教学角度的新颖。

尽量做到课文处理的手法精致。

尽量做到充分利用课文的教育教学资源。

尽量表现教师教学设计中预设的魅力。

尽量做到学生的课堂活动充分。

尽量做到能把学生深深引入课文。

尽量做到着力于学生的能力训练。

教学的过程尽量简单明了、思路清晰。

训练的活动尽量生动、有趣、给力。

做到用一个课时完成一篇课文或一组课文的教读或自读的教学任务。

下面我引用一篇一线教师不很熟悉的课文（苏教版七上的《端午日》）来尝试一下"短文巧教"创新设计（略去导语、铺垫、过渡、小结等细节）。

端午日
沈从文

端午日，当地妇女、小孩子，莫不穿了新衣，额角上用雄黄蘸酒画了个王字。任何人家到了这天必可以吃鱼吃肉。大约上午11点钟左右，全茶峒人就吃了午饭。把饭吃过后，在城里住家的，莫不倒锁了门，全家出城到河边看划船。河街有熟人的，可到河街吊脚楼门口边看，不然就站在税关门口与各个码头上看。河中龙船以长潭某处作起点，税关前作终点，作比赛竞争。因为这一天军官、税官以及当地有身份的人，莫不在税关前看热闹。划船的事各人在数天以前就早有了准备，分组分帮，各自选出了若干身体结实、手脚伶俐的小伙子，在潭中练习进退。船只的形式，与平常木船大不相同，形体一律又长又狭，两头高高翘起，船身绘着朱红颜色长线，平常时节多搁在河边干燥洞穴里，要用它时，拖下水去。每只船可坐十二个到十八个桨手，一个带头的，一个鼓手，一个锣手。桨手每人持一支短桨，随了鼓声缓促为节拍，把船向前划去。带头的坐在船头上，头上缠裹着红布包头，手上拿两支小令旗，左右挥动，指挥船只的进退。擂鼓打锣的，多坐在船只的中部，船一划动便即刻嘭嘭铛铛把锣鼓很单纯的敲打起来，为划桨水手调理下桨节拍。一船快慢既不得不靠鼓声，故每当两船竞赛到剧烈时，鼓声如雷鸣，加上两岸人呐喊助威，便使人想起梁红玉老鹳河时水战擂鼓的种种情形。凡是把船划到前面一点的，必可在税关前领赏，一匹红布，一块小银牌，不拘缠挂到船上某一个人头上去，都显出这一船合作努力的光荣。好事的军人，当每次某一只船胜利时，必在水边放些表示胜利庆祝的500响鞭炮。

赛船过后，城中的戍军长官，为了与民同乐，增加这个节日的愉快起见，便派士兵把30只绿头长颈大雄鸭，颈脖上缚了红布条子，放入河中，尽善于泅水的军民人等，自由下水追赶鸭子。不拘谁把鸭子捉到，谁就成为这鸭子的主人。于是长潭换了新的花样，水面各处是鸭子，同时各处有追赶鸭子的人。

船与船的竞赛，人与鸭子的竞赛，直到天晚方能完事。

教学创意一：深教

创意提纲：

训练一：认识课文。每位同学都要"用一句生动的话"来概说课文。教师从6到8个方面进行小结。这个环节达到"文意把握"的目的。

训练二：选点欣赏。

片段欣赏一：每只船可坐十二个到十八个桨手，……便使人想起梁红玉老鹳河时水战擂鼓的种种情形。

片段欣赏二：赛船过后，……水面各处是鸭子，同时各处有追赶鸭子的人。

两个片段的同一欣赏话题：这一部分的表达好在哪里？有什么样的表达效果？

在两个片段的欣赏过程中，可以穿插朗读训练，可以安排分组活动。

教师在片段欣赏的过程中要与学生进行对话，要进行活动内容的小结。

这个方案，将学生深深引入课文，进行品读赏析能力的训练。

教学创意二：美教

创意提纲：

一说：美美地再拟课文标题，并说明理由。此环节解决"初知文意"的问题。

二读：美美地说读课文中的300字：每只船可坐十二个到十八个桨手……500响鞭炮。同学们既要熟读，又要述说，最后能够生动地说。此环节达到理解精彩的片段描写和积累表达技法的目的。

三写：用200字左右的篇幅，美美地扩写文中"捉鸭子"的细节。这里用课文小作文的方式，训练学生的想象力、表达力。

这个方案，对学生进行了"说、读、写"的能力训练。

教学创意三：趣教

创意提纲：

活动一：话题讨论：这篇文章的段落形式好看吗？

这个话题牵动了对全文三个段落内容的概括，牵动了对它们的表达作用的分析，用侧面设问的手法，完成了"文意把握"的阅读任务。

活动二：课文变形：尝试把课文的第1自然段变成多个段

这次活动自然地利用课文表达的特点，把学生的视点引到第一部分，也是运用侧面手法，让学生分析层次，理清思路，理解不同层次内容的表达作用。

活动三：故事赛讲：话说《边城》中的龙舟赛

此次活动让学生对课文的精要之处进行提炼与加工，同样运用侧面手法并运用特别的活动方式精读课文，并对学生进行又一次的能力训练。

以上三个创意，基本上能达到我所说的"短文巧教，精致高效"的要求。

76 长文短教 妙在选点

"长文",就是篇幅长、文字多的课文,一般来讲,在中学阶段的语文教学中,现代文课文在2000字左右、文言文课文在四五百字之间的,就可以视作长文。

长文有信息量大的优点,但同时也有占用课时多、容易引起学生厌倦、信息繁冗、教学上难以处理等弱势。

有时候,长文也是难文。

"长文短教",是一种重要的常用的教材处理方式。它主要有两个方面的含义:一是用较短的时间教完篇幅较长的课文,二是取较少的内容教完篇幅较长的课文。

研究"长文短教",有多方面的作用:一是提高教师研读教材的水平,二是提升教师处理教材的能力,三是节省课堂教学的时间,四是给学生留下一定的阅读探究的空间。

中学语文教材中,差不多有三分之一的课文需要考虑"长文短教"的问题。

那么,"长文短教"需要哪些技术性的手段?

1. 教师要用心地精读课文,深读课文,多角度地研读课文,对教学内容进行提取，进行组合，进行提炼，进行选择。

2. 不论什么样的"长文短教"，课始的阶段都应该有一个"文意整体把握"的教学环节，在此基础上"以点带面，点面结合"。

3. "长文短教"，由于"文长"还有相当的内容与问题没有来得及处理。

解决的方法是：教师在课堂上可以进行一点有关内容的讲析，以求更好地对所需教学的内容进行覆盖。

4. "长文短教"讲究对教学内容的剪裁与选择。或选取课文的某一个部位，如最精致的那一部分，最核心的那一部分，最难以理解的那一部分等。或确定某一个话题，以带动课文中"某个线条"内容的品读。或就某个知识点、某个能力点利用课文进行训练。

对此，我在《余映潮阅读教学艺术50讲》中有如下细化的阐释：

可以从如下很多的角度来进行教材处理：

1. 紧扣课文教学要求，以完成一两个教学重点为目的进行短教。
2. 根据课文内容，以讲清讲透一两个难点为目的进行短教。
3. 分析竖式结构课文的脉络与布局，以突破课文的主要部分为目的进行短教。
4. 分析横式结构课文的写作特点，以"点面结合，以点带面"为目的进行短教。
5. 理解课文的语言特点，以落实一个"语言学用"的板块为目的进行短教。
6. 以增长知识、培养能力为目的，以突出课文中一个"知识的集合"为目的进行短教。
7. 以加强学生的实践活动为目的，对课文进行创造性改编或创造性复述。
8. 以训练某种阅读技能为主，选取课文中最有训练价值的内容进行短教。

……………

在我写过的"名师讲坛"的技法中，也有不少是可以用来策划"长文短教"的。如：

  快捷切入，省力省时

  含英咀华，课文集美

  把握文意，选点突破

  读法示例，化解难点

  训练检索，整合提炼

  精段阅读，注重效益

  课中设比，反复研读

  概说课文，训练能力

  文中选文，妙趣天成

  串写课文，摇曳生姿

  ……

下面请欣赏黄厚江先生《孔乙己》和笔者《孔乙己》的"长文短教"的教学设计。

这是笔者提炼出来的黄厚江先生《孔乙己》的教学流程：

引：鲁迅先生说过，要极省俭地画出一个人的特点，最好是画他的眼睛。根据你的阅读印象，《孔乙己》这篇小说写了人物的什么？

起：现在我们来看看，鲁迅先生写了几次他的手？请大家一起到小说里去找一找，并画上标记。如果有想法的地方还可以写上评点。

承：现在我们看看，作者写他的手，主要从哪些方面写的？

转：下面我们也和鲁迅先生一起来塑造孔乙己。你自己找一找小说里哪个地方还可以写手？要求：找一处，写一句，表现孔乙己的性格特点，契合当时的环境。

合：这双手折射出孔乙己的悲剧命运，需要思考的是，孔乙己为什么会有这样的悲剧命运？

很明显，黄老师《孔乙己》"长文短教"的设计技巧在于"线条式选点切入"，即在教学中拉出了"手"的描写这条线。课文开讲以后，"切入"到了"孔乙己"的"手"并以此组织起流畅的教学过程。

有教师对此进行了这样的评价：

本节课中，黄厚江老师巧妙地抓住孔乙己的"手"来解读文本，可以说，人物的性格、命运，小说的主旨，全在这双"手"中了：找手——文中几次写了孔乙己的"手"？圈手——哪几处最能体现人物的性格命运？画手——哪些地方还可以写手？论手——这双手折射出孔乙己的悲剧命运，那么他为什么会有这样的悲剧命运？有没有办法避免悲剧？

笔者《孔乙己》"长文短教"设计技巧则在于"板块式选点比读"，即选择课文中两处重要的段落板块进行比较阅读。教学的主要内容如下：

活动一：说说《孔乙己》阅读的初步感受。

学生表达看法，教师与同学们对话、交流。教师在交流中进行"微型讲座"，以进行厚重的铺垫。

活动二：请同学们在第4段与第11段中寻找对比点，感受这两个段落在这篇小说中的重要作用，感受鲜明对比中表现出来的孔乙己命运的变化。

师生交流的内容主要有：出场与退场，正常与残疾，伤痕与断腿，长衫与夹袄，青白与黑色，眼睛与眼神；站坐，语言，语气，动作，形貌，姿态，酒量，钱数，手的用途，时令……

这些细节描写的对比，把精神和肉体受到巨大摧残的孔乙己的形象鲜明地呈现在读者面前，激起人们深深的思索。

"长文短教"，深入品读，能够很好地优化阅读课堂教学的状态，同时突现了课文内容的精要之处，用笔者的话来评价就是：让学生"全篇散打，满课去找"远不如"选点扭打，深入品读"来得精彩。

77 活动设计 创意生动

这里所说的"活动",指的是学生的课堂阅读与训练活动。

义务教育阶段和高中阶段的课标中各有一句话值得品味:

1. 应该让学生更多地直接接触语文材料,在大量的语文实践中掌握运用语文的规律。

2. 应该让学生在广泛的语文实践中学语文、用语文,逐步掌握运用语言文字的规律。

让学生在大量、广泛的语文实践活动中逐步掌握、运用语文的规律,是课标的核心理念之一。

据此,在课堂教学方面,从理念到手法,从教案的整体设计到细节的精心安排,从课堂上师生之间的关系到课堂教学结构,都必须而且应该发生根本性的变化——组织与开展属于学生的大量语文实践活动。

这就是所谓"学生活动充分"。

"学生活动充分"好处有:学生在充分占有时间的前提下进行学习;集体活动的形式成为常态,有利于学生的同步发展;教师可以组织起学习语言、习得技巧、发展能力、训练思维的丰富活动;调整教学节奏,形成课堂上动静相宜、有动有静的生动形态。

设计与组织语文课堂学习实践活动，要注意两个"关键"词。

一是"形式"，一是"创意"。

即：课堂活动的形式要丰富，要实在，要有训练的力度；课堂活动的创意要生动，要新颖，要有精致的角度。

请看下面的设计实例：

分层推进式朗读活动

一般的课堂朗读就是齐声朗读、个别朗读、角色朗读，教师指导的层面主要是让学生"出声"，很少关注对文本的反复体味，而下面《三峡》的朗读设计就不一样：

读好"领起"词的短暂拖音：

自/三峡/七百里中　自非/亭午夜分　至于/夏水襄陵　或/王命急宣　有时/朝发白帝　虽/乘奔御风　则/素湍绿潭每至/晴初霜旦　故/渔者歌曰

读好四字词语的节拍：

两岸/连山，略无/阙处。重岩/叠嶂，隐天/蔽日。自非/亭午/夜分，不见/曦月。

读好特别之处的顿音：

清/荣/峻/茂；巴东三峡/巫峡长，猿鸣三声/泪/沾/裳。

这一个很细节化的立意很高的朗读教学设计，它不仅仅只是有序地推进，也不仅仅只是欣赏角度的变化，更重要的是从它的第一步起就切入到作品的艺术风格之中，就将学生引入到优美动人的情景之中。

课文复述式说读活动

说读，就是读课文加上说课文，由学生自己在说说读读中理解课文内容。说读，是让学生就课文内容进行各种要求不同的说话活动，如复述、概括、叙述、评点、想象等等。说读是一种最能让课堂教学生动起来的教学活动。

如《童趣》的"说话"教学：

朗读课文之后，教师说：

同学们，课文第一句话是："余忆童稚时，能张目对日，明察秋毫，见藐小之物必细察其纹理，故时有物外之趣。"现在请同学们抓住"忆"

字来概说课文内容，抓住"小"字来分说课文内容，抓住"趣"字来详说课文内容。

这是一个高屋建瓴的细节设计，让学生抓住三个字从不同的角度反复地"说"出课文内容，既思路清晰地展开了充分的课堂活动，又让学生透彻地理解了文意。

角度丰富的写读活动

写读，就是读读写写，写写读读，有读有写，读写结合。其形式丰富多彩，如给词写话、课文集美、信息提取、句式学用、段式学用、篇式仿写、生动译写、想象扩写、片段点评、诗联欣赏、课文概述、课文作文、艺术性概括、艺术性改写等。

下面是《行道树》中的一次读写活动设计。

写作活动的目的：集锦一批美句。

将美句集为微型短文，激情诵读：

我们是一列树，立在城市的飞尘里。我们唯一的装饰，是一身抖不落的烟尘。

这种命运事实上是我们自己选择的，否则我们不必在春天勤生绿叶，不必在夏日献出浓荫。神圣的事业总是痛苦的，但是，也唯有这种痛苦能把深沉给予我们。我们这座城市总得有一些人迎接太阳！如果别人都不迎接，我们就负责把光明迎来。或许所有的人都早已习惯于污浊了，但我们仍然固执地制造不被珍惜的清新。

立在城市的飞尘里，我们是一列忧愁而又快乐的树。

在这样的活动中，同学们受到的训练是多么扎实有效。

微型话题式品读活动

微型话题，是教师研读课文之后提炼出来的引领学生自主地合作地进行课文研读的小小话题；每一个话题都是一个"抓手"，都能让学生深深地进入文本，都要求学生在理解课文的基础上进行创造性的"再表达"。

如人教版课标教材《泥人张》阅读活动二的课中微型话题设计：

请同学们自选一个话题进行阐释，表达自己对作者写作技法的欣赏。

场景设置　人物出场　气氛渲染　细节描绘

对比手法　伏笔照应　悬念设置　空白艺术

由这些话题，可以想到课堂阅读活动的精细深刻与生动深入。

妙点揣摩式欣赏活动

就是引导学生对课文进行美点寻踪，进行妙点揣摩，进行妙要列举。有时候，这种实践活动是完全自由的，学生可以从自己喜欢的角度发表见解；有时候，这种实践活动则有精粹的要求，在这种要求下，活动的成果会显得特别精致。

如《松鼠》的教学片段：品析课文第2段的语言表达之美：

描述美：松鼠跑跳轻快极了，总是小跳着前进，有时也连蹦带跳。

修饰美：非常敏捷，非常机警；玲珑的小面孔；帽缨形的美丽的尾巴；格外漂亮；尾巴老是翘起来。

修辞美：它们面容清秀，眼睛闪闪有光，身体矫健，四肢轻快，非常敏捷，非常机警。

句式美：玲珑的小面孔，衬上一条帽缨形的美丽的尾巴，‖显得格外漂亮。

情感美：它们面容清秀，眼睛闪闪有光，身体矫健，四肢轻快，非常敏捷，非常机警。玲珑的小面孔，衬上一条帽缨形的美丽的尾巴，显得格外漂亮；尾巴老是翘起来，一直翘到头上，身子就躲在尾巴底下歇凉。

一个"美"字，贯串于文章细部的语言欣赏过程，像一条线索串起了闪光的珍珠。

学生课堂活动的设计与进行，需要着眼于能力训练，需要教师舍得给学生以时间，需要教师在与学生对话交流中提升、优化学生的看法。没有这三个"需要"，活动的质量会大打折扣。

78 得体得法 避免俗套

"得体得法"四个字,说的是在课堂阅读教学之中,要上出得体的课、得法的课。

我在评点一个小说教例时,曾表达过如下看法:

一般而言,在小说作品的教学中,能够鲜明地表现出"这"是小说教学特点的内容是什么?

是小说作品的表达手法、表现手法和章法结构特点。

小说教学,不涉及"手法",不涉及"章法",于学生文学欣赏素养的提高,没有一点好处。

小说教学,不涉及"手法",不涉及"章法",从教材处理与利用的角度而言,表现出来的是见什么教什么、见文解文、缺少对学生进行能力培养的教学习惯,于学生阅读欣赏能力的提升,也没有好处。

教师与学生对话的语言中,"景物描写""语言描写""心理描写"的话语很少,"铺叙""悬念""伏笔""照应""波澜""场景"这样的用语就更加少了。

所谓"教得不深""教得不美""教得无味",都与此有关。

这里说的就是"得体"的问题

什么是得体？就是得其文体，就是要上出一篇课文的文体特点，就是根据文章体裁的不同而设计不同的教学方案。

何谓不得体？就是不管什么文章都是一套方法：读课文，识字词，讲思想内容。如教学《孔乙己》，连"小说"二字都不出现，连"人物性格特点"几个字都不运用。

我在评点一个小说教例时，也曾表达过如下看法：

一般而言，小说作品教学中，比较好的课堂活动是什么样的？

是学生在教师的指导下集体地经受赏析训练并与教师进行有质量的课堂对话。

首先说"教师的指导"。这种指导表现于教师比较灵活而准确地安排好课文阅读教学之中的学习任务和给学生指出得体的阅读方法。

再说"集体训练"。所谓集体训练，就是要让每一位学生都投入到品读欣赏的过程之中，进入到有实质性的训练活动之中。"让每一位学生都能在同一时间段中经受训练"应该是高效教学设计的一种理念。

课堂阅读教学中师生之间大量的"个体式"的对话，是教学低效的重要原因之一。本课的教学，在第三环节的师与生的一一对话之中，就花去了二十多分钟。

……………

这里说的就是"得法"的问题

什么是得法？就是要讲究教学的方法，要根据文章的内容特色而采用适宜的教学方法，要讲究成熟的而不是幼稚的教学方法。

何谓不得法？就是不知道在不同的阶段内容中应当使用不同的教学方法；就是不尊重课文的内容、氛围、情感等基本特点，想当然地率性而为。如教学鲁迅先生的《药》，让学生讨论如何表演用去了十几分钟，然后用课堂表演的方式让课堂充满快乐的笑声。

所以，得体与得法的问题，是一个关系到课堂教学技巧的规范、纯正、雅致的问题，是一个关系到避免教学手法幼稚、粗糙、俗套的问题，值得我们进行充分的关注与思考。

年轻的发展中的语文教师越发要关注这方面的问题。

如何做到"得体"的教学？

简单地说就是：要关注与尊重课文的文体特点，要注意感受与体味课文的情感氛围。

如何做到"得法"的教学？

简单地说就是：要注意教学内容与教学方法的关系，要力求避免那些表面看起来好像有趣味、似乎还热闹的低幼手段。

下面试利用小说《社戏》中的一个段落来研究一下得体与得法地进行教学的问题。

我的很重的心忽而轻松了，身体也似乎舒展到说不出的大。一出门，便望见月下的平桥内泊着一支白篷的航船，大家跳下船，双喜拔前篙，阿发拔后篙，年幼的都陪我坐在舱中，较大的聚在船尾。母亲送出来吩咐"要小心"的时候，我们已经点开船，在桥石上一磕，退后几尺，即又上前出了桥。于是架起两支橹，一支两人，一里一换，有说笑的，有嚷的，夹着潺潺的船头激水的声音，在左右都是碧绿的豆麦田地的河流中，飞一般径向赵庄前进了。

这是课文的第10段，写的是终于有了能够让"我们"去看戏的船，我们一起上船，然后飞一般地向赵庄前进了。

从"小说"教学的角度看，对这段文字的品读，可考虑引导学生思考如下问题：

1. "月下"二字在全文中的作用与意义。
2. "白篷的航船"在这篇小说中的作用。
3. "双喜拔前篙，阿发拔后篙"写了阿发的出场，这有什么作用？
4. 从全文看，这段文字与哪些地方相照应？
5. 这段文字最后一句主要是景物的描写，这句话有哪几个方面的作用？
6. 文中是怎样描写"我"的心理活动的？
7. 品析这段文字语言表达的妙处。

8. 体会这段文字中写"速度"的美感与作用。

总的来说就是,引导学生品析这段文字在整篇小说中所产生的作用与表达效果。

从学生活动的方式来看,请同学们自读本段课文,从教师设计的微型话题中任选一个,联系全文进行思考。安排学生思考之前,教师先举例示范。

学生安静地思考,然后全班交流,教师与学生对话,并做课堂学习小结:

这一段话:

美在对"心情"的直接抒写,美在用景物的描写衬托愉快的心情。

美在对孩子们"快速行动"的描写,与"找船"的过程形成美妙的节奏变化。

美在动词、色彩词的运用。

美在暗写了平桥村孩子的懂事。

美在再写双喜,并引出了阿发,为偷豆时阿发的出现埋下了伏笔。

美在景物描写的伏笔、照应、烘托作用。

抒写友谊,为月下航行与月下偷豆进行美妙的铺垫。

将少年朋友们巧妙地集聚到"航船"这个"场景"之上,表现了一群美好少年的形象。

……………

这可能就是"得体"的、"得法"的教学。

79 单元复习 突出要点

单元复习课是一种常用课型，但是现在往往用单元检测式的练习课来替代。这固然是一种比较务实的形式，可是少了很多味道。

单元复习的味道，更多地表现在综合地利用课文，进行角度丰富的读写训练之上。

我曾经就人教版初一上学期的大纲教材上过一次单元复习课，其教学内容是：

1. 知道一点常识
2. 识记一批雅词
3. 品味一组奇字
4. 摘录一些美句
5. 学用一种句式
6. 重温一个精段

这大致上就是我所说的有一点味道的"突出要点"式的"单元复习"，其覆盖的范围与力度都比较大。

单元复习，是对课文再次进行全面利用的天然机会。因为需要"突出要点"，所以最讲究对教学内容进行分类提取，因此，同样需要教师对单元课文进行多角度的品味欣赏、精致提炼。

提炼与组合可从如下角度进行：

研读单元提示、课文导语，提炼出单元课文的中心话题、教学重点、目标要求。

分析、研究课文自提示、课后练习设计，大致梳理出本单元所安排的知识训练点。

研究单元提示及课后练习的设计，提炼出本单元在阅读理解能力方面的训练点与教学标高。

以积累精美的语言材料为目，对本单元内的常用二字雅词、常用四字词语（包括成语）进行梳理与组合。

以集聚知识精华为目的，对本单元内的文体知识、阅读常识、写作知识、作家作品知识等内容进行提炼与组合。

以学习语言的表达模式为目的，对单元课文中表现出来的优美句式、常用段落模式等进行有目的的选择、定义与组合。

选定需要认真落实的重点篇目、段落以及需要背诵、积累的内容。

从"别出心裁读课文"的要求出发，读出教师自己别有天地的发现。

………

下面是我用人教版课标八年级上册第三单元课文所设计的又一节单元复习课。

这次复习课的创意是：专攻一点，分类训练，读写结合。

教材依据是：说明文的读写训练。

创意产生的原因是：读出了这个单元课文之中的各种精致的段落结构形式，这对训练学生的阅读分析能力和片段写作能力乃至口语表达能力都有帮助。

教学的主要内容与过程：语段阅读，语段写作。

探究发现

读下面语段，说说它是按怎样的思路展开的。

在北京的中心，有一座城中之城，这就是紫禁城。现在人们叫它故宫，也叫故宫博物院。这是明清两代的皇宫，是我国现存的最大最完整的古代宫殿建筑群，有五百多年历史了。

交流，点拨：这是"总分"式思路。"总分"式思路的展开形式是：有一个总说句，围绕总说句展开若干个分说句，每个分说句突现一种表达的角度。"总分"式思路是最常用的说明或描写的思路，能十分清晰地表现人们的思维。

我国的石拱桥有悠久的历史。《水经注》里提到的"旅人桥"，大约建成于公元282年，可能是有记载的最早的石拱桥了。我国的石拱桥几乎到处都有。这些桥大小不一，形式多样，有许多是惊人的杰作。其中最著名的当推河北省赵县的赵州桥，还有北京丰台区的卢沟桥。

交流，点拨：这是"并列"式思路。"并列"式思路主要用于多角度说明事物。这种思路从两个或者三个并列的角度来说明有关事物的特点，使被说明对象的特点更加鲜明突出。在表达上，往往在一个片段中安排两到三个"总说句"。

从天安门往里走，沿着一条笔直的大道穿过端门，就到午门的前面。午门俗称五凤楼，是紫禁城的正门。走进午门，是一个宽广的庭院，弯弯的金水河像一条玉带横贯东西，河上是五座精美的汉白玉石桥。桥的北面是太和门，一对威武的铜狮守卫在门的两侧。

交流，点拨：这是"步骤"式思路。"步骤"式思路主要有如下作用：分步骤说明事物的生长、发展过程，有序地说明操作过程、观察过程、游览过程等。在实际运用中，"步骤"式思路可以变用为"阶段式"思路，说明事物的演变过程，说明对事物的研究过程，说明思想认识的发展过程等。

为什么我国的石拱桥会有这样光辉的成就呢？首先，在于我国劳动人民的勤劳和智慧。他们制作石料的工艺极其精巧，能把石料切成整块大石碑，又能把石块雕刻成各种形象。在建筑技术上有很多创造，在起重吊装方面更有意想不到的办法。如福建漳州的江东桥，修建于八百年前，有的石梁一块就有二百来吨重，究竟是怎样安装上去的，至今还不完全知道。其次，我国石拱桥的设计施工有优良传统，建成的桥，用料省，结构巧，强度高。再其次，我国富有建筑用的各种石料，便于就地取材，这也为修造石桥提供了有利条件。

交流，点拨：这是"主次"式思路。它在表达上强调主次分明，强调把最为重要的因素放在第一位讲，往往用"首先""其次""再次"进行条理分明的标示。这样不仅顺序清晰，而且表现出思维的严密。有时候，这种思路也按"点"进行表达，如第一、第二、第三等。

苏州园林里的门和窗，图案设计和雕镂琢磨功夫都是工艺美术的上品。大致说来，那些门和窗尽量工细而决不庸俗，即使简朴而别具匠心。四扇，八扇，十二扇，综合起来看，谁都要赞叹这是高度的图案美。摄影家挺喜欢这些门和窗，他们斟酌着光和影，摄成称心满意的照片。

交流，点拨：这是"衬托"式思路。它先用主要的篇幅说明事物的特点，然后对事物的特点或进行评价，或进行评赞，或进行引申，或表达感想，或总说原因、缘由、优点、好处等等，将说明对象的特点再"烘托"一下。这种展开的思路相当于正面描写与侧面描写的结合，在生活实际中有广泛的运用。

师生还研讨了"分类"式思路、"穿插"式思路、"部位"式思路等。

构思实践

请同学们以"我观察到的生活现象"为话题，学用上述任何一种段落形式，写一段思路清晰的话。

（同学们写作，交流，评价）

80 一文多用 一课多案

一文多用，一次多篇，一课多案，这三"多"都能表现出语文教师优美的教材处理技巧。

"一文多用"主要有两个方面的含义。一是一篇课文在阅读教学中多次得到利用，这就是"多角度反复"的课文利用技巧。二是一篇课文可以用于阅读教学，可以用于写作教学，也可以用于说话教学、思维训练等。

"一次多篇"指一次阅读教学中进行多篇文章的阅读训练。其教学设计的基本手法是"课文联读""穿插引进""双篇比读""单元综合"等。

"一课多案"，指教师就一篇课文设计出不同的教学方案，而不是通常所说的教师与教师之间的"同课异构"。教师与教师之间的"同课异构"，对于一位教师来讲，基本上没有什么训练与提升的力量，因为他本人设计的，仍然只是一个教案。

任何一位语文教师，都应该具有"一文多用"的教学意识与技巧，这样能够让我们的思维敏锐起来，让我们的眼光深邃起来，让我们的教学灵动起来。也就是，让我们能干起来。

下面假设《社戏》里面的一个段落是一篇课文，看怎样对它"一文多用"：

就在我十一二岁时候的这一年，这日期也看看等到了。不料这一年真可惜，在早上就叫不到船。平桥村只有一只早出晚归的航船是大船，绝没有留用的道理。其余的都是小船，不合用；央人到邻村去问，也没有，早都给别人定下了。外祖母很气恼，怪家里的人不早定，絮叨起来。母亲便宽慰伊，说我们鲁镇的戏比小村里的好得多，一年看几回，今天就算了。只有我急得要哭，母亲却竭力的嘱咐我，说万不能装模装样，怕又招外祖母生气，又不准和别人一同去，说是怕外祖母要担心。

将它用于阅读训练：分析它在《社戏》这篇小说中的作用，分析写"船"的奥妙。

将它用于写作训练：我们常常强调要将文章写长、写美。但是，文章有时候是需要写简、写短的。现在我们来一起学习一种将事件写短的方法：变"对话法"为"转述法"。

将它用于说话训练：

1. 有条理地阐释这段话的层次结构的合理性。
2. 学用这段话的结构技法讲述一个小故事。

…… ……

语文教师，特别是优秀教师，也应该经受"一课多案"的设计训练；一位语文教师，如果希望用很扎实的训练来提升自己的教学设计水平，就得用"追求创意，一课多案"的境界来严格要求自己。

"一课多案"，要求教师个人在进行教学的时候，对同一教学内容设计出两种或者几种不论在外观形态还是在内容安排上都有很大不同的方案，用以对教学内容进行各有角度的探究，用以对不同的教学思路、教学手法进行体验。

这种方法强调的是教师个人的静心思考与精心设计，是一种训练教师、磨炼教师、提高教师教学设计能力的硬措施。

"一课多案"的教学设计，可采用的形式多种多样：

1. 不同教学思路的"一课多案"。
2. 不同教材处理角度的"一课多案"。

3. 不同教学手法与活动方式的"一课多案"。
4. 既设计阅读教学方案，也设计"读课文学写作"的方案。
5. 既设计阅读教学的教案，也设计以学生自主学习为主的学案。
6. 同一篇课文在不同的年级教学中的不同方案。
7. 同一篇课文在不同版本的教材中的不同方案。
8. 同一篇课文在不同的地区进行教学的不同方案。
9. 同一篇课文面对不同层次学生的不同方案。

…… ……

"一课多案"的教学设计，可以有如下表现形式：

1. 设计出两种或两种以上的教学详案。
2. 设计出两种或两种以上的教学简案，乃至多种微型教案。
3. 设计出几种教学方案，做到有一篇详案，其他的为简案。
4. 设计出几种教学方案，做到有一篇为主要方案，其他的为预备方案。
5. 勾勒出多种教学设想，优化其中的一篇。

…… ……

下面请欣赏笔者《散步》教学中三种全然不同的教学构思。

第一种：

教学创意：欣赏课文中的情味，韵味，意味。

活动之一：反复朗读

活动之二：多角度品析

1. 用诗一样的语言概括地表述自己从课文中感受到的"情味"。（情意绵长）
2. 体味从课文传神的词语、优美的句式中所表达出来的"韵味"。（余韵悠长）
3. 感受课文的情感倾向，体悟评析文中透露出来的"意味"。（意味深长）

活动之三：学习小结

第二种：

教学创意：微型话题讨论

1. 《散步》课文朗读。
2. 《散步》微型话题讨论。

（1）课文标题欣赏。（2）课文的开头之美。

（3）记叙文中的风景画。（4）说说课文中的"波澜"。

（5）课文美句赏析。（6）欣赏课文的情感美。

（7）"世界"一词的意味。（8）我看课文的主题。

3. 师生交流。教师课中讲析：课文美句欣赏。

第三种：

教学创意：读《散步》，学作文

学习目标：写好身边一件事

引入话题：能不能说出这篇文章的10个美点？

教师小结并顺势指导《散步》在作文技巧上给我们的启示：

要点之一：巧取片段　　（省好多笔墨）

要点之二：开头突起　　（迅速切入题）

要点之三：中间纡行　　（一波有三折）

要点之四：结尾峭收　　（小中来见大）

要点之五：穿插点染　　（背景与气氛）

"一课多案"对于教师的训练意义主要表现在"磨炼"二字上，磨炼教师的耐心、磨炼教师的毅力、磨炼教师的意志，久经这样磨炼的教师，就会成熟起来、老练起来、聪明起来。像"一文多用"一样，这样的磨炼同样能让我们能干起来。

听音频，
学语文教学技巧

扫码后，您可获得以下服务

01 本书音频讲解
★用音频代替枯燥文字，加深记忆

02 语文教学实录
★听其他老师如何教学，取长补短

03 语文课程资料社群
★看语文教学课程，学教学知识，还可领取可用语文资料

04 语文老师教学交流群
★与其他老师交流教学心得，学习和分享教学技巧

微信扫码